Droemer
Knaur

BERND
NEUNER-
DUTTENHOFER

11 x DEUTSCHE KÜCHE

Die regionale Kochkunst neu entdeckt mit 200 Rezepten und 230 Fotos

DROEMER
KNAUR

CIP-Titelaufnahme der Deutschen Bibliothek

Neuner-Duttenhofer, Bernd:
11 × [Elfmal] Deutsche Küche : d. regionale Kochkunst neu entdeckt /
Bernd Neuner-Duttenhofer. – München : Droemer Knaur, 1988
ISBN 3-426-26377-7

Umschlaggestaltung: Claus-J. Grube, Design, München
Umschlagabbildungen: Maria Harder
Gestaltung und Herstellung: von Delbrück, München
Reproduktion: Repro Ludwig, Zell am See
Satz und Druck: Appl, Wemding
Aufbindung: Großbuchbinderei Sigloch, Künzelsau
Printed in Germany
ISBN 3-426-26377-7

5 4 3 2 1

Inhalt

Vorwort Seite 6

Leibgerichte aus der altbayrischen Küche · Seite 8
Suppen S. 13–18 · Hauptgerichte S. 18–22 · Beilagen und Gemüse S. 22–24
Desserts und süße Hauptgerichte S. 24/25

Unser kulinarisches Ruhmesblatt: Baden · Seite 26
Das Vesper S. 28/29 · Hauptgerichte S. 29–34 · Desserts und Torten S. 35–37

Im alten Berlin wußte man durchaus, was gut schmeckt · Seite 38
Fisch S. 38–41 · Eintöpfe S. 41/42 · Beilagen und Imbisse S. 42/44 · Fleisch und Wurst S. 44–48 · Nachspeisen S. 49

Hausmannskost aus Bremen und Friesland · Seite 50
Speck, Braten und Meeresfrüchte S. 51–53 · Eintöpfe S. 54/55 · Kuchen S. 57/58

Franken: Vespern und Tafeln mit Wurst, Bier und Wein · Seite 60
Würste S. 61–66 · Vesper S. 66/67 · Fisch S. 68/69 · Fleisch S. 69–74 · Beilagen S. 74–78 · Bäckereien, Leckereien S. 78/79

Hamburg: An Alster und Elbe speiste man großbürgerlich · Seite 80
Suppen S. 82/83 · Fisch S. 84/85 · Fleischgerichte S. 85/86 · Beilagen S. 86–88 · Süßes S. 89–91

Schlicht, aber schlau – die Küche der Hessen · Seite 92
Suppen und Saucen S. 94–96 · Kartoffeltöpfe S. 98 · Zum Nachtisch und Kaffee S. 99–101

Schleswig-Holstein: Küche zwischen zwei Meeren · Seite 102
Suppen S. 103/104 · Eintöpfe S. 105–107 · Fleisch mit Beilagen S. 107–109 · Krabben und Sprotten S. 109/110
Desserts und Süßigkeiten S. 110–111

Pfalz: Die alte Küche der Winzer und Bauern · Seite 112
Kleine Gerichte zum Wein S. 114–116 · Suppen S. 116 · Schwenkbraten und Wildgeflügel S. 116–120
Süßes satt und zum Naschen S. 120–122

Im »Ruhrpott« darf's gern handfest sein · Seite 124
Für die Grube, in der Kneipe S. 129–132 · Heringe S. 133/134 · Deftige Eintöpfe S. 137–140 · Täubchen S. 140
Kartoffeln S. 140/141 · Fleisch zum Sattessen S. 142–143 · Kompott und Gebäck S. 144–145

Schwäbische Küche: solide, aber pfiffig! · Seite 146
Alltäglicher Auftakt: die Suppe S. 147/148 · Fisch S. 149 · Fleisch S. 150–152 · Spätzle und Kartoffeln S. 152–156
Süßes S. 156/157 · Vesper und Maultaschen S. 158/159

Rezeptregister S. 160

Register S. 162

Vorwort

Kochkunst und Tafelfreuden werden vom Geist der Zeit regiert – wie in der Kleider-Mode auf ganz kurze Rökke besonders lange folgen, auf enge Hosen weite, so wechselt die Küchen-Mode: Schwärmte man einst von schweren Saucen, liebt man sie heute leicht. Nach den Schmorbraten kamen die ausgelösten Filets, Médaillons, Steaks und Schnitzelchen – nur zögerlich erobern sich die geschmackvolleren, saftigeren Fleischstücke wieder einen Platz auf den Tafeln nicht nur der Schlemmer, sondern auch

der Feinschmecker. Der Toast Hawaii wurde abgelöst vom Hamburger, den Hähnchen folgten die Forellen als sonntags geschätzte Ausflugsmahlzeit.

Der lodernde Flambierwagen wurde vom glimmenden Grill verdrängt. Voll beladene Platten mußten zierlich arrangierten Tellern weichen, geschmortes Gemüse geschnitzten Gemüs'chen, die klassische Küche der Nouvelle cuisine.

Das Ganze begann in den 70er Jahren in der Spitzengastronomie, eroberte weitere Kreise und prägt die heutige Küche wirklich aller gehobenen Restaurants. Und das weltweit! Unter der Führung französischer Kochkunst und ihrem absoluten, überall anerkannten Anspruch, ein wichtiger Teil abendländischer Kultur zu sein, entwickelten sich ähnliche Rituale alltäglich sich wiederholender Eßkultur auch in Ländern, in denen bisher Quantität vor Qualität ging. Deutschland tat sich besonders hervor.

Im Zuge dieser sicherlich notwendigen, daher von allen Feinschmeckern begrüßten Erneuerung unserer Küche kam es aber auch zu negativen Auswirkungen: Das magische, aus dem Italienischen entlehnte »al dente« führte zu fast rohen Gemüsen, statt rosa gebraten bekam man die Niere mit blutigem, eiskaltem Kern. Mit als »kreativ« bezeichneten Geschmacklosigkeiten, etwa Hummer mit Erdbeeren, mit rigorosen Menüs, in deren Mitte zwanghaft ein Sorbet »erfrischte«, mit zu kleinen Portionen, die kaum mehr eine genußversprechende

Gabel voll ergaben, verärgerte man viele Gäste.

Es dauerte denn auch nicht lange, bis der Ruf nach abermals Neuem erschallte. Es gab eine Pendelbewegung, zu einer *neuen Deftigkeit.* Allerdings: Die kochtechnischen Errungenschaften – moderner Lebensweise angepaßte Zusammenstellungen, gesündere Garprozesse, Verzicht auf überreichliches Fett, Reduzierung der Kohlenhydrate – versuchten die einsichtigen Köche und Hausfrauen zu bewahren!

Gleichzeitig besann man sich, daß es auch in Deutschland eine regionale Küchentradition gab, ehe Kriege, Notzeiten und Drittes Reich alles nivellierend gleichgeschaltet hatten. Man entdeckte die alten Rezepte neu, begann sie in Sammlungen herauszugeben, erfreute sich in durchaus kulturell zu nennenden Reminiszenzen einer als heil empfundenen Küchenwelt. Ein wenig steuerte man mit dieser im Bereich der Hausmannskost angesiedelten Küche den Tendenzen einer inter-

national standardisierten Gasthaus- und Familienküche mit Fertigprodukten entgegen.
Als Leiter des Kochressorts und stellvertretender Chefredakteur bei der Zeitschrift MEINE FAMILIE & ICH hatte ich bestens Gelegenheit, all die verschiedenen Strömungen zu registrieren und zu analysieren. In einer großangelegten Serie über eine *deutsche Küche* versuchte ich, die Vorstellungen der *Neuen Küche* mit der *regionalen Küchentradition* in einen vernünftigen Einklang zu bringen.
Unterstützt wurde ich von Maria Harder, der Hamburger Photographin, die in einheitlicher Gestaltung des Ganzen, aber mit viel Verständnis für die unterschiedlichen Landschaften, mit Liebe und Geduld zum Detail, meine Texte und Rezepte ins Bild setzte. Daraus wurde dieses Buch.
11 × deutsche Küche – eine lockere Folge; nicht zufällig, aber auch ohne jeglichen Anspruch auf Vollständigkeit: Boden und Klima, soziale und politische Strukturen, Handel, Kriege und Koalitionen schufen in Deutschland ganz unterschiedliche Küchen, die ich erklären wollte, um meinen Lesern bewußt zu machen, daß man nicht

neidisch auf die hochgerühmte französische oder die vielbesungene italienische Küche schielen muß, sondern auch auf die eigenen Schöpfungen stolz sein darf. Freilich nur dann, wenn man sie nicht verfälscht, sondern ihren bodenständigen, bäuerlichen oder bürgerlichen, unverwechselbaren und unaustauschbaren Charakter erkennt, begreift, danach einkauft und danach kocht ...
Die bäuerliche Küche war ja stets die Grundlage der Küche aller Völker – in China wie in Italien, in Thailand wie in Frankreich, in Japan wie in Deutschland. Ohne das verinnerlichte Verständnis der naturnahen, den Jahreszeiten folgenden Küche der Bauern kann keine gute Küche existieren, kann sich keine Eßkultur entwickeln! Denn nur aus naher, täglicher Erfahrung erwächst die nötige Kenntnis der Produkte, der »echten« Zubereitung, der ursprünglichen, im wahrsten Sinne des Wortes natürlichen und vollwertigen Nahrungs- und Geschmackskombinationen.
Diese von den Gaben der Natur geprägte Küche war niemals, und so komme ich auf die Einleitung zurück, einer Mode unterworfen, sondern folgte nur den Notwendigkeiten und Möglichkeiten der Zeiten. Hatte sich oft einzuschränken – während der Kriege, Inflationen und Wirtschaftskrisen –, konnte sich dann wieder neue Lebensmittel einverleiben – etwa Kartoffeln, Mais, Bohnen und Tomaten aus Amerika.
Ich habe also versucht, die starre, zutiefst unmodische, den Geschmack der Menschen ursprünglich und wahrhaftig prägende Regionalküche mit den modernen, kaloriensparenden, arbeitserleichternden, schnelleren und oft bessere Ergebnisse zeitigenden Küchentechniken zu verbinden. Rezepte aus elf deutschen Regionen – ohne jeglichen Anspruch auf Vollständigkeit.
Für manchen trägt dies Unterfangen schon wieder modische Züge: Die nostalgische Rückbesinnung auf Oma's Küche scheint dem Zeitgeist zu liegen.

»Im Biergarten« heißt dieses Bild von Johann Michael Kupfer. Es fängt in biedermeierlicher Ruhe ein sommersonntägliches Münchener Bürgervergnügen ein. Daran hat sich bis heute wenig geändert: Man geht hinaus in den Biergarten, wann immer das Wetter es erlaubt. Das gebratene Hähnchen, die Würste, die Semmeln sind geblieben. Und freilich auch das Bier dazu. Jetzt helles in Maßkrügen, früher dunkles in kleineren Gemäßen. Nur selten fehlen Radi, Radieschen, Leberkäs, Romadur oder Emmentaler ... Aber die Küche Bayerns, im Wirtshaus und daheim, hat mehr zu bieten!

Leibgerichte aus der altbayerischen Küche

Hügel, Berge und Ebenen, reiche Weiden, weite Wälder und Felder, durchzogen von Flüssen, durchsetzt mit Seen. Gelegen im Schnittpunkt der wichtigsten Handelsstraßen zwischen Süd und Nord, Ost und West. Reichtum an besten Produkten, gepaart mit der Bereitschaft, Fremdes in die eigene Küche zu integrieren: Das ist bayerische Küche. Die barocke Lebenslust der Menschen drückt sich auch im Essen aus. Gastfreundschaft, ein voller Kalender kirchlicher Festtage, ganz allgemeine Freude am Feiern prägen das kulinarische Leben. Dabei blieb Bayerns Küche ländlich-derb, wobei die städtisch-bürgerliche Kochkunst in diesem gesegneten Landstrich nie vollkommen vergaß, daß gute Küche stets von guten Produkten ausgehen muß. Nicht auf Raffinesse kommt es der bayerischen Küche an, sondern auf die in langer Tradition gewachsene Richtigkeit der Zusammenstellung, auf das Wissen der Erfahrung, auf die Sorgfalt und die Liebe, mit der gekocht wird. Denn, weiß man in Bayern: »Essen und Trinken halten Leib und Seel z'samm!«

Was die Aufwartung bei Tische betrifft, treiben sie solchen Aufwand mit Lebensmitteln und bringen in die Gerichte eine solche Abwechslung an Suppen, Saucen und Salaten, und das alles ist in den guten Gasthäusern mit solchem Wohlgeschmack zubereitet, daß die Küche des französischen Adels kaum damit verglichen werden kann, auch fände man in unseren Schlössern wenige derartig geschmückte Säle.

Wer solchermaßen für die bayerische Küche schwärmt, ist kein Lokalpatriot, sondern der französische Philosoph Michel de Montaigne, der im Jahre 1580 durch Süddeutschland reiste und uns durch die aufmerksame Schilderung scheinbar unwichtiger Kleinigkeiten einen höchst interessanten Einblick in das damalige Tafelwesen vermittelt:

Uns unbekannt waren Quittensuppe, Suppe, in die gebackene Äpfel geschnitten waren, und Krautsalat; ferner dicke Suppen ohne Brot. Zum Beispiel von Reis, von denen alle gemeinsam essen, da ein besonderes Gedeck unbekannt ist ... Bemerkenswert ist der Reichtum an guten Fischen, die mit Fleisch in einer Schüssel aufgetragen werden; Forellen sind nicht geschätzt, und man ißt nur ihren Laich; Wild, Schnepfen und junge Hasen, die ganz anders als wie bei uns, aber mindestens ebenso gut hergerichtet werden, sind reichlich vorhanden. Wir sahen niemals so zarte Fleischspeisen, wie sie dort täglich aufgetragen werden. Mit dem Fleisch werden gekochte Pflaumen, Birnen- und Apfelschnitze gereicht; bald wird der Braten zuerst und die Suppe zuletzt aufgetragen, bald umgekehrt. An Früchten gibt es nur Birnen, Äpfel, die sehr gut sind, und Nüsse; dann gibt es Käse. Zum Fleisch wird ein Ständer aus Silber oder Zinn mit vier Behältern aufgestellt, der verschiedene gestoßene Spezereien enthält, darunter Kümmel oder etwas Ähnliches, das pikant und scharf schmeckt, und das auf das Brot gestreut wird; zumeist ist das Brot mit Fenchel gebacken. Nach der Mahlzeit werden nochmals volle Gläser (mit Wein) und zwei oder drei Sachen aufgetragen, welche die Verdauung befördern.

Die Aufzählung der Speisen läßt schnell erkennen, daß Montaigne im Herbst unterwegs war – und daß die Bayern Feinschmecker sind, denn sicher haben sie im Frühjahr und Sommer die zarten Forellen nicht verschmäht, während sie von den ausgezehrten Laichfischen mit Recht weniger begeistert waren als von dem köstlichen Rogen, den wir heute als Forellenkaviar wieder schätzen.

Die Jahreszeit erklärt auch die Übermacht der Äpfel und Birnen, die zwar die kältere Hälfte des Jahreslaufes beherrschten (auch als Trockenfrüchte), im Sommer aber durch die vielerlei Beeren und Kirschen verdrängt wurden. Immerhin fällt auf, daß das Fleisch eine besondere Rolle spielte. Und das ist bis heute so geblieben, obwohl die Bayern, entgegen der allgemeinen Vorstellung, weniger Fleisch verzehren als andere Bundesrepublikaner. Des Rätsels Lösung: Das Fleisch genießt zwar besondere Wertschätzung, aber man mag es um so lieber, wenn ab und zu fleischlose Tage eingeschoben werden!

Bayern liegt im Herzen Europas, ist Schnittpunkt der Handelswege von Ost nach West und von Süd nach Nord. Böhmische und österreichische Mehlspeisen, italienisches Obst und Gemüse, die Spezereien und der Zucker aus dem Orient waren seit langem in der Küche des Bürgertums heimisch geworden. Das Land selbst war fruchtbar und bot vielerlei Lebensmittel, so daß Hunger – außer in den Zeiten von Kriegen, Epidemien und Mißernten – unbekannt war; ganz anders als in den kargen und rauhen Mittelgebirgsgegenden weiter im Norden. Die reichen Wälder in den Alpen und dem Voralpenland lieferten Wild, Beeren und die geliebten Schwammerl, die Pilze. In den Mooren Federwild, in den vielen Seen und Flüssen alles an Fischen, was sich ein Schlemmer in der ja eigentlich kargen Fastenzeit wünschen kann. Entlang der Flüsse wurden Gemüse und Salat kultiviert, die Kräuter spielten eine besondere Rolle, nicht nur als Würze, sondern auch als Heilmittel. Die Wiesen und Almen boten gute Nahrung für das Vieh, dagegen spielten Schweine und Schafe eine untergeordnete Rolle. Unter Schmalz verstand man nicht ausgelassenes Schweinefett, sondern Butterschmalz. Und die Saucen wurden in Oberbayern nicht mit teurem Mehl – das mußten die Bauern von den Niederbayern kaufen, wo der Ackerbau florierte –, sondern mit dem selbst produzierten, billigen Rahm (Sahne) gebunden. Käse gehörte zu den ganz alltäglichen Speisen.

Die Lebensbedingungen freilich verlangten auch eine gute Ernährung: Waldarbeiter und mit aller Kraft schaffende Handwerker brauchten fast das Doppelte an Kalorien als das, was wir heute als für uns richtig erkannt haben. Hinzu kam weniger gute Kleidung, mangelhafte Heizung und schlechter isolierte Häuser: Gerade im Winter mußte der Körper

Einige jener Kleinigkeiten, die in Bayern so außerordentlich beliebt sind: Ganz links ein geschmortes Kalbsherz mit Kartoffelpüree und Zwiebeln. Oben kleine Vorderhaxen vom Schwein auf Sauerkraut mit den fast vergessenen Springnudeln. Darunter eingemachte Kalbsfüße, wie sich diese in vielerlei Zubereitungsart beliebte Extremität nennt, wenn man sie zerkleinert und in weißer Sauce mit Zitrone auf den Tisch bringt. Keine Renommierstücke also – keine Prachtbraten, sondern Fleisch, das weniger wertvoll erscheint. Die anderen Innereien, vor allem Lüngerl und Bries, weiterhin Ochsenschwanz, Ochsenbrust, Kron- und Tellerfleisch kommen hinzu

Geschmortes Kalbsherz (Rezept Seite 18) mit Kartoffelpüree; Springnudeln mit Sauerkraut und Schweinshaxerln (Seite 24); eingemachte Kalbsfüße (Seite 18)

durch intensivere Verbrennung der Nahrung und der Fettreserven sich selbst mit Wärme versorgen. In einer Jahreszeit also, in der weniger Nahrungsmittel zur Verfügung standen – Zeit der Mehlspeisen, der Strudel, der gebrannten Suppen, der Puddinge (Kochs, wie sie hier heißen).

Das Suppenfleisch, gekochter Ochse, Rind oder auch Kuh, war die wichtigste Grundlage der fleischlichen Ernährung: Es lieferte eine gute Brühe und noch eine volle Mahlzeit! In den bürgerlichen Haushalten des 19. Jahrhunderts kam es eigentlich täglich auf den Tisch, sozusagen als Auftakt zum eigentlichen Essen: Ein wenig Suppe mit Fleisch, dann das süße Hauptgericht oder Fisch. Die Speisenfolge war gewahrt, ohne daß unbescheidener Aufwand getrieben worden wäre.

Leberkäs und Schweinshaxen, Weißwurst und Sauerkraut, Schweinsbraten und Semmelknödel scheinen uns heute die typischsten Vertreter der bayerischen Küche zu sein. Man findet sie auf den Speisekarten aller Wirtshäuser, sie scheinen allgegenwärtig. Und man nennt sie oft »Schmankerl«, was eine Verkennung der eigentlichen Bedeutung des Wortes ist: Unter einem Schmankerl versteht man keineswegs derbe Wirtshauskost, sondern etwas Feines, Zartes, Edles, durchaus auch Teures, Seltenes. *Etwa ein gebackenes Brieserl, eine Gansleber, ein Stück gebratene Kalbsniere, ein gespicktes Fasanenbrüsterl, ein Spargelomelett, eine saftige Dampfnudel oder ein gebratener Apfel. Bei Hofe zum Beispiel gab's ›Crème aux Schmankerl‹, ›Koch aux Schmankerl‹, ›Mousse aux Schmankerl‹, eine nette sprachliche Mischung aus Bayrisch und Französisch, aber der Herkunft und dem Rezept nach ganz bayrisch. Und das Schmankerl dabei war eben das Kleine, Feine, das braunkrustige Ramerl (Krustel) aus Milch, Butter und Zucker bestehend, wie man es bei Mehlspeisen, wie Kindsmus (Koch), Dampfnudeln, Aufläufe vom Boden der Pfanne abkratzt. Man hat diese Ramerl sogar extra hergestellt, indem man in einer gut gebutterten Pfanne eine ganz dünne Schicht Mehlmus anbraten ließ und dies immer wiederholte. Die Krusten, jeweils mit dem Scherrer (Nudelschaufel) abgekratzt und aufgerollt, wurden als Ramerl dann zum Garnieren und Verfeinern auf die Speisen gelegt und gaben ihnen das Attribut ›aux Schmankerl‹. Erst viel später hat man fälschlicherweise auch Preßsack und Leberwürste als Schmankerl bezeichnet.* So führt Erna Horn in ihrem ausführlichen, informativ illustrierten, grundle-

Er scheint zum Inbegriff bayerischen Selbstverständnisses geworden zu sein, der gute König Ludwig II. – nicht nur bei den wirklich königstreuen, sondern auch bei den demokratisch denkenden Bayern. Was als sein Spleen galt – nämlich die Märchenschlösser –, stellt sich in unserer Zeit als eine der zukunftsträchtigsten Investitionen des 19. Jahrhunderts heraus: Die Touristen bringen hundertfach, was einst die Bauwut kostete!

Das Zwerchfell heißt Kronfleisch, nicht weil's der Königsfamilie so gut mundete. Sondern weil es sich beim Kochen, ist es frisch, wie eine Krone wellt. Man ißt's am liebsten zum zweiten Frühstück, mit Meerrettich und Bier

Das Kronfleisch (Rezept Seite 13)

genden Buch über die bayerische Küche aus (»Bayern tafelt« – vom Essen und Trinken in Altbayern, Franken und Schwaben; eine kulinarische Kulturgeschichte.

★

Die bayerische Küche ist ohne erstklassiges Handwerk für gute Produkte gar nicht vorstellbar. Ein bayerischer Wurstmacher muß schon etwas können, ehe er Anerkennung findet – der Tip, wo es eine wirklich gute Weißwurst gibt, herzhaft gewürzt und gar nicht mild und labberig, mit so viel Schwarten, daß sie sich beim Anschneiden vorwölbt, also das berühmte »Häuberl« macht, wird nur guten Freunden gegeben. Für eine selbstgemachte Briesmilzwurst unternimmt man gerne eine Reise, und wenn es um Gelbwurst mit (Petersilie) oder ohne geht, tun sich Weltanschauungen auf. Erst nach dem letzten Krieg konnte die Wurstindustrie gleichmacherisch die wahren bayerischen Wursttugenden verschleifen. Doch angefangen hat es im Dritten Reich, als das Reichsnährstandsgesetz geschaffen und die Wurst- und Käsesorten vereinheitlicht wurden. Damals geschah etwas, wovon die wenigsten Bayern wissen und was auch von den darum Wissenden absichtlich verschwiegen beziehungsweise in seiner falschen Darstellung geduldet oder sogar gefördert wird: Weißwürste dürfen nicht mehr roh verkauft werden, sondern nur noch gebrüht. Und damit fiel das ganze für diese Wurst so charakteristische, mit viel Aufwand und falscher Volkstümlichkeit gepflogene Brimborium eigentlich unter den Tisch – eine rohe Weißwurst verfärbt sich, je länger sie liegt, rosa und wird dann beim Brühen grau; brüht man sie gleich, bleibt sie weiß, verliert aber beim erneuten Aufwärmen natürlich an Geschmack. Eine vom Metzger gebrühte und in Eiswasser abgeschreckte Weißwurst ist also nie so gut wie eine frisch hergestellte. Und man kann sie auch ohne weiteres ein paar Tage aufbewahren, wenn sie gut gekühlt wird. Das Mittagsläuten durften nur die rohen Würste nicht erleben. Doch die überholte Sitte wird weiterhin gar fürchterlich gepflogen und beschworen ...

Das Brot: Noch immer, wie von Montaigne

Eine ordentliche Mahlzeit eröffnet man, und das ist die ganze Familie, in Bayern mit einer Suppe. Das kann eine deftige, sättigende Angelegenheit sein – oder eine leichte Fleischbrühe. In jedem Fall wurde einst dem Hausherrn zuerst serviert, die Kinder bekamen zum Schluß, was übrigblieb ... Rauhe Sitten!

Oben Gurkensuppe mit Hühnerklößchen, unten Biersuppe (Rezepte Seiten 14/18)

Ob die Handwerker in der Stadt, die Bauern auf dem Feld, die Holzfäller im Wald – die Arbeit war hart, und man mußte schauen, daß man bei Kräften blieb. Daher die vielen kalorienreichen Beilagen und Süßspeisen, die reichliche Verwendung von Butter und Sahne, die ja im Überfluß vorhanden war. Unsere Rezepte sind wesentlich »schlanker« gemacht worden. Die charakteristischen Zutaten aber sind geblieben, der Grundgeschmack wurde nicht angetastet. Und so gibt es auch die heißgeliebten Innereien, die sich jeder leisten konnte, wohingegen das wertvollere Fleisch in die reichen Klöster ging

Lola Montez, die schöne Tänzerin, von Josef Stieler für die Schönheiten-Galerie des ersten Maximilian idealisiert

Die Münchener Universität ist Deutschlands größte Hochschule. Freilich, nicht immer ging es so friedlich zu, wie auf diesem Stich um 1850: Die Geschwister Scholl, nach denen der Platz vor dem Hauptgebäude benannt ist, riefen hier zum Widerstand gegen Hitler auf, der allerdings den Bierkeller vorzog

beschrieben, gerne gewürzt und herzhaft schmeckend, weil vorzugsweise mit Sauerteig zubereitet. Geliebt und in seiner Bedeutung charakterisiert durch die bayerischste aller Mahlzeiten, die Brotzeit. Kaum weniger wichtig die Brezeln und die verschiedenen kleinen Brote (Brötchen oder Semmeln gibt es ursprünglich nicht, im Gasthaus werden Brotscheiben und Brötchen oder Brezeln gleichermaßen als »Brot« bezeichnet und berechnet), etwa die berühmten Münchener »Riemischen« oder »Römischen«, die zu Weiß- und Schweinswürsteln am besten schmecken.

Doch was wär' der Bayer ohne Bier, sein »flüssiges Brot«, sein *Manna?* Obwohl München diejenige deutsche Großstadt mit dem höchsten Weinverbrauch pro Kopf ist (Bayern und Pfalz, Gott erhalt's), könnte man sich das Leben ohne Bier (Hopfen und Malz, Gott erhalt's) und ohne Biergarten hier gar nicht vorstellen. Vom stärkenden Märzenbier – für die fastenden Mönche tatsächlich einmal ein wichtiges (Über-)Lebensmittel, weil es den in dieser Jahreszeit von Vitamin- und Mineralienmangel ausgezehrten Körpern Widerstandskraft gab – bis zum reines Vergnügen bereitenden Wiesenbier, das alkoholärmer gebraut wurde, damit man mehr davon trinken kann, bietet das ganze Jahr das richtige »bierige« Getränk. Im Mai als starker würziger Bock, denn auch das Essen schmeckt dann wieder kräftiger, im Sommer als leichtes erfrischendes Weißbier oder als das süffige, fast elegant zu nennende Biergartenbier, das nicht zu jung (hefig-säuerlich) und nicht zu alt (muffig-müde) gezapft werden darf, wenn es auf dem Höhepunkt sein soll.

Mochte der – nach gescheitertem Versuch, vom König die begehrte Pension zu bekommen – München mit spitzer Feder als Athen an der Isar bespöttelnde Heinrich Heine auch das englische Porter tatsächlich besonders geliebt haben, dem Münchner Bier und den Biergärten zollte er dennoch Lob: *Der Ort … heißt Bogenhausen, oder Neuburghausen, oder Villa Hompesch, oder Montgelasgarten, oder das Schlössel, ja man braucht ihn nicht einmal zu nennen, wenn man von München dort hinfahren will, der Kutscher versteht uns schon an einem gewissen durstigen Augenblinzeln, an einem gewissen vorseligen Kopfnicken und ähnlichen Bezeichnungsgrimassen. Tausend Ausdrücke hat der Araber für ein Schwert, der Franzose für die Liebe, der Engländer für das Hängen, der Deutsche für das Trinken, und der neuere Athener sogar für die Orte, wo er trinkt. Das Bier ist an besagtem Orte wirklich sehr gut, selbst im Prytaneum, vulgo Bockkeller, ist es nicht besser, es schmeckt ganz vortrefflich, besonders auf jener Treppenterrasse, wo man die Tiroler Alpen vor Augen hat.* Heute geht man weniger nach Bogenhausen, sondern auf den Nockherberg, in den Augustiner, zum Aumeister oder in den Hirschgarten, zum Chinesischen Turm oder an den Flaucher. Es gibt für jeden etwas – gerade beim Bier paßt Bayerns inoffizielles, dennoch vielzitiertes, strapaziertes und sonst

manchmal nur eingeschränkt zustimmungsfähiges Motto: Leben und leben lassen!
Zum ersten Schmankerl, zu dem man natürlich ein Helles trinkt:

KRONFLEISCH

(Bild Seite 10)

750 g Kronfleisch (Zwerchfell), 1 l Brühe,
2 Bund Suppengrün, Pfeffer, Salz,
Schnittlauch, frischer Meerrettich

Das Kronfleisch waschen, von allen Häuten befreien. Etwa 15 Minuten in der mit weiterem Suppengrün gewürzten Brühe ganz sanft sieden – also nicht kochen, denn es muß innen schön rosa sein. Aufschneiden und in Brühe servieren, bestreut mit reichlich Pfeffer, etwas Salz, viel Schnittlauch. Dazu gibt's frisch geraffelten Meerrettich und Sauerteigbrot.
Anmerkung: Das Kronfleisch halten manche Leute für Hundefutter. Es ist jedoch das vielleicht geschmackvollste Fleisch. In Frankreich zum Beispiel ist es so begehrt, daß man es fast niemals zu kaufen bekommt – es geht unter dem Ladentisch weg!

LEBERKNÖDEL

(Bild Seite 13)

6 alte Semmeln, knapp ⅛ l Milch,
500 g Rindsleber, 30 g Butter, 1 Zwiebel,
2 Eier, Salz, Pfeffer und Majoran

Die Semmeln in Scheiben schneiden und in lauwarmer Milch einweichen. Leber durch den Fleischwolf drehen. In der Butter die gehackte Zwiebel andünsten. Mit den Eiern mischen, würzen, gut durcharbeiten, Knödel formen und diese in der Suppe in 15 Minuten gar ziehen, nicht kochen lassen. Mit viel Pe-

Eine gute, selbstgekochte Fleischbrühe ist den Bayern liebste Basis für eine gute Suppe – aber eine kräftige, manchmal fast satt machende Einlage gehört allemal dazu. Es gibt viele Menschen hier, die mittags nur eine Suppe essen: Aber was für eine! In jedem Falle gilt hier: Es sollen mehr Augen (Fett) heraus-, als in die Suppe hineinschauen!

Aus Resten zaubern ... Wer wollte das nicht können? In Bayern beherrscht jede Bauersfrau »ihre« Brotsuppe – weil früher nur alle zwei bis drei Wochen gebacken wurde, gab es am Ende reichlich trocken Brot, das so Verwendung fand. Schmeckt – mit guter Metzgerwurst aus ganzen Bries- und Milzstücken – bedeutend besser, als es klingt!

Fleischbrühe mit Leberknödeln, Leberspatzel und Markklößchen (Rezepte unten links und Seite 14)

Brotsuppe mit Briesmilzwurst (Rezept Seite 14)

tersilie bestreuen. Ergibt etwa 16 Stück – nach dem Kochen übrige Knödel einfrieren.

LEBERSPATZEN

(Bild Seite 13)

100 g Rindsleber, 1 Zwiebel,
½ Bund Petersilie, 30 g Butter,
1 EL Semmelbrösel, 1 Ei, Salz, Majoran,
abgeriebene Zitronenschale

Leber durch den Fleischwolf drehen. Zwiebel und Petersilie sehr fein hacken und in zehn Gramm Butter andünsten. Eventuell mit durchdrehen. Die restliche Butter schaumig rühren, nach und nach die anderen Zutaten zufügen. Durch den Spatzenhobel (oder eine Kartoffelpresse) in die siedende Brühe geben. Fünf bis zehn Minuten köcheln lassen. Auf dieselbe Weise entstehen *Lebernocken*, wenn Sie zwei Eßlöffel Semmelbrösel zufügen und kleinere Portionen mit einem nassen Eßlöffel abstechen. Auch *Kalbsnocken* werden so hergestellt: Leber durch Kalbfleisch ersetzen, mit Muskatnuß und Piment würzen. Bei *Markklößchen* (Bild S. 13) kein Fett zufügen!

BROTSUPPE

(Bild Seite 13)

Eine Restesuppe, in die man gerne eine Scheibe Briesmilzwurst einlegt, ersatzweise Gelbwurst.

200 g alte Reste von Roggenbrot, 1 Zwiebel,
1 Bund Suppengrün, 30 g Schmalz,
1¼ l Fleischbrühe, Pfeffer, Salz,
4 EL Sauerrahm, Schnittlauch

Brotreste in hauchdünne Scheiben schneiden und in Suppentellern ausbreiten. Zwiebel und Suppengrün fein würfeln, im Schmalz anrösten (daher nennt man die Suppe auch »aufgeschmälzt«!), mit Fleischbrühe auffüllen. Kurz kochen, pfeffern, salzen und Sauerrahm einrühren. Über die Brotscheiben gießen und mit reichlich Schnittlauch bestreut servieren.

Anmerkung: Wenn Sie Wurstscheiben hinzufügen, lassen Sie diese in der Brühe ziehen und warm werden.

GURKENSUPPE

(Bild Seite 11)

2 große feste Gemüsegurken, 50 g Butter,
1 Zwiebel, 1 l Hühnerbrühe

Gurken schälen, längs halbieren, Kerne herauskratzen, die Gurken quer in Halbringe schneiden. Die Hälfte davon mit der feinge-

Hechtenkraut (Rezept Seite 18)

München um 1850: Eine überschaubare, beschauliche Residenzstadt. Damals war sie »den Musen geweiht«, dann wurde sie »Hauptstadt der Bewegung«, nach dem letzten Krieg »Millionendorf« und beneidete »heimliche Hauptstadt«

Bild unten links: Hechtenkraut. Die besten Hechte gab und gibt's im Spitzingsee – doch werden sie nur noch selten gefischt

Bild unten: Zwei wenig übliche Zubereitungsarten – den nur in der Donau und ihren Nebenflüssen vorkommenden Waller oder Wels als Pudding, den aus Franken gelieferten Karpfen kalt

hackten Zwiebel in der halben Buttermenge weich dünsten. Mit einem Liter Hühnerbrühe auffüllen und eine halbe Stunde kochen.

Oben Fischpudding mit Krebssauce (Rezept Seiten 18/19), unten bemooster Karpfen (Rezept Seiten 19/20)

Münchner Sauerbraten (Rezept Seite 20); Fasan mit grünem Wacholder (Rezept Seite 21) und Berchtesgadener Kartoffeln (Rezept Seite 24)

Der unvergängliche Karl Valentin – nur ein Komiker? Oder amüsant gewordener Ausdruck Münchner Verschrobenheit?

Das Münchner Kindl, Wahrzeichen der Stadt: ein kleiner Mönch, der dem Bier zugetan ist!

Im Mixer pürieren. Die restlichen, in der übrigen Butter weichgeschmorten Gurkenstücke darin erhitzen, ebenso die Hühnerklößchen nach dem folgenden Rezept:

HÜHNERKLÖSSCHEN

(Bild Seite 11, in der Gurkensuppe)

125 g rohes Hühnerfleisch (etwa tiefgekühlte Brust), 100 g mageres Schweinefleisch, 100 g grüner (roher) Speck, 3 Eigelb, 4 schöne Champignons, ¼ Zwiebel, 1 eingeweichte, ausgedrückte Semmel, Prise Pfeffer, fein abgeriebene Zitronenschale, Salz, 2 Eiweiß

Alle Zutaten bis auf die Eiweiß in einen Zerhacker geben und pürieren. Dann die Eiweiß untermischen, kalt stellen. Mit einem nassen Teelöffel Klößchen oder Nocken abstechen und in Brühe in drei bis fünf Minuten gar ziehen lassen.
Ergibt ungefähr 50 Stück – frieren Sie die Hälfte für die nächste Suppe ein!

BIERSUPPE

(Bild Seite 11)

2 Dotter (Eigelb), 60 g Zucker, 1 EL Speisestärke, ¾ l dunkles Vollbier, je 1 Stückchen Zitronenschale und Zimt, Pfeffer, Salz, 4 EL Rahm (süße Sahne)

Eigelb, Zucker und die Speisestärke dickschaumig schlagen. Nach und nach das erhitzte Bier einrühren. Mit Zitronenschale sowie Zimt ständig schlagend erhitzen. Würzen. Sobald die Suppe dicklich wird, vom Herd nehmen und in Teller verteilen. Jeweils einen Löffel Sahne einziehen.

GESCHMORTES KALBSHERZ

(Bild Seite 9)

500 g Kalbsherz, 2 EL Schweineschmalz, 2 Zwiebeln, 2–3 EL Tomatenmark, Paprika, je 1 Prise frisches Basilikum und frischen Majoran, Pfeffer, Salz, ⅛ l Weißwein, ⅛ l saurer Rahm, 1 Eigelb

Herz waschen und säubern, in nicht zu kleine Würfel schneiden. Schmalz erhitzen, die feingehackten Zwiebeln mit dem Fleisch darin bräunen. Nun Tomatenmark, Gewürze, Weißwein dazugeben und den Topf zudecken. Eine Stunde ganz leise schmurgeln lassen, dann mit Rahm und Eigelb legieren. Nicht zu stark erhitzen! Abschmecken und mit Kartoffelpüree servieren, auf das zunächst geröstete, danach noch kurz in Brühe gekochte Zwiebeln gestreut werden.

EINGEMACHTE KALBSFÜSSE

(Bild Seite 9)

2 Kalbsfüße, Fleischbrühe, 250 g Petersilienwurzeln, 2 Zwiebeln, ½ Zitrone, 30 g Butter, Salz, Pfeffer, Muskatnuß, 1 Glas Weißwein, 1–2 EL Crème fraîche

Kalbsfüße vom Metzger in Stücke hauen lassen. Waschen, in die Brühe geben und langsam nicht zu weich köcheln (90 Minuten). Inzwischen Petersilienwurzeln und die Zwiebeln kleinschneiden, mit einem Stück Zitrone in Butter andünsten. Würzen, den Wein angießen und alles weich kochen. Durch ein Sieb streichen oder im Mixer pürieren. Crème fraîche zugeben und mit soviel Brühe auffüllen, daß eine geschmeidige Sauce entsteht. Mit Zitronensaft und Gewürzen abschmecken und über die fertigen, abgetropften Kalbsfüße gießen.
Anmerkung: Brühe wird sehr gelatinös. Nehmen Sie wenig, so bekommen Sie einen prächtigen Saucenfond für spätere Gelegenheiten!

HECHTENKRAUT

(Bild Seite 14)

500 g Sauerkraut, 40 g Schweineschmalz, 2 Kellen Fleischbrühe, 1 Lorbeerblatt, 2–3 Wacholderbeeren, Pfeffer, Salz, 2 Zwiebeln, 30 g Butter, 800 g Hecht, ¼ l Weißwein, 2 Dotter (Eigelb), ¼ l süßer Rahm (und 1 EL Crème fraîche, wenn vorhanden), Muskat

Das Sauerkraut mit Schmalz, Brühe, Gewürzen 20 Minuten schmoren. Die Zwiebeln in feine Ringe schneiden und in einen Topf mit der zerlassenen Butter geben. Den Hecht in Scheiben darauf setzen, den Wein angießen, salzen, alles zugedeckt zehn Minuten leise sieden lassen. Das Sauerkraut in einer feuerfesten Form anrichten. Nun die Fischstücke, möglichst bereits sorgfältig entgrätet, darauflegen, ebenso die Zwiebeln. Den Sud einkochen, mit dem Rahm und den Eigelb zu einer dicklichen Sauce abrühren. Diese mit Pfeffer, Salz und etwas Muskatnuß abschmecken. Über Fisch, Zwiebeln und Kraut gießen und im Ofen fest und golden werden lassen.
Als Beilage gibt es Fingernudeln – Rezept auf Seite 24.

FISCHPUDDING MIT KREBSSAUCE

(Bild Seite 15)

Ein bürgerliches Gericht, das zeigt, wie fein man früher im gut geführten Hause aß! Am besten schmeckt der Pudding, wenn man das zarte und fette Fleisch des Wallers verwendet, doch kommt man mit jedem weißfleischigen Fisch, auch aus dem Meere, zurecht.

600 g schieres Fischfleisch, Salz, ⅜ l süßer Rahm, 1 Eiweiß, Pfeffer, etwas Butter

Das gänzlich entgrätete Fischfleisch entweder einige Male durch einen Fleischwolf drehen oder besser in einem elektrischen Zer-

Frischlingsrücken: Der berühmte Koch und Direktor des Hotels »Vier Jahreszeiten«, Alfred Walterspiel, schuf dieses köstliche Rezept

hacker (Mixer) pürieren. Reichlich Salz zufügen und gut durcharbeiten. Den eiskalten Rahm und das Eiweiß unterschlagen. Mit Pfeffer und Salz abschmecken. In eine mit zerlassener Butter ausgestrichene Puddingform füllen, mindestens eine Stunde im Kühlschrank ruhen lassen. Danach in einen Topf mit heißem Wasser auf den Herd stellen, zum Kochen bringen, bei ganz milder Hitze (150 Grad) zugedeckt im Ofen etwa dreiviertel Stunden vorsichtig garen. Inzwischen die Sauce zubereiten. Den fertigen Pudding auf eine gut vorgewärmte Platte stürzen und die Sauce entweder drum herum oder, falls Sie eine Ringform verwendet haben, in die Mitte gießen. Mit gründlich gesäuberten Krebsnasen hübsch garnieren.

Für die Sauce:
500 g Krebse, 60 g Butter,
¼ l trockener Weißwein, 1 Dotter (Eigelb),
⅛ l süßer Rahm, Pfeffer, Salz

Krebse in stark kochendes Wasser werfen, um sie zu töten und zu garen. Schwänze auslösen. Die Schalen (einige Nasen mit Scheren für die Dekoration beiseite legen) im Mörser oder einem Zerhacker zerkleinern.

In einem Topf die Butter zerlassen, Krebsschalen kurz darin andünsten. Wein angießen und alles auf die Hälfte einkochen. Abseihen, dabei aber die Butter so vollkommen wie möglich von den Resten entfernen und mit in die Sauce retten. Heftig durchkochen. Dotter und Rahm vermischen und in die Sauce schlagen. Erhitzen, aber ja nicht mehr kochen lassen. Mit Pfeffer und Salz abschmecken; nun die in Scheiben geschnittenen Schwänze einlegen.

Anmerkung: Noch besser schmeckt diese Sauce, wenn Sie die Krebse in einem kräftigen Wurzelsud garen, den Sie mit Fischabfällen (Köpfe, Gräten) angesetzt haben.

BEMOOSTER KARPFEN

(Bild Seite 15)

Auch in Bayern wird Karpfen meist warm gegessen – vorzugsweise im Wurzelsud gesotten. Oder aber in Butter gedämpft, einfach

Ochsenfleisch mit Ei: Kluge Bauern- und Bürgerküche hat schon immer dafür gesorgt, daß auf rationelle Weise mehrere Essen entstehen. Vom Siedfleisch bleibt etwas übrig – und wird mit Eiern zu einem neuen Gericht

Frischlingsrücken mit Pilzen (Rezepte Seite 22)

Ochsenfleisch mit Ei (Rezept Seiten 20/21)

nur in der Pfanne gebraten, nach Frankenart, in Schmalz gebacken. Die folgende kalte Anrichtung eignet sich für Einladungen und stattliche Buffets.

1 großer Karpfen von 3 kg, Salz,
1 Flasche trockener (Pfälzer) Weißwein,
2 Zwiebeln, 2 Möhren,
1 Lorbeerblatt, Pfefferkörner,
8 hartgekochte Eier,
1 Bund gemischte Kräuter,
1 EL Kapern, 3 EL Essig, 3 EL Olivenöl

Den Karpfen in einen passenden Topf oder einen Bräter legen, mit Salz bestreuen und eine halbe Stunde ziehen lassen. Wein, gewürfeltes Gemüse, Lorbeer und Pfeffer zugeben, mit einem Blatt Alufolie abdecken und für eine Stunde in den 220 Grad heißen Ofen schieben. Immer wieder begießen. Danach im Sud abkühlen lassen. Den Karpfen herausnehmen, auf einer Platte anrichten. Sud einkochen, bis noch ein achtel Liter davon übrig ist. In einem Suppenteller gelieren lassen, den Aspik würfeln.
Inzwischen aus vier Eigelb, gehackten Kräutern, Kapern, Essig, Öl, Pfeffer und Salz eine grüne Remouladensauce herstellen. Mit dieser den Rücken des Fisches überziehen. Mit den übrigen Eiern und Aspik garnieren.

MÜNCHNER SAUERBRATEN

(Bild Seite 16/17)

Sauerbraten nie von einem zu kleinen Stück bereiten: 1,5 kg sollte er mindestens wiegen!

1,5 kg Rindfleisch (Oberschale), ½ l Wasser,
½ l Weinessig, 2 Zwiebeln,
3 Bund Suppengrün, 2 Lorbeerblätter,
2 Nelken, 4 Wacholderbeeren,
je 1 Prise Rosmarin und Thymian, Pfeffer,
Salz, 100 g grüner Speck, 40 g Schmalz,
1 Stück Sauerteigbrotrinde,
¼ l dicker Sauerrahm (Crème fraîche)

Fleisch von Sehnen befreien. Essig und Wasser aufkochen, die gehackten Gemüse und die Gewürze darin einmal aufwallen lassen. Lauwarm über das Fleisch gießen. Zudecken, drei bis fünf Tage an einem kühlen Ort ziehen lassen, ab und zu wenden. Fleisch herausnehmen, abtrocknen und mit in Streifen geschnittenem, in Pfeffer und Salz gewendetem Speck der Länge nach spicken. Kräftig anbraten, einen halben Liter Marinade mit Gemüsen und Gewürzen zugeben und die Brotrinde einlegen. Alles bei 200 Grad etwa 2½ Stunden im Ofen braten. Ab und zu begießen. Endlich das Fleischstück herausnehmen. Die Sauce entfetten, mit dem Gemüse durch ein Sieb streichen, mit der Sahne einkochen, bis sie ziemlich dicklich wird. Abschmecken und über dem in Scheiben geschnittenen Fleisch anrichten. Dazu paßt gemischter Salat.

GESCHMORTE RINDERHAXE

(Ohne Bild)

2 kg Rinderhaxe in Scheiben gesägt, 2 EL Öl,
je 2 Zwiebeln, Möhren, Lauchstangen und
Petersilienwurzeln, 2 Lorbeerblätter,
1 Knoblauchzehe, ¼ l Fleischbrühe und
⅛ l Rotwein, Pfeffer, Salz

Haxenscheiben waschen, um alle Knochensplitter zu entfernen. Sorgfältig abtrocknen und nacheinander im heißen Fett anbraten. Herausheben und die gehackten Gemüse anbraten. Fleisch darauflegen, würzen und Flüssigkeiten angießen. Zudecken, den Topf in den auf 180 Grad vorgeheizten Ofen schieben und nun das Fleisch wenigstens drei, besser vier Stunden schmoren. Nötigenfalls etwas Fleischbrühe nachgießen.
Anmerkung: Nach Belieben die Gemüse samt Schmorflüssigkeit im Mixer pürieren zu einer dicksämigen, nicht sehr kalorienreichen, aber wohlschmeckenden Sauce.
Beilage: Salzkartoffeln, Kartoffelbrei oder Schuchsen (siehe Seite 22/23).

OCHSENFLEISCH MIT EI

(Bild Seite 19)

Es handelt sich hier eigentlich um eine Art

Die Gegend um Ismaning ist berühmt für das beste Bayerische Kraut – dieser einfache Salat schmeckt am besten zu Schweinebraten oder Leberkäs

Weißkrautsalat (Rezept Seite 24)

Resteverwertung, denn das Fleisch kann von einer im Wurzelsud gesottenen Ochsenbrust übriggeblieben sein, die man mit Dampfkartoffeln und Meerrettich serviert hat.

300 g gekochtes Ochsenfleisch, 2 Zwiebeln,
60 g Schweineschmalz, 1 Bund Petersilie,
1 Prise Majoran, Pfeffer, Salz, 6 Eier

Ochsenfleisch in Scheiben, Zwiebeln in Ringe schneiden. Im Schmalz kurz anbraten. Mit gehackter Petersilie bestreuen und würzen. Mit den nur leicht verquirlten Eiern begießen und diese unter ständigem Wenden stocken lassen. Mit Nisslsalat auftragen.

Anmerkung: Nissl heißt in Bayern der Feldsalat. Er wird mit nur wenig Essig und Öl, Pfeffer, viel Salz und reichlich gehackten Zwiebeln angemacht.

Bayerische Beilagen haben's in sich! Etwa nach dem Motto: Wer schon viel fettes Fleisch ißt, muß mit reichlichen Beilagen für gute Verdauung sorgen. Vergessen wir bei heutiger Beurteilung aber nicht, daß die Menschen früher härter arbeiten mußten ... und mehr Kalorien verbrauchten, als heute ein Sonntagsspaziergang schafft!

FASAN MIT GRÜNEM WACHOLDER

(Bild Seite 16/17)

In Oberbayerns Flußtälern wächst reichlich Wacholder. Im Herbst und im Winter findet man die jungen, grünen, zart nach Harz schmeckenden Beeren, die man leider nirgends kaufen kann. Aber man kann sie durch »normalen« Wacholder mit einigen Rosmarinnadeln ersetzen.

2 Jungfasane, 2 Semmeln, 2 Eier,
20 grüne Wacholderbeeren (ersatzweise
4 reife plus 6 Rosmarinnadeln),
½ Bund Petersilie, Pfeffer, Salz, 1 Apfel,
1 EL Weinbrand, 40 g Butter,
2 große Scheiben grüner Speck

Die Fasane nicht zu lange hängen lassen. Aus den eingeweichten, gut ausgedrückten Semmeln, gereinigten Innereien der Fasane, Gewürzen, den Eiern, vorbereitetem Apfel, Weinbrand und Butter eine Farce bereiten (am besten im Zerhacker). Fasane mit Pfeffer und Salz einreiben, füllen, zunähen und mit Speck umbinden. Bei 220 Grad 15 Minuten braten, dann den Speck entfernen und die Vögel in weiteren zehn Minuten braun werden lassen. Mit dem inzwischen abgetropften Fett reichlich begießen.

Beilage: Berchtesgadener Kartoffeln (S. 24).

Semmelknödel, Münchner Kartoffelknödel (beide Rezepte Seite 22) und Bratkartoffeln (Seite 24)

FRISCHLINGSRÜCKEN

(Bild Seite 19)

Ein Festessen, wie es der große Gastronom Alfred Walterspiel in seinem Restaurant in München zubereitete, das in den fünfziger Jahren als das beste in Deutschland galt:
Man spickt dann den Rücken reichlich mit nicht zu dünnen rohen Trüffelstiften und läßt ihn mit Speck bardiert (umwickelt, Anmerkung des Autors) im Kühlraum hängen. Man hackt einige Kalbs- und Frischlingsknochen ganz fein und gibt sie mit zwei Eßlöffeln Butter und mehreren in große Stücke geschnittenen Zwiebeln und Karotten in eine passende Bratpfanne. Der Rücken wird gesalzen und so gebraten, daß er von außen schöne Farbe hat, unter keinen Umständen aber darf er durchbraten; das heißt, er muß an den Knochen noch rosa sein. Daraufhin wird die Butter abgegossen; die Knochen werden mit einem Glas Sherry und mit einigen Löffeln kräftigen Kalbsfonds abgelöscht. Man läßt eine Viertelstunde kochen, gibt einige Tropfen Zitronensaft dazu und passiert durch. Von Cognac oder Rotwein sehe ich ab, weil der Trüffelgeschmack, zusammen mit dem des Wildes, ein hervorragendes Aroma ergibt.
Zu dem Frischlingsbraten gibt man am besten Champignons, Steinpilze oder Morcheln, aber keine Kartoffeln; eher Risotto oder frischen süßen Mais. Soweit Walterspiel.
Anmerkung: Frischlinge, also junge Wildschweine, bekommt man nur sehr selten. Ebenso kann man aber auch mit Reh- oder Hirschbraten verfahren. Während die Sauce einkocht, den Braten im ausgeschalteten Ofen bei etwas geöffneter Türe nachziehen lassen. Ansonsten beweist dieses Rezept, wie modern Walterspiels Kochkunst bereits war: Neue Küche!

PILZE

(Bild Seite 19, beim Frischlingsrücken)

Die beliebtesten Pilze sind natürlich Steinpilze, gefolgt von Reherln (Pfifferlingen), Rotkappen, Birkenpilzen, Maronen und Egerlingen (Champignons). Fast immer werden sie auf die einfachste (und damit wohl auch beste) Art zubereitet:
Die Pilze putzen, kurz waschen und abtropfen. Die Zwiebel fein hacken, in reichlich Butter andünsten. Pilze zugeben und trocken dünsten, dann eine gute Portion süßen Rahm darangießen, mit Pfeffer, Salz, eventuell mit Knoblauch und Zitronensaft abschmecken, zum Schluß Blattpetersilie daruntermischen. Dazu gehört ein Semmelknödel!

SEMMELKNÖDEL

(Bild Seite 21)

Wer will, kann auch »Semmelnknödeln« sagen, wie schon Karl Valentin bewiesen hat, denn man braucht ja mehrere Semmeln:

8 Semmeln vom Vortag, knapp ¼ l Milch,
1 Zwiebel, 1 Bund Petersilie, 40 g Butter,
3 Eier, etwas Pfeffer und Salz

Semmeln nach Belieben zunächst abreiben. In hauchdünne Scheiben schneiden und mit der lauwarmen Milch begießen. Zwiebel und Petersilie hacken, in Butter kurz andünsten. Mit den Eiern und den Semmeln gut vermischen, würzen. Nicht zu heftig durchmischen und ruhen lassen. Mit nassen Händen Knödel formen und diese in leise siedendem Wasser etwa 20 Minuten ziehen lassen.
Eine unerläßliche Beilage zu Pilzen! Übrigens gibt man gerne ein wenig gehackten Schinken in die Knödel.
Anmerkung: In München und Umgebung gibt es in den Bäckereien und Supermärkten Knödelbrot zu kaufen – fein geschnittene Semmeln vom Vortag!

MÜNCHNER KARTOFFELKNÖDEL

(Bild Seite 21)

Es handelt sich dabei um gemischte Knödel – allerdings sind hier mehr rohe als gekochte Kartoffeln üblich.

1 kg mehlige Kartoffeln, etwas Essig,
⅛ l Milch, 350 g gekochte Kartoffeln, Salz,
1 Ei, 1 Semmel, 20 g Butter

Rohe Kartoffeln schälen und reiben, in leicht gesäuertes Wasser fallen lassen. In ein Leinentuch geben und fest pressen. Sofort mit der kochenden Milch begießen. Gekochte Kartoffeln ebenfalls reiben, zumischen, auch das Ei und Salz einarbeiten. Probeknödel kochen. Zerfällt er, etwas Mehl, wird er zu fest, noch 1 Ei zugeben. Mit nassen Händen Knödel formen, in ihre Mitte jeweils einige in Butter angeröstete Semmelwürfel drücken, nach Belieben auch etwas Petersilie. In leise siedendem Salzwasser etwa 25 Minuten ziehen lassen.

Die Nähe zur böhmischen und österreichischen Küche kann die bayerische nicht leugnen: Süßspeisen, Mehlspeisen noch und noch! Oft waren und sind sie nicht Dessert, sondern Hauptgericht, vor allem im Winter. Heute ißt man sie auch zum Kaffee, wie die Wuchteln (links) und die Schuchsen (rechts), die allerdings auch zu Fleischgerichten passen

Wuchteln (Rezept Seite 25) und Schuchsen (Rezept Seite 24)

BERCHTESGADENER KARTOFFELN

(Bild Seite 16/17)

Eine Rezeptur nach dem »weiland Mundkoch« in der Residenz, Johann Rottenhöfer, der uns in seiner »Anweisung in der feineren Kochkunst« berichtet, was er für Maximilian II. so alles zubereitet hat:

1 kg mehlige Kartoffeln, ½ l Rahm (Sahne),
100 g Butter, 1 Zwiebel, Pfeffer, Salz

Kartoffeln schälen und in Scheiben schneiden. In einen Topf geben und mit drei Vierteln des Rahms begießen. Etwa 30 Gramm Butter zufügen, pfeffern und salzen. Zudekken, langsam weich köcheln. Weitere 30 Gramm Butter in einer Pfanne zerlassen, die klein gewürfelte Zwiebel darin glasiggelb dünsten. Dann den Rahm von den Kartoffeln dazugießen, mit dem restlichen Rahm und der restlichen Butter vermischen und dicklich einkochen. Abschmecken und über die bereits angerichteten Kartoffeln gießen.

BRATKARTOFFELN

(Bild Seite 21)

Unter Bratkartoffeln versteht man in Bayern die geviertelten oder auch geachtelten Kartoffeln, die noch roh im Bräter (Reine) in viel Fett (Butter- oder Schweineschmalz) im Backofen gebräunt und gegart werden. Ab und zu wenden, als Gewürz eventuell Rosmarin darangeben. *Röstkartoffeln* heißen die gekochten, in Scheiben geschnittenen und in der Pfanne gebratenen Kartoffeln.
Beide Arten kann man mit Wammerl (Speck) und Zwiebeln anreichern.

SPRINGNUDELN

(Bild Seite 9)

250 g Mehl, Salz,
250 g gut ausgepreßter Topfen (Quark),
1 EL Schnittlauchröllchen, 1 Ei, 1 Eigelb,
ca. 3 EL lauwarme Milch,
Mehl zum Ausrollen, Schweineschmalz

Alle Zutaten gut vermischen und zu einem recht festen Teig verkneten. Falls der Quark nicht sehr trocken ist, müssen Sie ihn auspressen. In ein festes Tuch wickeln und dieses von beiden Enden zudrehen, damit die Flüssigkeit herausquillt. Den Teig eine Stunde ruhen lassen. Auf dem mit Mehl bestäubten Nudelbrett fingerlange, fingerdicke Röllchen formen, die an den Enden spitz zulaufen. Im mäßig heißen Schmalz ganz langsam rundherum golden backen und auf Küchenpapier

Gebackene Grießtaler (Rezept rechts)

Zarte Butternocken, die in Milch gar gesotten werden, bis diese einkocht und die Nocken Krusten bekommen – eine Spezialität der Milchbauern

entfetten. Entweder nur mit Sauerkraut oder auf Kraut mit kleinen, gepökelten und geräucherten, nicht zu lange gegarten vorderen Schweinshaxen, Surhaxln genannt, servieren. Und natürlich trinkt man dazu ein kühles, frisch eingeschenktes Bier!

FINGERNUDELN

Sie haben die gleiche Form, werden aber in Butterschmalz gebacken und aus folgendem Teig hergestellt: 500 g gekochte Kartoffeln vom Vortag reiben und mit 80 g Mehl, einem Ei, Salz und etwas Muskatnuß verkneten.

WEISSKRAUTSALAT

(Bild Seite 20)

500 g Weißkraut,
50 g geräuchertes Wammerl (Bauchspeck),
2 EL Essig, Kümmel, Salz, Pfeffer,
1 Prise Zucker

Das Weißkraut putzen, waschen und fein hobeln. Roh lassen, kurz blanchieren oder salzen und stampfen, oder über Nacht eingesalzen stehen lassen – je nach Geschmack. Am mildesten ist das gesalzene Kraut, am knakkigsten das rohe. Den Speck würfeln, auslassen und mit dem Fett an den mit den restlichen Zutaten angemachten Salat gießen.
Vor allem beliebt zu Schweinebraten.

SCHUCHSEN

(Bild Seite 23)

350 g Roggenmehl, 350 g Weizenmehl,
1 Würfel Hefe, ⅜ l Milch, 1 Prise Salz,
250 g trockener Quark (Topfen),
Butterschmalz

Aus je einer Handvoll der beiden Mehlsorten, der Hefe und der nötigen Milch ein Dampferl, wie in Bayern der Vorteig heißt, ansetzen und eine halbe Stunde gehen lassen. Die übrigen Zutaten einkneten, erneut eine Stunde an einem warmen Ort aufgehen lassen. Teilen und auf bemehlter Fläche längliche, dünne, schuhartige Flecken ausrollen. In heißem Fett ausbacken, bis sie goldgelb geworden sind und sich mächtig gebläht haben.
Mit Zucker bestreut zum Kaffee, pur auch zu Fleischgerichten (Gulasch, Schmorbraten, Wildtöpfen). Die angegebenen Zutaten ergeben rund 50 Stück (ist das zuviel, können Sie die Hälfte des Teigs einfrieren).

GEBACKENE GRIESSTALER

(Bild links oben)

½ l Milch, 100 g Zucker, 1 Stange Zimt,
1 Msp. Salz, 30 g Butter, 100 g Grieß, 1 Ei,
5–6 EL Semmelbrösel,
Butterschmalz zum Ausbacken,
Zucker zum Bestreuen

Die Milch mit Zucker, Zimt, Salz und Butter aufkochen. Grieß einrieseln lassen, abrühren, bis er dicklich ist. Zimt herausnehmen. Die Masse auf ein mit Pergamentpapier belegtes Blech streichen und auskühlen lassen. Mit einer immer wieder in heißes Wasser eingetauchten Ausstechform Taler ausstechen. Diese in verquirltem Ei und dann in Bröseln wenden. Portionsweise in heißem Schmalz ausbacken, mit Zucker bestreuen und auf einer Platte aufschichten.
Anmerkung: Nach Belieben die Taler unter den Grill schieben, bis der Zucker zerläuft (glasieren).

BUTTERNOCKEN

(Bild rechts oben)

100 g Butter, 2 EL Mehl, 2 Eier,
1 Messerspitze Salz, 2 EL Zucker,
¼ l Milch, ½ Vanilleschote oder
½ Zitrone (Schale), Streuzucker

Zimmerwarme Butter schaumig rühren. Einen Eßlöffel Mehl, dann ein Ei, wieder einen Eßlöffel Mehl und das andere Ei nach und nach unterrühren, schließlich das Salz und einen Eßlöffel Zucker. Die Milch zum Kochen bringen und das gewünschte Aroma (Vanillestange aufgeschlitzt, Zitronenschale abgerieben) und einen Eßlöffel Zucker zufügen. Nach fünf bis sechs Minuten mit einem Eßlöffel von der Buttermasse Nocken abstechen und auf die Milch setzen. Zudecken und etwa 15 Minuten sieden, bis die Nocken schöne Krusten bekommen haben. Mit den Krusten

Butternocken (Rezept links unten)

nach oben auf einer Schüssel anrichten, mit Zucker (oder mit Puderzucker) bestreuen.

WUCHTELN

(Bild Seite 23)

125 g Butter, 350 g Mehl, 2 EL Zucker, etwas Salz, 2 Eier, 20 g Hefe, 3–4 EL Milch, 1 kleines Glas Hagebuttenmarmelade, 1 Eiweiß, Butterschmalz zum Ausbacken, Streuzucker

Butter schaumig rühren, nach und nach

Rund ausgestochene, dann in heißem Fett ausgebackene Grießtaler – als Nachspeise oder als süßes Haupt- beziehungsweise Fastengericht

Mehl, Zucker, Salz, zwei Eier und die in lauwarmer Milch gelöste Hefe einarbeiten. Eine Stunde an warmem Ort gehen lassen. Dann den Teig auf bemehlter Fläche dünn ausrollen und etwa acht Zentimeter breite Streifen ausschneiden. Im Abstand von fünf Zentimetern jeweils in die Mitte kleine Marmeladenhäufchen setzen. Die Teigränder nun mit Eiweiß bestreichen. Teigflächen der Länge nach übereinanderschlagen, die Ränder festdrücken. Mit einem Rädchen Halbmonde ausschneiden – die Teigreste ebenso verarbeiten. Über die Täschchen Eigelb streichen und in Butterschmalz goldgelb ausbacken. Mit Zucker bestreuen.

Anmerkung: Statt der Hagebuttenmarmelade mit ihrem starken Aroma können Sie jede andere, feste Marmelade Ihrer Wahl verwenden.

Der Schwarzwald, zum größten Teil badisch, gehört zu Deutschlands ursprünglichsten und schönsten Landschaften. Hier schroffe, dort sanfte Berge, unermeßliche Wälder, deren tiefes Schwarz uns heute noch erschrecken kann, liebliche und finstere Seen, hell rieselnde Bäche, saftige Wiesen und Obstbäume aller Art, urige Höfe und romantische Städtchen, ob reich oder karg, bieten alles, was das Herz begehrt. Aber das ist nur ein Teil des Landes: Wo die Berge in die fruchtbare Rheinebene auslaufen, da wächst der Wein, liegen die schönsten Obst- und Beerenplantagen, beginnen Gemüsegärten, die der Küche das Reichliche, Schlemmerhafte geben. Man nähert sich dem Elsaß …

Unser kulinarisches Ruhmesblatt: Baden

Kein Zweifel: Hier glänzen die meisten Sterne am Himmel der deutschen Gastronomie. Und jede Hausfrau weiß zu kochen – aus Tradition und vielleicht auch, weil Frankreich schon so nahe ist

Das Land Baden hat sich, meint der Brockhaus von 1893, »weder auf Grund einer landschaftlichen Zusammengehörigkeit, noch aus der nach staatlicher Vereinigung drängenden Stammesgleichheit seiner Bewohner gebildet: seine Entstehung ist nur durch die Geschichte des Fürstenhauses der Zähringer bestimmt«. Es führt hier zu weit, die verschiedenen Linien zu verfolgen – für die Entwicklung des Kernlandes um Baden-Baden und Durlach hatte das kaum eine Bedeutung. Um so wichtiger waren die riesigen Gebietszuschläge, die Baden im Laufe der napoleonischen Zeit zu einem bedeutenden Land machten: Es erhielt im Rahmen der politischen Neuordnung sowie der Enteignung der Kirche die rechtsrheinischen Gebiete der Pfalz (mit Mannheim und Heidelberg), die vorderösterreichischen Ämter (den Breisgau, die Ortenau, Konstanz) und den dazwischenliegenden kirchlichen Besitz. Außerdem Land, das bis nach Wertheim am Main reicht und auch das Gebiet nördlich des Bodensees bis hinauf ins Hohenzollerische und nach Donaueschingen umgreift.
Fränkische Pfälzer und schwäbische Gebiete kamen also hinzu – und folgerichtig Einflüsse von Küchengewohnheiten, die mit dem alemannischen Kernland weniger gemeinsam haben als die ebenfalls alemannischen Gebiete links des Rheins (Nordschweiz und Elsaß). Badische Küche gibt es deshalb nicht im Sinne der altbadischen Landesgrenzen, sie ist eher die Kochkunst des Oberrheins.
Sogar mit dieser Aussage müssen wir vorsichtig sein: Auf den unwirtlichen Höhen des Schwarzwaldes wird anders gekocht und gegessen als in den geschützten Tälern, hier wiederum anders als in den Rebhügeln oder der Ebene. In keinem anderen Landstrich Deutschlands herrschen so dicht nebeneinander so unterschiedliche Lebensbedingungen, also Gewohnheiten und Bedürfnisse. Und daher gibt es hier so überaus charakteristisch ausgeprägte Gegensätze auch beim Essen.

Arme Höhen, reiche Täler

Die arme Bevölkerung der Berge hatte fast nichts – Kartoffeln, Hafer, Dinkel, Eier, Milch und Schweinefleisch (vor allem in Form von Speck) waren dort die tragenden Elemente der Ernährung von schwer arbeitenden Waldleuten. Im Tal gab's dagegen schon immer die feinsten Gemüse, Obst in Hülle und Fülle, alle Getreidesorten und dazu Wein, der von jeher anregend auf die Entwicklung der Kochkunst wirkte. Die Armut der Bewohner des hohen Südschwarzwaldes schildert uns eindringlich Viktor von Scheffel in seinem 1853 geschriebenen Reisebild »Aus dem Hauensteiner Schwarzwald«. Der Staat zahlte damals einem großen Teil der Bevölkerung die Ausreise nach Amerika. Und wer dablieb, hatte längst nicht immer sein reguläres Auskommen. So sind die Gestalten des Johann Peter Hebel keineswegs phantastisch-vergnügliche Vorstellungswelt, sondern realistisch gezeichnete Menschen der damaligen Zeit. Ganze Regionen, zumindest aber einige Ortschaften, genossen einen so zweifelhaften Ruf, daß ernsthaft überlegt wurde, sie dem Erdboden gleichzumachen und ihre Einwohner ins Ausland zu schicken.
Solche Siedlungspolitik geschah denn auch tatsächlich: Die österreichische Regierung deportierte die Aufständischen des 18. Jahrhunderts, die aus alter Tradition der unmittelbaren Reichsgerichtsbarkeit unterstellt sein wollten und nicht dem Kloster St. Blasien, ohne Federlesens in den Balkan. Natürlich nur die militanten »Salpeterer«, wie sie genannt wurden. Die gemäßigten Kräfte erreichten eine gewisse Unabhängigkeit, welche selbst heute noch in weiten Teilen des Landes Nachwirkung zeigt.
Der badische Staat bewies allerdings sogar Aufgeschlossenheit, entwickelte sich nach Napoleon freier als die übrigen deutschen

Rehmedaillons mit Pfifferlingen, Sauerkraut und Topinambur. Das eine kommt aus dem Schwarzwald, das andere liefert die Rheinebene – eine glückliche Übereinkunft mit Mutter Natur

Länder. Zwar konnten die liberalen Kräfte sich zunächst nicht durchsetzen, und viele Enttäuschte wanderten aus politischen und religiösen Gründen bis zum Ende des letzten Jahrhunderts aus. Andererseits wurden in Baden aber die Vorkämpfe für die nach 1848 einsetzende Liberalisierung ausgefochten. Und der Staat hatte sehr wohl begriffen, daß das fast ausschließlich vom Ackerbau lebende Land nur durch eine gute Infrastruktur zu Wohlstand kommen konnte: Man begradigte den Rhein und machte ihn schiffbar, baute Eisenbahnen und Straßen durch den Schwarzwald. Feinmechanische Betriebe (vor allem die Uhrmacherei) wurden gefördert, Maschinenbau und Textilindustrie mit Erfolg angesiedelt. Die Mineralquellen entwickelten sich zu internationalen Bädern, die hochliegenden Gemeinden zu begehrten Luftkurorten. Der Reichtum an Holz wurde intensiver genutzt, der Weinbau reorganisiert und vor allem der Anbau von Tabak subventioniert. Baden entwickelte sich zu einem relativ wohlhabenden Land, zum »Muschterländle« eben.

Gute Küche verlangt Respekt

Eigentlich überall aber war, mit den erwähnten Einschränkungen, niemals wirklich karg gekocht worden. Denn in der Küche heißt es ja nicht nur: Gibt es vielerlei? Sondern: Wieviel kann man, selbst mit wenigem, anfangen? In dieser Hinsicht hat der Badener, wie alle Alemannen, sich eine Menge einfallen lassen – auch die einfachen Gerichte atmen hier kreative Phantasie, sind niemals langweilig oder gar ohne Sorgfalt gekocht. Das Badener Merkmal guter Küche lautet vielmehr: Alles, und sei es das Alltäglichste, wird mit Liebe und Genauigkeit, mit Respekt vor dem Produkt zubereitet. Solches trifft auf eine Kartoffelsuppe mit Zwetschgenkuchen ebenso zu wie auf einen Hirschziemer(-rükken) mit Eßkastanienpüree. Und warum gibt's nur hier so gute Obstbrände, -wässer und -geiste? Warum so viele verschiedene Weine? Warum solch ausgezeichnetes Brot, so köstliche Würste, so einmaligen Schinken? Die Antwort ist einfach: Weil man seine Produkte liebt und sorgfältig mit ihnen umgeht!

Darüber denkt der Badener denn auch bereitwilliger nach als die anderen Deutschen, spricht gerne mehr darüber. Gelassen oder begeistert, aus Tradition oder aus Neugier. Das Leben ist eben eine Kunst, die man erler-

Rehmedaillons mit Pfifferlingen (Rezept Seite 30)

nen muß ... Doch hierzu noch einmal Viktor von Scheffel:

Ein ehrwürdig Institut aber darf nirgends fehlen, das ist der kolossale Kachelofen mit seinen steingedeckten, übereinandergeschichteten Ofenbänken. Dieser Ofen hat eine kulturgeschichtliche Bedeutung. Die Ofenbank heißt nicht umsonst die »Kunst« oder »Chauscht«; auf ihr liegt der Wäldler der edlen und freien Kunst des Nichtstuns und Schnapstrinkens ob, auf ihr brütet er seine feinsten Pfiffe und Schliche aus, auf ihr träumt er seine schönsten Träume. Mag der Elfe in stiller Mondnacht auf schwankem Blatt des Farnkrauts sich schaukeln oder aus dem Kelch der Glockenblume den Tautropfen schlürfen, mag der Romantiker in der Waldeinsamkeit den fernen Waldhornklängen lauschen: das alles ist kein Standpunkt gegenüber der »Kunst«.

In Baden hat, wie in allen ursprünglich ländlichen Gegenden, das Vesper hohe Bedeutung. Es geht auch kaum etwas über eine gute Schwarzwälder Brotzeit: Tannengeräucherter Schinken, der hier bescheiden untertreibend Speck genannt wird, ein dicker »Ranken« Brot, mit scharfem Messer über der Brust geschnitten, Butter und ein Kirschwasser dazu, oder ein guter, würziger Wein und Renchtäler Frischkäse ...
Im Herbst aber, sobald es den Suser, den jungen Wein, gibt, muß es statt dessen ein Zwiebelkuchen sein! Vielleicht mit Kümmel kräftig gewürzt (dann paßt ein beinahe durchgegorener Suser aus Riesling oder Gutedel), vielleicht »nur« mit viel Sahne verfeinert – hierzu mundet ein weniger vergorener, aromatischer und leicht süßer Suser von Ruländer oder Müller-Thurgau.

Gefüllte Kalbsbrust mit frischem Spargel und neuen Kartoffeln: Frühling in Schwetzingen!

ZWIEBELKUCHEN

(Bild Seite 32)

Für den Teig (1 Blech):
400 g Mehl, 30 g Hefe, knapp ¼ l Milch,
1 gute Prise Salz, 40 g weiche Butter

Belag:
1¼ kg Zwiebeln, 40 g Butter, 4 Eier,
¼ l Crème fraîche, Salz, Pfeffer

Aus den genannten Zutaten einen Hefeteig bereiten, zweimal gehen lassen und durchkneten. Dann ein mit Backpapier belegtes

Gefüllte Kalbsbrust mit Spargel und Salzkartoffeln (Rezept Seite 31)

Blech damit bedecken und den Belag auftragen: zunächst die in Ringe geschnittenen und in Butter angedünsteten Zwiebeln, dann einen gut gewürzten Guß aus Eiern und Crème fraîche.
50 Minuten bei 200 Grad backen. Man kann den Guß auch mit süßer Sahne zubereiten, doch kommt Crème fraîche der früher üblichen, von der Kuhmilch abgeschöpften dikken Sahne am nächsten.

WÄLDER SPECKWURSTSALAT

(Ohne Bild)

250 g Speckwurst
(Blutwurst mit vielen Speckwürfelchen),
250 g Zungenwurst
(Blutwurst mit großen Zungenstücken),
250 g Preßkopf (Schweinskopfsülze),
250 g frisch gestochener Löwenzahn,
2 Zwiebeln, 2 EL Essig, 2 EL herber Wein,
3 EL Öl, Salz, Pfeffer, Muskatnuß

Die Würste bereits vom Metzger in einen halben Zentimeter dicke Scheiben aufschneiden lassen. Enthäuten und quer halbieren, dann rechtwinklig zu diesem Schnitt in dünne Streifen aufschneiden. Löwenzahn putzen, waschen und gut abtropfen lassen. Zwiebeln in Ringe schneiden. Alle Zutaten in einer Schüssel vermischen und mit einer aus den angegebenen Zutaten gerührten Sauce übergießen. Sofort servieren.

Herbstlich das »Schäufele«, die Schweineschulter mit »Knöpfle« (Spätzle) und Kartoffelsalat: Beilagen, die sozusagen miteinander verheiratet sind

Da es nur im Frühjahr zarten Löwenzahn gibt, behilft man sich in den übrigen Jahreszeiten mit Gewürzgurken oder Petersilie. Die feinbittere Note trifft man allerdings besser mit Chicorée oder Radicchio, jeweils in Streifen geschnitten. Die Sauce ganz nach Belieben mit etwas Senf binden.
Dies ist einer der wenigen Wurstsalate, zu denen ein herber Weißwein, vorzugsweise ein Markgräfler Gutedel oder ein junger, frisch ausgebauter Grauer Burgunder, besser paßt als Bier.
Begleitet wird er vom typischen Schwarzwälder Bauernbrot, während zum folgenden Gericht das von den Franzosen übernommene Stangenweißbrot üblich geworden ist: Es wird im Ofen kurz geröstet, mit Knoblauch abgerieben und zu eiskalter Butter lauwarm serviert!

Schäufele mit Knöpfle und Kartoffelsalat (Rezept Seite 32)

Der »Bären« in Freiburg gilt als ältester Gasthof Deutschlands. Wie häufig in Baden lädt ein dekoratives Zunftschild zur Einkehr ein – gediegene Gestaltung galt einst soviel wie heute Sterne im Michelin. Und diese wurden in keinem deutschen Landstrich so oft vergeben wie hier. Das heißt nicht, daß man nur der noblen Küche huldigt. Im Gegenteil, die konnte nur entstehen, weil jeder gern ißt, weil selbst im unscheinbarsten Dorfgasthaus etwas Gutes auf den Tisch kommt: Im Badischen kann man fast ausnahmslos von ganzem Herzen schlemmen!

Das Vesper: tannengeräucherter Speck oder Schinken

Was der Zundelfrieder und sein Bruder Heiner, die typisch alemannischen Diebesgefährten des Johann Peter Hebel, so überaus schätzten, mögen wir heute nicht weniger: geräucherten Speck mit Bauernbrot, Butter und Kirschwasser

SCHNECKENSUPPE

(Bild rechts)

3 Dtzd. Schnecken (Dose), 50 g Butter,
2 Zwiebeln, 2 Bund Petersilie,
1 l gute, klare Kalbsbrühe, ¼ l süße Sahne,
3 Eigelb, 1 Schuß Weinbrand

Die Schnecken aus der Dose nehmen und abtropfen lassen, den Saft aber auffangen. Die Schnecken mit einem großen, scharfen Messer hacken – nach Belieben vier oder acht zurückbehalten. Die Butter schmelzen und darin die feingehackten Zwiebeln und zwei Drittel der ebenfalls kleingeschnittenen Petersilie ganz sanft andünsten. Schnecken für fünf Minuten dazugeben. Nun mit der Kalbsbrühe und dem aufgefangenen Schneckensaft aufgießen und zehn Minuten leise köcheln lassen.

Die Sahne mit Eigelb verquirlen und die Suppe damit legieren. Wenn die Kalbsbrühe gut gewürzt ist, nur mit wenigen Tropfen Weinbrand abschmecken, nötigenfalls noch mit Salz und Pfeffer. Mit Petersilie bestreut servieren und die ganzen Schnecken einlegen.

Früher hat man die Suppe natürlich aus selbstgesammelten Schnecken zubereitet. Das war wesentlich aufwendiger, aber um genauso viel besser: Die vier Tage trocken gelagerten, entleerten Schnecken waschen, in Salzwasser kochen, bis sie sich mit einer Nadel leicht herausholen lassen. Putzen, die schwarze Haut und den Darmteil entfernen. Die Schnecken mit dem gewürfelten Suppengemüse, einer großen Prise Thymian, zwei Lorbeerblättern, etwas Knoblauch, reichlich Pfefferkörnern und einem Kalbsfuß in Kalbsbrühe aufsetzen. Einen Schuß trockenen Wein zufügen und das Ganze drei Stunden leise köcheln. Schnecken herausnehmen und wie oben angegeben weiterbehandeln. Die Brühe durch ein Sieb seihen und abkühlen lassen. Mit 1 Eiweiß verrühren, langsam zum Kochen bringen und dabei immer wieder durchrühren. Nach dem ersten Aufkochen, bei dem sich sehr viel Schaum bildet, vom Feuer ziehen, zugedeckt fünf Minuten stehenlassen, dann durch ein Tuch seihen: Jetzt ist die Brühe klar.

REHMEDAILLONS MIT PFIFFERLINGEN

(Bild Seite 27)

1 Stück Rehrücken von 1,2 kg,
3 Bund Suppengrün, 1 Zwiebel,
1 Lorbeerblatt, 3 Wacholderbeeren,
12 Pfefferkörner, Salz, 80 g Butter
Für die Beilage:
500 g kleine, frische Pfifferlinge,
1 kleine Zwiebel, 1 Knoblauchzehe,
40 g Butter, 1 Schuß Rotwein,
reichlich gehackte Petersilie

Von dem Rehrücken die Fleischstränge säuberlich auslösen und enthäuten. Knochen und die Häute zerkleinern und mit Gemüse und Gewürzen auf dem Herd dunkel anrösten (ohne weitere Fettzugabe). Mit Wasser bedekken und einkochen, bis nur noch vier EL Flüssigkeit übrig sind. Diesen Fond abseihen und für die Sauce verwenden.

Rückenfleisch in etwa drei cm dicke Medaillons schneiden und in 40 g sehr heißer Butter auf jeder Seite eine Minute scharf braten und bräunen. Dann in weiteren zehn bis zwölf Minuten neben dem Feuer in der heißen Pfanne (wenn sie schwer ist) oder auf kleinster Flamme gar ziehen lassen – die Medaillons sollen innen rosa bleiben!

Herausnehmen und warm stellen. Butter abgießen, den Bratensatz mit dem Wildfond ablöschen. Wieder etwas einkochen, so daß kaum noch Flüssigkeit übrig ist, neben der Herdplatte die eiskalte Butter in kleinen Flöckchen einrühren. Die Medaillons nach dem Anrichten damit nur überziehen; als »Sauce« gelten hier mehr die zu einem saftigen Ragout gekochten Pfifferlinge: Diese putzen, waschen und gut abtropfen. Mit gehackter Zwiebel und Knoblauchzehe in der Butter fünf Minuten dünsten, dann einen Schuß Rotwein zufügen, salzen, pfeffern und mit Petersilie vermischen. Zugedeckt drei Minuten ziehen lassen. Dazu paßt noch Sauerkraut, das mit einem herben badischen Riesling und reichlich Wacholderbeeren gekocht wurde, und ein fast vergessenes Gemüse, das durch die Alternativen wieder in Mode kommt: To-

Lachs im Rieslingsud (Rezept Seite 32)

Badische Schneckensuppe (Rezept links)

Das Schloß von Karlsruhe, Mittelpunkt der fächerartig angelegten Stadt, erst 1715 gegründet. Von hier aus wurde das Land Baden seit 1771 regiert. Aus dem Kleinstaat ohne besondere Bedeutung wurde erst dank Napoleon ein gewichtiges Land, das durch seine liberale Verfassung auffiel. Hier gab es die ersten gemischten Schulklassen, hier durften erstmals auch die Frauen studieren

pinambur, der in Baden noch reichlich angebaut wird – allerdings als Viehfutter oder zum Brennen für den charakteristischen Schnaps. Die über 3 m hohen, sonnenblumen-ähnlichen Blumen leuchten im Herbst überall in der Rheinebene und in den Seitentälern des mittleren Schwarzwaldes. Die Knollen, auch Jerusalem-Artischocke genannt, schmecken köstlich. Sie werden geschält, in Salzwasser kurz gekocht und mit Sahne oder Butter geschwenkt.

GEFÜLLTE KALBSBRUST

(Bild Seite 28)

Zutaten für 6 Personen:
1,5 kg ausgebeinte Kalbsbrust, Salz, Pfeffer, 2 altbackene Wecken (Brötchen), ⅕ l Milch, 1 Zwiebel, 1 Bund Petersilie, 60 g Butter,

Ganz oben: Der Rheinsalm, einst ein häufiger Fisch, ist »ausgestorben«. Heute kommt Lachs aus Norwegen oder Irland, wird aber noch genauso zubereitet wie früher: Scheiben im Rieslingsud gar gezogen, mit neuen Kartoffeln und einer Sauce hollandaise, die nur zart nach dem intensiven Dill duften darf

Unteres Bild: Das »Schneckensüpple«, ein unverzichtbares Frühlingsgericht, früher zu Hause, heute eher im Restaurant genossen

4 Eier, Muskatnuß, 2 Bund Suppengrün samt 1 weiteren Zwiebel, gute Kalbsbrühe, ¼ l Sahne, Zitronensaft

Die Brötchen gleichmäßig würfeln und mit der Milch beträufeln – sie sollen diese aufsaugen, dabei aber nicht zerfallen. Zwiebel und Petersilie hacken, in der Hälfte der Butter andünsten. Abkühlen, dann mit den Eiern vermischen. Mit Salz, Pfeffer und Muskatnuß würzen. Schließlich die Brotwürfel einrühren und eine Viertelstunde quellen lassen. Bereits vom Metzger in die Kalbsbrust eine Tasche schneiden lassen. Salzen, pfeffern und mit der Brot-Eier-Masse nicht zu fest füllen. Locker zunähen. Einen passenden Bräter mit Butter einfetten, das kleingeschnittene Gemüse hineinstreuen und die Kalbsbrust darauflegen. Mit der restlichen ausgelassenen Butter überstreichen. Bei 190 bis 200 Grad in gut zwei Stunden gar braten – dabei geht die locker verschlossene Füllung schön auf und macht den Braten prall. Immer wieder begießen, nach etwa 15 Minuten Bratzeit auch die Kalbsbrühe hinzufügen. Eventuell während des Bratens Wasser oder Wein nachfüllen.
Übrigens: Lassen Sie sich die Knochen mitgeben, legen Sie sie neben den Braten – dadurch verbessern Sie die Sauce ganz erheblich! Die fertige Kalbsbrust aufschneiden und warm halten. Die Sauce abseihen, mit Sahne vermischen und stark einkochen. Mit Salz, Pfeffer und etwas Zitronensaft abschmecken. Als Beilage gibt es Salzkartoffeln und Erbsen oder Spargel, selbstverständlich auch einen grünen Salat.

Zwiebelkuchen mit jungem Wein (Rezept Seite 28)

Kein Herbst ohne jungen Wein, den »Suser«, mit Zwiebelkuchen, der hier meist ohne Speck zubereitet wird. Wenn doch, dann mit Kümmel würzen und eventuell sogar auf die Eier verzichten

LACHS IM RIESLINGSUD

(Bild Seite 31)

4 Scheiben Lachs (siehe Anmerkung), Salz,
½ l Riesling (trocken, vorzugsweise
aus der Ortenau), Pfefferkörner
Für die Sauce:
3 Eigelb, 125 g Butter, etwas Zitronensaft,
einige Dillblättchen

Lachsscheiben vom Fischhändler schneiden lassen, waschen und auf Küchenpapier abtropfen.

Einen Sud aufsetzen aus wenigstens 1½ l Wasser. Pro Liter Wasser 60 g Salz zufügen, zum Kochen bringen und den Wein sowie einige Pfefferkörner in den Topf geben. Nach abermaligem Aufkochen die Lachsscheiben einlegen. Wieder aufwallen lassen, dann die Scheiben neben dem Herd etwa 15 Minuten ziehen lassen. Auf keinen Fall die Scheiben sieden oder kochen – sie werden sonst hart!

Diese einfache Zubereitung hat der größte Koch, den Baden hervorgebracht hat, Alfred Walterspiel, in die große Küche eingebracht.

Unterdessen die Sauce (eine Hollandaise) bereiten: Etwas Wasser erhitzen, die Eigelb im Wasserbad damit verquirlen, die kalte Butter in Stückchen mit dem Schneebesen einschlagen. Mit Zitronensaft, Salz und wenig feingeschnittenen Dillblättchen abschmecken – sie sollen nicht hervortreten.

Anmerkung: Der Lachs wurde früher in Baden unausgenommen aufgeschnitten – ganz einfach in etwa zwei bis drei cm dicke Scheiben, etwa 250 g schwer, so daß der Bauchteil nach dem Auswaschen der Innereien einen Ring bildete. Zum Essen ist es wesentlich bequemer, sich etwa ebenso große Scheiben schräg aus einer bereits entgräteten Seite schneiden zu lassen – denn in den quer geschnittenen Scheiben stecken immer abgeschnittene Grätenstücke.

Als Beilage gibt es möglichst neue Salz- oder Dampfkartoffeln, eventuell grünen Salat, und als Getränk darf natürlich ein Riesling von derselben Sorte, mit der dieser Lachs zubereitet wurde, nicht fehlen.

BADISCHES SCHÄUFELE

(Bild Seite 29)

Zutaten für 6 Personen:
1 Schäufele = Schweineschulter
von 3 bis 4 Pfund,
gepökelt und geräuchert, mit Knochen;
Salz, Pfeffer, 1 Zwiebel, 1 Möhre,
1 Stück Sellerie, ⅛ l trockener Weißwein

Das Fleisch vorsichtshalber beim Metzger vorbestellen – eigentlich bekommt man nur in Baden (und im Elsaß) das richtig behandelte Fleisch ohne weiteres. Leicht salzen, pfeffern (falls nötig) und mit dem Gemüse in einen Bräter legen (Fett nach oben!). Vier cm hoch mit Wasser angießen, in den 200 Grad heißen Ofen schieben. Zwei Stunden unter

Die köstliche Schwarzwälder Kirschtorte hat die ganze Welt erobert – mit Recht! Ein Glas Kirschwasser und ein guter Kaffee gehören fast zwingend dazu

Schwarzwälder Kirschtorte (Rezept Seite 37)

häufigem Begießen braten, während der letzten halben Stunde mit dem Wein begießen. Oder in den 250 Grad heißen Ofen schieben und nach 30 Minuten auf 100 Grad zurückschalten, dann noch 2½ bis 3 Stunden nachbraten.
Man kann das Schäufele ebensogut in ungesalzenem Wasser gar ziehen lassen – je nach Zartheit von einer bis zu drei Stunden. Ein ordentlicher Schuß Wein und viele Gemüse und Gewürze sollten nicht fehlen!
Die Sauce wird klar serviert, einen Teil allerdings braucht man für den Kartoffelsalat, der unverzichtbar dazugehört:
Speckige Kartoffeln kochen und noch heiß weiterverarbeiten, das heißt schälen, in Scheiben schneiden und mit Salz, Pfeffer, gehackter Zwiebel und Petersilie, Essig, Öl und einem guten Schuß Fleischbrühe anmachen. Eine halbe Stunde ziehen lassen, lauwarm servieren.
Des weiteren gibt es zu diesem Braten die geliebten Knöpfle, ausgesprochen »Knepfle«, die durch ein grobes Abtropfsieb (oder einen Hobel) gestrichen werden: Aus 300 g Mehl, drei ganzen Eiern, zwei Eigelb, etwas Salz und etwa ein achtel Liter Wasser einen Teig bereiten und diesen direkt in kochendes Salzwasser tropfen. Aufsteigen lassen, herausheben und in kaltes Wasser werfen. Vor dem Servieren erneut erwärmen (in Wasser oder Butter). Nach Belieben die Knöpfle sogar mit Schnittlauch würzen.
Dazu kann man noch »Sonnenwirbele« (Rapunzel oder Feldsalat) reichen, der nur mit Zwiebeln, Öl und Essig angemacht wird. Auch Brunnenkresse paßt sehr gut dazu, wie

Unten: Das Schwarzwaldhaus gehört zu den urtümlich ansprechenden Formen deutscher Wohnkultur. Es schmiegt sich meist in eine geschützte Mulde, trotzt mit weit nach unten gezogenem Dach den Unbilden des rauhen Wetters. Unter dem mächtigen Vordach gedeihen die schönsten Blumen. Auf die Bühne, den Dachboden, führt von hinten, an der Hangseite, ein gemauerter Weg, so daß der beladene Wagen einfahren kann

Ganz unten: Auch heute noch kann man sie sehen, die Schwarzwälder Tracht – freilich, es gibt nicht eine bestimmte, sondern vielerlei mögliche Arten: zum Teil ursprünglich alemannisch, zum anderen Teil österreichisch beeinflußt. Und man hat die für den Alltag, die für Feste und schließlich die spezielle Ausstattung für die Hochzeit, mit dem »Chäppele«, der glasperlenbesetzten Brautkrone, die man nur einmal im Leben trägt

man überhaupt in Baden die kräftig schmeckenden Salate den milden schwäbischen vorzieht.
Reichen Sie als Wein zum Schäufele Ruländer oder Weißherbst.
Wollen Sie es wie die Badener selbst machen, so trinken Sie zum Essen einen trockenen, herben Tropfen. Zwar wird der badische Wein, wie es immer so schön heißt, von der Sonne verwöhnt. Süß aber ist er traditionell mitnichten. Sauer allerdings auch nicht! Die sanften Weine aus Baden kamen erst auf, als man versuchte, die Nichtweintrinker (vor allem in Norddeutschland) zu gewinnen. Der badische Winzer machte mit, nicht aus Überzeugung, sondern weil er seinen Wein verkaufen wollte. Wenn heute darüber gestritten wird, wie badischer Wein denn nun zu sein habe, so kann man nur mit Franz Keller, Winzer und Gastronom vom Kaiserstuhl, sagen: Macht ihn sauber, baut ihn trocken aus, wenn es die Natur so will, und laßt ihm seinen eigenen Restzucker, wenn die lebendige, arteigene Hefe, die gratis mit den Weinbeeren mitgeliefert wird, ihn süß läßt. Und wenn schon Süßen mit unvergorenem Most-Konzentrat, dann wenigstens nur bei den kleinen Weinen, nicht den großen! Freilich, Franz Keller steht nicht allein da: Eine große und immer noch zunehmende Zahl von Winzern in Baden, auch Genossenschaften, bemüht sich um Qualität, die dann aber ihren Preis hat. An Weinskandalen sind die Badener im allgemeinen deshalb nicht beteiligt: Von ihnen verlangt man nicht, gute Weine zu schlechtem Preis zu liefern. Kurzum: In Baden gibt es noch (und wieder) den Wein, den unsere Altvorderen schon mit Vergnügen tranken – und viel besseren dazu!

Lörracher Schokoladenmuscheln verwischen die Grenze zwischen Gebäck und Konfekt

LÖRRACHER SCHOKOLADENMUSCHELN

(Bild unten)

3 Eiweiß, 250 g Zucker,
250 g geriebene Mandeln,
75 g geriebene Schokolade, 1 Vanilleschote,
Zucker

Die drei Eiweiß zu steifem Schnee schlagen. Nach und nach während des Schlagens den Zucker einstreuen. Mit dem Kochlöffel die Mandeln, die Schokolade und die mit der Messerspitze aus der Vanilleschote gestreiften Körnchen untermischen. Den Teig etwas

Lörracher Schokoladenmuscheln (Rezept oben)

stehen lassen. Dann mit dem Löffel kleine Portionen abstechen und diese im Zucker zu Kugeln rollen. Bällchen in zuckerbestreute Muschelförmchen drücken, auf mit Backpapier belegtes Backblech stürzen. Über Nacht etwas antrocknen lassen, am nächsten Tag in den auf nur 130 Grad geheizten Ofen schieben und in 45 Minuten backen.

FREIBURGER PFÜTTELE

(Bild unten)

¼ l fruchtiger badischer Weißwein,
2 EL Zucker, 1 Prise Salz,
1 gute Messerspitze Zimt, 30 g Butter,
160 g Mehl, 4 Eier,
Schweineschmalz zum Ausbacken,
Zucker zum Bestreuen

Den Wein mit Zucker, Salz, Zimt und Butter zum Kochen bringen. Das Mehl in einem Schwung neben dem Feuer dazugeben, dann den Topf wieder auf den Herd stellen und den Teig ständig rührend abbrennen – bis sich ein Kloß bildet und nur eine dünne Teighaut am Topfboden zu sehen ist. Von der Platte nehmen und etwas abkühlen lassen. Einzeln die Eier einrühren. Das Schmalz zum Ausbacken erhitzen. Den Teig in einen Spritzbeutel füllen und aus der Sterntülle Kringel im Schmalz formen. Nach etwa einer Minute die Kringel wenden. Auf Küchenpapier abtropfen lassen, noch heiß mit Puderzucker bestreuen und sofort auftragen.

Man kann dazu auch eine Sauce reichen, etwa pürierte Erd- oder Himbeeren, sogar eine mit einem Schuß Kirschwasser aromatisierte Brombeersauce: Beeren mit etwas Wasser und Zucker kochen und durch ein möglichst engmaschiges Sieb streichen.

Nun noch zu einer Schwarzwälder Spezialität, welche wahrscheinlich gar nicht aus dem Schwarzwald stammt, heute aber natürlich überall angeboten wird, weil jeder sie hier, an ihrem vermeintlichen Ursprungsort, essen will: Kirschtorte. Es handelt sich um eine recht junge Schöpfung. Weiter als 50 Jahre läßt sie sich nicht zurückverfolgen. Und die Tatsache, daß Sauerkirschen verwendet werden, nicht die aromatischen Süßkirschen, die hier in diesem Lande wachsen, deutet auf eine verschlungene Entstehung hin. Vielleicht kamen diese »Weichseln« aus dem Donauland hierher nach Vorderösterreich und nur das Kirschwasser aus dem Schwarzwald …

Freiburger »Pfüttele«, aus Brandteig gebakken, der mit Wein angerührt am besten schmeckt

Freiburger Pfüttele (Rezept oben)

SCHWARZWÄLDER KIRSCHTORTE

(Bild Seiten 32/33)

6 Eier, 150 g Zucker, 25 g Kakao,
1 TL Vanillezucker,
50 g geriebene Haselnüsse, 1 Prise Salz,
125 g Mehl
Für die Füllung:
70 g Himbeermarmelade,
3 Blatt weiße Gelatine,
2 gehäufte EL Vanillezucker, ¾ l süße Sahne,
⅕ l Kirschwasser, 500 g Sauerkirschen aus
dem Glas (entsteint und gut abgetropft),
50 g Schokoladenraspeln

Die Füllung wird erst zwei Stunden vor dem Servieren bereitet, der Boden aber schon am Vortag gebacken.
Boden: Eier trennen und die Eigelb mit dem Zucker und vier EL heißem Wasser dickschaumig schlagen. Eiweiß zu Schnee schlagen und diesen auf die oben bereitete Masse füllen. Die anderen Zutaten daraufsieben, alles vermischen.
Eine Springform (26 cm Durchmesser) mit Backpapier ausschlagen (Boden und Streifen als Ring). Die Masse hineinfüllen und glattstreichen. Bei 180 Grad etwa 30 Minuten backen. Herausnehmen, den Ring abheben, auskühlen lassen.
Füllung: Die Himbeermarmelade durch ein Sieb streichen, so daß die Kernchen zurückbleiben. Gelatine in wenig kaltem Wasser einweichen. Die Sahne mit Vanillezucker steif schlagen und zum Schluß die mit ihrem Einweichwasser erhitzte, aufgelöste Gelatine dazumischen.
Zusammensetzen: Kalten Boden waagerecht zweimal aufschneiden. Unteren Boden mit einem Drittel des Kirschwassers beträufeln, dann mit der Himbeermarmelade bestreichen. Die Kirschen auflegen, von denen zwölf schöne zurückbehalten werden, und ein Viertel der Sahne darauf verteilen. Zweiten Boden darüberschichten, wieder mit Kirschwasser begießen und mit Sahne bestreichen, ebenso den dritten Boden. Jetzt mit dem restlichen Schlagrahm die Seiten der Torte zustreichen und zwölf Rosetten auf den Rand spritzen. Diese mit den übrigen Kirschen garnieren. Seite mit Schokoladenraspeln bewerfen und die Mitte der Oberfläche ebenfalls damit bestreuen. Zu der Kirschtorte, die zwischen kühlschrankkalt und zimmerwarm serviert werden muß, gehören unbedingt ein aromatischer Kaffee und ein Gläschen Kirschwasser.

Er heißt zwar das Schwäbische Meer, der Bodensee, aber ein gut Teil gehört doch zu Baden: so die schöne Stadt Konstanz, in der von 1414 bis 1418 das größte Konzil des Mittelalters abgehalten wurde. Seine Ergebnisse blieben umstritten, doch genoß der Seewein in Frankreich und Italien fortan hohen Ruf. Heute trinkt man ihn eher im Lande, ebenso wie den Most aus dem berühmten Bodenseeobst und den köstlichen Jungwein

Im Frühling zeigen sich die auslaufenden Hänge an der Rheinebene in voller Blütenpracht. Daraus werden Kirschen, die man im Spätsommer zum berühmten Wasser brennt

Im Frühjahr zur Kirschblüte, im Sommer zur Ernte von Erdbeeren, Johannisbeeren und Kirschen, im Herbst zum Einsammeln der Pflaumen: Dreimal im Jahr konnten die Berliner Familien sich freuen, nach Werder zu fahren, eine Havelinsel, die durch ihren Obstreichtum glänzte. Dort saß man im Gartenlokal, trank Obstwein, Limonade, Maiwein oder Bier, aß sein mitgebrachtes Brot (die unvermeidliche Stulle), saure Gurken, Soleier mit Senf, Sülzkoteletts, Kasseler, Hackepeter oder Buletten. Unsterbliche, köstliche Dinge, aber keine Kochkunst. Diese fand zu Hause statt, bei Muttern am Herd. Und im »Speiselokal«!

Im alten Berlin wußte man durchaus, was gut schmeckt

Anders als heute, hatte Berlin einst einen guten Ruf unter Feinschmeckern! Man liebte es deftig und reichlich. Modern zubereitet, im ursprünglichen Charakter aber belassen, überzeugen viele der überlieferten Gerichte auch die Genießer unserer Tage …

Immerzu stoßen wir heute beim Aufspüren von alten Rezepten auf die gleiche Problematik: Kochbücher geben selten genaue Auskunft. Klar, denn es war stets ihr Bestreben, mehr das Neue als das Bekannte vorzustellen – und alte Rezepte aus Großmutterhand mit charakterisierenden Randbemerkungen sind selten geworden. Auf die Erinnerungen der inzwischen zweiten Generation an das Ende des vorigen Jahrhunderts kann man sich nicht verlassen, sie wurden durch zu viele schlechte Zeiten getrübt. So bleibt eigentlich nur eines: literarisches Quellenstudium, Briefe, Lebensbeschreibungen. Oft ist man dabei auf den Zufall angewiesen.

Nicht so, was Berlin betrifft! Über die Eßkultur in Berlin haben sich nämlich zwei der größten Dichter Deutschlands ausführlich geäußert: Heinrich Heine und Theodor Fontane. Ersterer ist für uns zwar von eingeschränkter Bedeutung, denn er interessierte sich mehr für die feine Tafel, für den *Traiteur Jagor* (gleichzeitig der Hoflieferant und der erste Delikatessenhändler im Berlin des beginnenden 19. Jahrhunderts) und die verschiedenen Cafés und Konditoreien, die er hinreißend beschreibt. Fontane dagegen schaut der Köchin über die Schulter, guckt in die Töpfe, schlendert über den Markt, durchstreift die Umgebung. Den Gärtner Dörr *(Irrungen, Wirrungen)* läßt er Spargel bauen, sonst aber eine Vorliebe für Porree, Majoran und andere Wurstkräuter, also eher die billigen Artikel, haben. Und damit charakterisiert er schon einen Teil der Berliner, denen der einfache Genuß, dazu eine Weiße und ein Gilka (Kümmelschnaps), ausreicht. Andererseits zeigt er, was auch in Berlin gegessen wurde, nämlich die Produkte der Umgebung. Nicht nur aus den Gärtnereien der Stadt versorgte man sich, sondern von überall her, wo es von Natur aus die besten Bedingungen gab (siehe sein Gedicht »Das Land Gosen« auf Seite 41). Und das war schon immer die Garantie für gutes Essen.
Und noch ein weiteres: Fontane beschreibt Landpartien, Ausflüge, Festessen, Tees und Frühstücke, die Sitten in Restaurants, Kaffeehäusern und Kasinos – und damit bekommen wir ein authentisches Bild der Eßgewohnheiten und der Küche des alten Berlin.
Kein Roman, in dem nicht an Havel oder Spree, einem nahen oder ferneren See ein Fisch- oder Krebsessen vorkommt. Fisch scheint den Berlinern alles gewesen zu sein: vom Schlei über die Maräne bis zu Aal, Hecht, Zander und Karpfen. Größte Wertschätzung genossen Krebse, die aus der Havel kamen. Später transportierte man sie in Massen von der Oder heran, und noch 1930 kosteten 60 Stück nicht mehr als heute einer! Vorbei auch für die Berliner diese schönen Zeiten, wie sie ja auf die von Fontane beschriebenen Produkte aus der Umgebung gleichwohl verzichten und mit demselben Angebot wie wir alle auskommen müssen. Aber immer noch ein Lieblingsessen:

AAL GRÜN MIT GURKENSALAT

(Bild rechts)

Grün bedeutet im Grunde genommen nicht, daß der Aal als grün gefärbtes Gericht auf den Tisch kommen würde – grün steht, wie beim Hering, einfach für frisch (im Gegensatz zu geräuchert). Heute allerdings bereitet man die Sauce gerne mit grünen Kräutern zu.

1 kg Aal, 1 Bund Wurzelwerk,
1 Bund Petersilie, Salbeiblätter,
1 Schuß Essig, Salz, Pfefferkörner,
40 g Butter, 1 EL Mehl,
⅛ l süße Sahne, 2 Eigelb

Den geputzten Aal (junge Aale mit Haut, größere gehäutet) in drei bis fünf cm lange Stükke schneiden und in einem Sud aus ½ l Wasser, Wurzelwerk, Petersilienstengeln und den nötigen Gewürzen 15–20 Minuten ziehen, nicht kochen lassen. Dieser Sud sollte vorher bereits 20 Minuten heftig gekocht haben. Wenn die Aalstücke gar sind, den Aalsud durchseihen, wieder zum Kochen bringen. Butter und Mehl mit einer Gabel verkneten. In den Sud schlagen, aufkochen und mit Sahne und Eigelb abrühren – abschmecken, die Aalstücke darin erwärmen und servieren.

Tip: Den Sud aus ¼ l trockenem Weißwein (in Berlin nahm man vorzugsweise einen säuerlichen Mosel) und ¼ l Wasser bereiten. Die Sauce mit frisch gehacktem Dill würzen. Und, ganz wichtig: Den mit der Mehlbutter gebundenen Sud nicht mehr lange kochen lassen, denn dann tritt der Mehlgeschmack wieder hervor!

Beilagen: Gurken hobeln, mit Salz, frisch gemahlenem Pfeffer, einer Prise Zucker, ein wenig gehackter Zwiebel, Essig und Dill anmachen. Eventuell mit saurer Sahne abrunden.

Der Salat kommt ohne Öl aus und sollte etwas süßlich schmecken.

Dazu gibt es weiterhin Schwenkkartoffeln in Butter und viel gehackter Petersilie.

Das interessanteste Kapitel Berliner Kochkunst ist zweifellos die Zubereitung der Fische. Kein Wunder eigentlich, denn die Stadt liegt mitten in einem Seengebiet. Die nahe Havel – wie Theodor Fontane bemerkte, eher eine Aneinanderreihung von Seen als ein richtiger Fluß – bot alles: Neben Hechten und Barschen Aale für den ebenso einfachen wie köstlichen »Aal grün«, den man sich mit Gurkensalat und Schwenkkartoffeln munden ließ, und frische Krebse, die man am liebsten in Dillsauce aß ...

KREBSE IN DILLSAUCE

(Bild unten)

32 Krebse, 1 Bund Wurzelwerk,
1 Zwiebel,
1 Flasche trockener (Mosel-)Wein,
2 Bund Dill, Salz, Pfeffer, 75 g Butter,
¼ l süße Sahne, ¼ Zitrone

Die Krebse gut waschen. Wurzelwerk und Zwiebel fein hacken und mit dem Wein aufsetzen. Die abgezupften Dillstengel zugeben, mit Salz und Pfeffer kräftig würzen. 20 Minuten durchkochen, dann nach und nach die Krebse in den Sud geben – immer wieder durch neue ersetzen. Wenn alle Krebse jeweils drei Minuten gekocht haben, sämtliche Tiere in den Sud geben, den Deckel auflegen und die Krebse ca. 15 Minuten – ohne zu kochen – ziehen lassen. Herausnehmen und nun

Krebse in Dillsauce (Rezept oben) und Aal grün (Rezept links)

Berliner Kartoffelsuppe mit Würstchen und Graupen mit Backpflaumen (Rezepte Seite 42)

aus den Schalen brechen. Krebsschalen zerstoßen, in Butter andünsten. Sud angießen, zehn Minuten kochen. Mit Zitronensaft säuerlich abschmecken und alles durch ein Sieb abtropfen lassen, dabei fest ausdrücken. Diesen Fond erneut auf den Herd stellen, um die Hälfte zusammenkochen. Sahne zufügen. Zum Schluß abschmecken und die gehackten Dillblätter unterrühren. Nun die Krebsschwänze einlegen und wieder erwärmen. Dazu: grüner Salat und Reis.

SCHELLFISCH MIT SENFBUTTER

(Ohne Bild)

Eine typisch berlinische Zubereitung, die den geliebten Mostrich so recht zur Geltung bringt. Gesottener Schellfisch wird mit Kartoffeln und einer Sauce gereicht, die aus 60 g erhitzter Butter und drei EL Senf gerührt wird – und Petersilie einstreuen!

★

Suppen sind in Berlin fast immer wie anderswo Eintöpfe: dick und sättigend. Man läßt ihnen zumeist nur eine Nachspeise folgen. In den so lange Zeit die beherrschende Rolle spielenden Gaststätten des Bayern Aschinger konnte jeder sie für billiges Geld jahraus und jahrein essen, dazu die viel gerühmten Gratis-Schrippen. Eine überragende Rolle spielten:

LÖFFELERBSEN

(Bild rechts)

350 g gelbe Erbsen, 2 Zwiebeln,
1 Bund Wurzelwerk, 75 g Schmalz
2 große, mehlige Kartoffeln,
500 g gepökelte Schweineohren,
Salz, Pfeffer, Petersilie

Die Erbsen über Nacht in gut zwei Liter

Links oben: Typisch für das Berliner Straßenbild sind heute wie einst die Eckkneipen. Früher gab es da Unterschiede: In der Destille – die oben abgebildete hat Heinrich (Papa) Zille gezeichnet – gab es den hochprozentigen Alkohol, die feineren Schnäpse und Liköre. In der Budike dagegen trank man sein Weißbier (mit Korn) und aß ein Solei oder eine Bulette mit Gurke dazu

Das Stammlokal war für den Berliner immer lebensnotwendig. Gleichgültig, ob die Eckkneipe für den kleinen Mann oder das vornehme Etablissement für den adligen Offizier. Heute ist das nicht anders – nur viel bunter

Schon die Auswahl der kalorienreichen und dickkochenden Produkte ist bezeichnend: Die Berliner mochten keine dünnen Suppen!

Theodor Fontane: Das Land Gosen

Oft hör ich, daß unsere gute Stadt
augenscheinlich eine Verheißung hat.
Der Himmel, der uns so hegt und pflegt,
hat uns alles vor die Tür gelegt:
Im Grunewald Schwarzwild, Hirsch
und Reh,
Spargel in Masse bei Halensee,
Dill, Morcheln und Teltower Rüben,
Oderkrebse hüben und drüben,
auf dem hohen Barnim Fetthammelherden,
werden noch nächstens South-downer werden.
Königshorster Butter, in Spremberg Salz,
im Warthebruch Gerste, Graupen und Malz,
in Kienbaum Honig, im Havelland Milch,
in Luckenwalde Tuch und Drill'ch,
bei Werder Kirschen und Aprikosen
und bei Potsdam ganze Felder von Rosen,
nichts entlehnt und nichts geborgt,
für großes und kleines ist ringsum gesorgt!

Gosen ist eine aus dem Alten Testament bekannte, fruchtbare Landschaft im östlichen Nildelta, auf die Fontane hier allegorisch anspielt. Und bei den South-downern handelt es sich um eine vor gut 100 Jahren aus England eingeführte Schafsrasse.

Die berühmten Löffelerbsen mit Schweineohren (Rezept links)

Der Dichter E.T.A.Hoffmann und der Schauspieler Ludwig Devrient an ihrem täglichen Stammtisch bei Lutter & Wegner. Im 19. Jahrhundert eine beliebte Weinstube – wie sie in Berlin auch wichtig waren!

Wasser einweichen. Zwiebeln und Wurzelwerk fein hacken und im heißen Schmalz hellgolden rösten. Die Erbsen mit dem Einweichwasser, die gewürfelten Kartoffeln und die Schweineohren zugeben und alles auf kleiner Flamme in etwa 1½ Stunden weich, aber nicht vollkommen musig kochen. Ohren nun herausnehmen und sie in Streifen schneiden. Wieder zugeben, mit Salz und Pfeffer abschmecken und mit Petersilie bestreut servieren.

GRAUPEN MIT BACKPFLAUMEN

(Bild Seite 40)

Eigentlich handelt es sich auch hier um eine Suppe, aber eine sehr dicke. Und zwar um eine süße, die mit kaltem Rauchfleisch oder Braten gegessen wird – ein typisches Berliner Abend»brot«.

250 g Graupen, 70 g Butter, Salz,
1¼ l Fleischbrühe,
250 g Backpflaumen, 1 EL Sirup,
30 g Zucker, 1 Messerspitze Zimt

Die Graupen mit 20 g Butter und einer guten Prise Salz mit wenig Brühe aufsetzen und ganz langsam weich kochen. Immer wieder umrühren und etwas Brühe zufügen – die Graupen sollen gerade schwimmen! Das Ganze dauert etwa 50 Minuten. Gleichzeitig die Backpflaumen samt dem Sirup mit Wasser gut bedeckt weich kochen. Anschließend alles mischen und abschmecken. In Tellern anrichten, mit Zimtzucker bestreuen und mit der restlichen, in einer Pfanne gebräunten Butter beträufeln.

BERLINER KARTOFFELSUPPE

(Bild Seite 40)

Sie lebt von den einst berühmten märkischen Kartoffeln, die sehr mehlig waren. Nehmen Sie daher alte, mehlig kochende Kartoffeln!

100 g magerer Speck, 2 Zwiebeln,
2 Bund Suppengrün, 800 g Kartoffeln,
1½ l Fleischbrühe, 1 Lorbeerblatt,
8 Piment- sowie 8 Pfefferkörner,
1 TL Kümmel, 3 Wacholderbeeren,
Majoran, Muskatblüte, ⅛ l Sahne,
2 Scheiben Weißbrot, 30 g Butter,
Petersilie und Kerbel

Den Speck würfeln und ausbraten. Darin die gehackten Gemüse andünsten, aber keine Farbe nehmen lassen. Die gewürfelten Kartoffeln zugeben und die Brühe angießen. Würzen – vom Majoran mit einer großen, von der Muskatblüte mit einer kleinen Prise. Gut eine halbe Stunde köcheln, danach kräftig umrühren und die Kartoffeln hierbei leicht zerdrücken. Die Sahne einrühren, nach Geschmack milde süße oder kräftige saure Sahne nehmen. Mit in Butter gerösteten Weißbrotwürfeln, Petersilie und Kerbel bestreuen.
Man kann die Suppe »einfach so« servieren oder Wiener Würstchen, Bockwürste oder Streifchen von gekochter Rinderbrust einlegen.

★

Ganz ohne Zweifel ist der **Spargel** das liebste Gemüse der Berliner. Er wird, wie überall, in Salzwasser gekocht, meist mit einem Stück Butter sowie einer Prise Zucker. Dann beträufelt man ihn nicht nur einfach mit zerlassener, sondern stets mit haselnußbrauner Butter, die einen herzhafteren Geschmack hat. Dazu gibt es Kotelett, Kasseler, Schinken oder Setzei (Spiegelei), auch gerührte, mit frischen Kräutern vermischte Eier.
Im Sommer und Herbst folgen die

SCHMORGURKEN

(Bild rechts unten)

1 kg reife Gemüsegurken, 50 g Butter,
je eine Prise Salz, Zucker und Pfeffer,
etwas Essig,
je 2 EL gehackter Borretsch
(Gurkenkraut) und Dill

Die festen Gurken (keine Salatgurken verwenden, sondern bereits etwas gelb gewordene Schmorgurken!) schälen, entkernen und würfeln. In einem Topf in reichlich Butter mit allen Gewürzen etwa 20 Minuten zugedeckt schmoren, die Kräuter zufügen und nur noch kurz ziehen lassen.
Früher band man die Schmorflüssigkeit noch mit Mehl, doch ist das dem Gurkengeschmack nicht eben förderlich. Nehmen Sie statt dessen lieber etwas Sahne, die kurz eingekocht wird, bevor die Kräuter hinzukommen.
Passen diese Schmorgurken besser zu den klaren, einfachen Braten des Sommers und des Herbstes, so verlangt das deftige und stark gewürzte Pökelfleisch, das dem Berliner den Winter erst erträglich macht, nach kräftigerer Beilage. Hier kommt der Sauerkohl, das Sauerkraut (wie üblich gekocht), auf den Tisch und – zumindest, wenn es Eisbein gibt – dazu:

ERBSENBREI (ERBSENPÜREE)

(Bild Seite 46)

500 g (halbe) gelbe Erbsen,
2 Zwiebeln, 1 Knoblauchzehe,
Salz, Pfeffer,
1 Stückchen Zitronenschale,
100 g Speck, Petersilie

Die Erbsen am Vortag einweichen. Mit dem Einweichwasser, einer gehackten Zwiebel und den Gewürzen in etwa 1½ Stunden weich kochen – sind die Erbsen etwas älter, kann das auch länger dauern. Durch ein Sieb streichen. Die zweite Zwiebel und den Speck würfeln, zusammen bräunen und mit gehackter Petersilie über den Erbsenbrei geben.

Kartoffeln, Quark und Leinöl (Rezept Seite 44)

BOUILLONKARTOFFELN

(Bild unten)

1 kg mehlige Kartoffeln,
je 150 g Porree und Sellerie,
1 l Fleischbrühe (Rind),
etwas Kümmel, 2 Bund Petersilie

Kartoffeln schälen, grob würfeln und mit dem feingehackten Gemüse in der Bouillon aufsetzen. Leicht mit Kümmel bestreuen und etwa 25 Minuten köcheln, bis die Kartoffeln

»Jemüse schon, aber ja nich zu ville«, heißt es in Berlin. Ausnahmen macht man nur mit Spargel und Gurken. Schmorgurken kommen vielen Berlinern aber ebensowenig als ein Gemüse vor wie Kartoffeln (unten, mit Bouillon). Diese gehören auch zu Quark mit Leinöl (links) oder zu Eiern in Senfsauce (rechts)

Eier in Mostrich-(Senf-)Sauce (Rezept Seite 44)

Schmorgurken (Rezept links) und Bouillonkartoffeln (Rezept oben)

fast zerfallen. Mit sehr viel gehackter Petersilie bestreut servieren. War die Fleischbrühe nicht ausreichend gewürzt, noch pfeffern und salzen.

TELTOWER RÜBCHEN

(Bild rechts)

Sie sind weltberühmt geworden, mit Recht. Ihre Qualität schreibt man dem kargen Boden um Teltow zu, auf dem die Rüben zwar klein, aber um so würziger gediehen. Ob es sie in ihrer ursprünglichen Form noch gibt? Heute nennen sich alle möglichen Rübenarten »Teltower« und werden in der ganzen Welt angebaut, in Frankreich wie in den USA. Sie schmecken genauso köstlich zu allem fetten Fleisch!

1 kg Teltower Rübchen, 60 g Butter,
2 EL Zucker, ¼ l Fleischbrühe,
1 EL Essig, Salz, Pfeffer,
eventuell Petersilie

Die Rübchen putzen und lediglich halbieren. 30 g Butter in einem breiten Topf, der so groß sein muß, daß später alle Rübchen auf dem Topfboden liegen und nicht übereinander, zerlassen, den Zucker darin bräunen. Dann die Rübchen zugeben und kurz angehen und karamelisieren lassen. Mit Brühe und etwas Essig angießen, zunächst zugedeckt, später offen köcheln, bis fast alle Flüssigkeit verdampft ist. Die restliche Butter zufügen, die Sauce damit binden. Salzen, pfeffern und mit Petersilie (nach Belieben) bestreut servieren.
Tip: Sie können auch zugedeckt schmoren und zum Schluß mit ein wenig Sahne binden. Vom früher üblichen Mehl ist dagegen abzuraten, denn das macht das Gericht pappig und zerstört den zarten Schmelz.

★

Am wichtigsten sind dem Berliner die kleineren Gerichte, mit denen er seinen Zwischendurch-Hunger stillt: Soleier und Buletten, beides mit einem großen Topf Mostrich (Senf) und sauren Gurken in allen Weinstuben und Budiken, vielen Ausflugslokalen und sogar Cafés serviert. Saure Gurken: das waren einst nur Salzgurken, natürlich mit Gewürzen und Kräutern vergoren; sie kamen aus dem Spreewald, dem Osten. Heute sind sie weitgehend von den haltbareren, aber langweiligeren Gewürzgurken verdrängt worden, die zudem meist nicht mehr mit gutem Weinessig und Zucker zubereitet werden, sondern mit plump-saurem Alkoholessig und unsäglich hervorschmeckendem Süßstoff, damit sie billiger und kalorienärmer sind. Die besten Gurken gibt's heute in New York, in den jüdischen Geschäften!
Zu den kleineren Gerichten gehören aber auch andere, die zum Teil eine gute Resteverwertung darstellen, allesamt aber den Vorteil haben, billig zu sein. Was typisch für die Berliner Küche ist!

PELLKARTOFFELN, QUARK UND LEINÖL

(Bild Seite 43)

Die Zusammenstellung ist simpel, aber köstlich – ein aus Schlesien eingewandertes Rezept (um die Jahrhundertwende war die Hälfte aller Einwohner Berlins übrigens schlesischen Ursprungs!).

1 kg kleine Kartoffeln, Salz, Kümmel,
500 g Quark, etwas Milch oder Sahne,
Pfeffer, 2 Zwiebeln, 3 EL Leinöl,
Butter, Petersilie

Kartoffeln sauber schrubben und mit reichlich Salz und Kümmel aufsetzen. Zudecken und gar kochen. Inzwischen den Quark mit Milch oder Sahne cremig rühren, salzen, pfeffern und auf einer Platte anrichten. In die Mitte eine Vertiefung drücken, die gehackten Zwiebeln und Leinöl hineingeben. Mit Butter und Petersilie garnieren.
Tip: Wer den ausgeprägten Geschmack von Leinöl nicht mag, kann ein aromatisches Nußöl nehmen.

EIER IN MOSTRICH-SAUCE

(Bild Seite 43)

50 g Butter, 2 EL Mehl,
¼ l Fleischbrühe, ⅛ l Milch,
3 EL Mostrich (Senf), Salz, Pfeffer,
gemahlener Piment,
eventuell 1 Lorbeerblatt, 8 Eier

Butter und Mehl erhitzen und golden werden lassen. Mit den Flüssigkeiten angießen, würzen und 20 Minuten durchkochen. Die Eier fünf bis acht Minuten, je nach Größe und Temperatur, kochen und pellen. Mit der Sauce übergossen servieren.

SPECKEIERKUCHEN MIT SALAT

(Bild rechts)

250 g Mehl, ¼ l Weißbier, 6 Eier,
Salz, Pfeffer, etwas Muskatnuß,
120 g Speck

Mehl mit Bier verquirlen, Eier und Gewürze einrühren. Etwas quellen lassen. Speck fein würfeln und jeweils ein Viertel der Menge in einer Pfanne auslassen. Dann ein Viertel der Teigmasse in die Pfanne gießen und verteilen. Die vier Eierkuchen auf beiden Seiten golden backen.
Mit Kopfsalat, angemacht mit Öl, Essig, Schnittlauch, Petersilie und Dill, zu Tisch bringen.

HOPPEL-POPPEL

(Bild rechts)

500 g gekochte Kartoffeln, 1 Zwiebel,
200 g Bratenreste, 1 TL Kümmel,
60 g Butter, Salz, Pfeffer,
gehackte Petersilie, 8 Eier, Salzgurke

Die Kartoffeln in knapp zwei Zentimeter dikke Scheiben, Zwiebel in Würfel und Fleisch in Streifen schneiden. Mit Kümmel in einer Pfanne in Butter anbraten, würzen und die verquirlten, mit Petersilie verrührten Eier darüberschlagen. Stocken lassen, auf eine Platte stürzen, mit Petersilie sowie Salzgurkenscheiben garnieren.
Tip: Mit ein wenig übriggebliebenem Bratensaft beträufeln!

BERLINER EISBEIN

(Bild Seite 46)

Es hat seinen Namen wohl deswegen, weil man aus seinem Knochen früher schlittschuhähnliche Kufen schnitt, als Eisen noch zu teuer war.
Das gepökelte Eisbein wird mit Wasser, reichlich Pfefferkörnern, Lorbeerblatt, Piment, einem Bund Suppengrün und einer Zwiebel aufgesetzt und nicht zu weich gekocht – rechnen Sie für 1¾ kg rund eine Stunde. Mit Sauerkraut und Erbsenbrei (Rezept Seite 42) servieren.

Der Kaffee, dessen zwei »e« wie ein halbes ausgesprochen werden, ist ein sehr berlinisches Lebenselixier. So trinkt man ihn morgens, mittags und abends (hier im Café Josty, wo Heine gern saß), nicht zuletzt im Gartenlokal auf den Müggelbergen, »wo, Wandel der Epochen, jetzt Familien Kaffee kochen« (Theodor Fontane)

Ganz rechts oben: Teltower Rübchen können länglich, rund oder abgeplattet sein – es gibt vollkommen verschiedene Sorten

Großes Bild: Berliner Wortwitz klingt in der Bezeichnung des Restegerichts Hoppel-Poppel (links) an: Fleisch, Kartoffeln und Eier. Ganz rechts Speckeierkuchen

Teltower Rübchen (Rezept links)

Hoppel-Poppel und Speckeierkuchen (Rezepte links)

Berliner Eisbein (Rezept Seite 44)

Bollenfleisch (Rezept links unten)

Die Liebe zu Leber, Eisbein, Kümmel- und Bollenfleisch. Und natürlich zur »jut jebratenen Jans«, die jeder Berliner für »'ne jute Jabe Jottes« hält. Sicherlich zu Recht, denn man aß Hafermastgänse aus Schlesien und Pommern: Sie galten als die besten Deutschlands. An erster Stelle aber stand und steht in Berlin das Schweinefleisch! Was wäre der Berliner ohne Kotelett und Wurst? Und nicht aus Kassel stammt das weltberühmt gewordene Kasseler, sondern der Metzgermeister Cassel aus der Potsdamer Straße erfand es im letzten Jahrhundert. Überhaupt spielte gepökeltes Fleisch eine große Rolle: Der Alte Fritz hatte ein Salzmonopol geschaffen, und damit er mit dessen Hilfe genügend Steuern eintreiben konnte, war jeder Familie ein Mindestverbrauch vorgeschrieben. So nahm man das immer reichlich vorhandene, leider sehr teure Salz zum Konservieren. Zum Beispiel für das Eisbein, das man auf Sauerkohl (also mit Salz eingelegtem und genau wie saure Gurken vergorenem Weißkraut!) und Erbspüree zuerst am Görlitzer Bahnhof sich einverleiben konnte. Heute gilt es, so wie oben abgebildet, als Berliner Gericht par excellence.
In keiner Sammlung deutscher Gerichte fehlt die Leber Berliner Art, also mit Äpfeln und Zwiebeln gebraten. Leber ist eigentlich die einzige Innerei, der man in Berlin stets sehr zugetan war – oder mochte man noch lieber die Äpfel und Zwiebeln, die im Bratfett der Leber den köstlichen, unverwechselbaren Geschmack bekommen? Zwiebeln sind auch der Hauptbestandteil des Bollenfleisches, das früher vorzugsweise mit Hammel, heute lieber mit Lamm zubereitet wird. Die so zärtlich die ganze Wertschätzung der Berliner für die Zwiebel zum Ausdruck bringende Bezeichnung Bolle leitet sich vom lateinischen Wort »cipulla« ab. Die »jute Jans« zierte als Braten die Tafel der Reichen, des Bürgertums. Die einfachen Leute mußten mit dem heute fast vergessenen Gänseklein zufrieden sein, das, in Petersiliensauce angerichtet, dem Braten aus kulinarischer Sicht ganz gewiß ebenbürtig ist. Ein anderes preiswertes Essen sind die Schweinerippchen in Kümmelsauce

LEBER BERLINER ART

(Bild rechts)

500 g Kalbsleber, Mehl, 40 g Speck,
2 große, aromatisch-säuerliche Äpfel,
2 große, milde Zwiebeln,
30 g Schmalz, Salz, Pfeffer

Die Leber in etwa daumengroße Stücke schneiden und in Mehl wenden. Speck würfeln und auslassen, die Leberstücke darin bei großer Hitze rundum so rasch wie möglich bräunen. Herausnehmen und warm stellen. – In dem verbliebenen Fett Äpfel und Zwiebeln, in nicht zu dünne Scheiben geschnitten, sanft bräunen, das Schmalz dafür hinzugeben. Zum Schluß überflüssiges Fett abgießen, Leberstücke wieder zufügen und würzen.

BOLLENFLEISCH

(Bild rechts oben)

Hammel war in Berlin immer beliebt, und auch heute noch ist der Verbrauch hier erstaunlich hoch.

800 g Hammelschulter,
1 kg Zwiebeln (Bollen, wie der Berliner sagt),
1 TL Kümmel, Salz, Pfeffer

Das Fleisch grob würfeln, die Zwiebeln in Scheiben schneiden. Das Fleisch ohne Fettzu-

Leber Berliner Art (Rezept links)

Gänseklein in Petersiliensauce (Rezept Seite 48)

Schweinerippchen in Kümmel (Rezept Seite 48)

gabe (das eigene Fett reicht aus) in einem Topf rundum bräunen, Zwiebeln, etwas Wasser und Gewürze zufügen. 2½ Stunden leise schmoren.
Beilage: Salzkartoffeln – und dazu unbedingt ein Bier!

GÄNSEKLEIN IN PETERSILIENSAUCE

(Bild Seite 47)

Diese Spezialität ist selten geworden, weil die Händler die Gänse oft ohne das Klein anbieten, in tiefgefrorenen Vögeln fehlt es ganz.

Die Luft ist natürlich »Berliner Luft«: eine ganz herrliche, schaumige Süßspeise – in Anlehnung an Bayrische Creme, aber ohne Sahne, serviert mit Erdbeerpüree

Dabei schmeckt das typische Armeleutegericht einfach köstlich!

1 Gänseklein (Kopf, Hals, Flügel, Pfoten, Magen, Herz),
1 Bund Suppengrün, 1 Zwiebel,
2 Bund Petersilie, 10 Pfefferkörner,
5 Pimentkörner, 1 Lorbeerblatt, Salz,
1 Zitrone, ¼ l dicke Sahne

Gänseklein putzen, Schnabel und die Krallen abhacken, Pfoten und Magen überbrühen und häuten. In siedendes Wasser geben, aufkochen, kalt abschrecken. Mit neuem Wasser (einem halben Liter) aufsetzen, Gemüse und Gewürze zugeben, auch den Zitronensaft, und alles knapp eine Stunde köcheln. Brühe durchseihen, auf 1/10 l einkochen. Fleisch einlegen, die Brühe mit Sahne vermischen und reichlich feingehackte Petersilie zufügen. Noch einmal aufkochen, kräftig und ein wenig säuerlich abschmecken.
Beilage: Salzkartoffeln oder Reis.

SCHWEINERIPPCHEN IN KÜMMEL

(Bild Seite 47)

1,2 kg Schweinerippchen (Spareribs),
3 große Zwiebeln, ¼ l Berliner Weiße,
1 gehäufter TL Kümmel, Salz, Pfeffer,
gem. Koriander,
1 Messerspitze Nelkenpulver

Die Schweinerippchen in einem Bräter scharf anbraten, so daß genügend Fett austritt, um dann auch die Zwiebeln, in Scheiben geschnitten, anbraten zu können. Wenn sie hellgelb sind, das Bier vorsichtig angießen, würzen, den Topf zudecken und alles leise

Berliner Luft (Rezept oben)

1 bis 1½ Stunden schmoren. Die Sauce recht gründlich entfetten.
Beilage: Kartoffelbrei und Salat.

BERLINER LUFT

(Bild unten links)

6 Eier, 1 ungespritzte Zitrone,
150 g Zucker, 1 Päckchen Gelatine,
300 g Erdbeeren

Die Eier trennen, die Zitronenschale abreiben, den Saft auspressen. Die Eigelb mit 100 g Zucker auf kleiner Flamme dickschaumig schlagen. Gelatine quellen lassen. Die dicke Eicreme vom Feuer ziehen, Zitronenschale sowie Gelatine einrühren. Etwas abkühlen, dann den mit wenig Zucker und dem Zitronensaft steif geschlagenen Eischnee möglichst vorsichtig darunterheben. In eine Königskuchenform einfüllen, über Nacht in den Kühlschrank stellen. Die Erdbeeren pürieren, durch ein Sieb streichen und mit ein wenig Zucker verrühren. Berliner Luft in Scheiben schneiden und jeweils mit einem Löffel Erdbeersauce servieren.
Tip: Eventuell die Gelatine weglassen und die Masse im Tiefkühler oder einer Sorbetiere zu Eis gefrieren.

Aus Schlesien »eingewandert«: Mohnpielen

BERLINER MOHNPIELEN

(Bild unten)

Mohnpielen sind eine Abwandlung der schlesischen Mohnklöße und wurden an Heiligabend oder auch Silvester gegessen. Gut schmeckt dazu ein Glühwein, der zu dieser kalten Süßspeise ein reizvoller Kontrast ist.

4 alte Brötchen, 1 l Milch,
225 g Zucker, 250 g Mohn,
50 g Mandelblätter

Brötchen in fingerdicke Scheiben schneiden, mit der Hälfte der Milch begießen und mit vier bis fünf EL Zucker bestreuen. Die restliche Milch aufkochen und den übrigen Zucker hineingeben. Den Mohn durch eine spezielle Mühle drehen oder mit einem Zerhacker zerkleinern. Zur Milch geben und etwa zehn Minuten leise köcheln lassen. Zum Ausquellen kalt stellen. Die eingeweichten Brötchen und den aufgequollenen Mohn schichtweise in eine Glasschüssel füllen, zum Schluß noch mit den dünn geblätterten Mandeln bestreuen. Eisgekühlt servieren.

Berliner Mohnpielen (Rezept oben)

Im nordwestlichsten Zipfel von Deutschland, zwischen Jadebusen und Dollart, erstreckt sich flach ein Land, das erst durch mehr oder weniger gute Witze zum echten Begriff wurde, Ostfriesland. Dabei sind die Deutschen für die Ostfriesen eigentlich Ausländer: So anders ist ihre Geschichte, so wenig Gemeinsamkeiten gibt es mit der politischen und sozialen Entwicklung der übrigen, die sich heute über sie lustig machen. Und die Bremer? Auch sie haben ihre sehr eigene Geschichte – eine Kaufmannsstadt mit Verbindung zur Welt, in der Solidität das höchste Ideal aller Bürger ist. Die Küche einer charakterfesten Stadt und eines eigenwilligen Landstrichs zusammen behandelt? Der Grünkohl sei der gemeinsame Nenner!

Hausmannskost aus Bremen und Friesland

Hier, wo die Natur nicht eben großzügig ist, kommt es darauf an, aus allem und jedem das Beste zu machen: sparsame, bürgerliche Küche

Seit Jahrhunderten schon macht man sich über Ostfriesen lustig. Manchmal etwas gar zu dümmlich, manchmal recht gescheit. Eines aber haben alle erfahren müssen, die nach Ostfriesland kamen: So einfach, wie es sich die »Düdschen«, die Nicht-Ostfriesen, machen, ist es auf keinen Fall. Und wenn man sich über die bissige Schärfe von Heinrich Heines Text, 1826 auf Norderney geschrieben, anfänglich auch schadenfroh amüsiert – zum Schluß bleibt Betroffenheit:

Was diese Menschen so fest und genügsam zusammenhält, ist nicht so sehr das innig mystische Gefühl der Liebe, als vielmehr die Gewohnheit, das naturgemäße liebe Ineinander-Hinüberleben, die gemeinschaftliche Unmittelbarkeit. Gleiche Geisteshöhe oder, besser gesagt, Geistesniedrigkeit, daher gleiche Bedürfnisse und gleiches Streben; gleiche Erfahrungen und Gesinnungen, daher leichtes Verständnis untereinander; und sie sitzen verträglich am Feuer in den kleinen Hütten, rücken zusammen, wenn es kalt wird, an den Augen sehen sie sich ab, was sie denken, die Worte lesen sie sich von den Lippen, ehe sie gesprochen worden, alle gemeinsamen Lebensbeziehungen sind ihnen im Gedächtnisse, und durch einen einzigen Laut, eine einzige Miene, eine einzige stumme Bewegung erregen sie untereinander soviel Lachen oder Weinen, oder Andacht, wie wir bei unseresgleichen erst durch lange Expositionen, Expektorationen und Deklamationen hervorbringen können. Denn wir leben im Grunde geistig einsam; durch eine besondere Erziehungs-Methode oder zufällig gewählte, besondere Lektüre hat jeder von uns eine verschiedene Charakterrichtung empfangen; jeder von uns, geistig verlarvt, denkt, fühlt und strebt anders als die andern, und des Mißverständnisses wird so viel, und selbst in weiten Häusern wird das Zusammenleben so schwer, und wir sind überall fremd, und überall in der Fremde.

Ein beharrlich starrsinniger Menschenschlag. Sie kümmern sich um ihren eigenen Kram, passen sich nicht so leicht an und wirken deshalb oft herausfordernd:

Da lachst du über Leute, die so freundlich und herzlich zu dir sind, so ohne Arg blauäugig und treuherzig. Die dich als Wildfremden jeden Tag zum Tee einladen, nur weil du sie im Vorbeigehen was fragst. Die dir als Postbeamter nicht nur ein Formular geben, sondern es auch gleich für dich ausfüllen. Die dir, als Verkäuferin im Warenhaus samstags um eins, unaufgefordert die passenden Socken aus dem Lager suchen und sich dann auch noch entschuldigen, daß es etwas gedauert hat. Das ist es ja gerade! Diese schlichte Freundlichkeit und Ausgeglichenheit, die man hier vom ersten Tag an spürt, sie ist auf die Dauer für einen »normalen« Menschen, der sein tägliches Quantum Ärger, Aggression und Frust gewöhnt ist, nur schwer zu ertragen. So macht man halt aus Schlichtheit Dummheit, und alles ist wieder im gewohnten schiefen Lot.

So Rainer Joedecke 1978 in »Geo«. Er schreibt über die Ostfriesen auf dem Festland, und Heine berichtete über die Inselbewohner. Heute weht über Borkum und Norderney ein ganz anderes Lüftchen. Zwar begann der Bade- und Kurbetrieb bereits zu Heines Zeiten, was aber der intensive Ferienbetrieb alles an Veränderungen nach sich zieht, sehen wir jetzt: Hotels, Schwimmbäder, Strandcafés und Badekörbe lassen das Ursprüngliche wie eine Puppenstube erscheinen, blitzblank und putzig herausgemacht. Zur Ehre der Verantwortlichen muß man jedoch sagen, daß sich ihr touristischer Ehrgeiz im Vergleich zu sehr vielen anderen Küstenorten in Grenzen hält und schlimme Bauten und Großprojekte im allgemeinen vermieden wurden.

Hat sich auf den Inseln vieles verändert, so ist auf dem Festland fast alles gleich geblieben. Gewiß, inzwischen kommt auch hier bei fast der Hälfte aller Häuser das Wasser »aus der Wand«, gibt es elektrisches Licht und sieht man fern wie überall. Aber die Grundprobleme des Landes bestehen weiter: Große Arbeitslosigkeit – VW in Emden als Ausnahme, aber »wenn VW hustet, hat Ostfriesland Lungenentzündung« –, die Abhängigkeit von der Landwirtschaft, das kümmerliche Leben auf zu kleinen Höfen, Abwanderung der intelli-

genten und ehrgeizigen Jugend. Ein Teufelskreis, aus dem es kein Entrinnen zu geben scheint.
Dabei hat Ostfriesland viele Gesichter: Das reiche Marschland mit den freien Bauern; eine kapitalistische Struktur seit Jahrhunderten, wo dem Landarbeiter nichts zustand als ein winziger Platz zum Wohnen und genug zu essen, um satt zu werden. Immerhin: Er hatte es damit besser als die von Friedrich dem Großen in den Mooren angesiedelten Soldaten, die er versorgen wollte. Die Landaufteilung aber war falsch: Zuwenig, um zu leben, aber zuviel, um zu sterben – »Den Ersten der Tod, den Zweiten die Not, den Dritten das Brot«. So lange dauerte es eben, bis das Land etwas abgab.
Entwässert wurde und wird das Fehn, die Moorlandschaft, durch ein ganzes System von Kanälen, die einst die einzigen Transportwege für die Torfstecher waren. Heute gliedern sie nur noch diese platte Landschaft, deren höchste Erhebung auf dem Festland die Hollsand-Düne ist, 18,5 m hoch. »Da sieht man schon am Samstag, wer sonntags zu Besuch kommt.« Zeit, das Sonntagsessen zu richten. Da gibt es dann etwas anderes als die althergebrachte Buchweizengrütze, Buttermilchsuppe und Kartoffeln. Da kann es dann mal ein geräucherter Aal sein, ein Schinken (von hier oder aus dem nahen oldenburgischen Ammerland), ein gepökeltes Rindfleisch (Spezialität von Leer, der Stadt mit den großen Viehmärkten) oder eine von den vielen köstlichen Mettwürsten, die hier direkt vom Himmel des Schlaraffenlandes zu hängen scheinen. Dazu gehören dann ein Korn und ein Bier, vielleicht vom Brauhaus in Jever, einer zeitweise zu Rußland gehörigen (!) Stadt. Trinkt man erst das eine und dann das andere, womöglich beides einhändig, so nennt man das eine »lüttje Lage«. Es bleibt nie bei einer einzigen …

Nur selten läßt sich eine Küche an Sonntagsgerichten erkennen. Was Tag für Tag auf den Tisch kommt, was nur zu bestimmten Jahreszeiten gegessen wird, ist viel interessanter: Speckendicken (Bild unten) etwa, die mit Wurstscheiben gebackenen und mit Zimt und Anis fast weihnachtlich gewürzten Waffeln

SPECKENDICKEN

(Bild unten)

Wie Sie sehen, benötigen Sie hierzu ein Waffeleisen. Im Westen von Ostfriesland, im

Speckendicken – mit Wurst gebackene Waffeln (Rezept oben)

So sah Bremen vor 180 Jahren aus, wenn man sich von Süden näherte. Der Stadtkern ist noch heute in seiner Ursprünglichkeit erhalten, kompakt und überschaubar, wie in keiner anderen deutschen Großstadt. Der einstige, langjährige Bürgermeister Koschnick: »Wir sind eine Großstadt, aber wir haben unsere Urbanität gerettet.« Reist man in der Tat von Süden an, so wird einem endgültig klar, daß es jetzt nur noch das flache Land gibt – in Ostfriesland stört dann gar nichts mehr den weiten Horizont

Im Rathaussaal zu Bremen findet alljährlich im Februar die wohl exklusivste Mahlzeit Deutschlands statt. Man muß zu den besten Familien der Stadt gehören, wenn man mitmachen möchte; ansonsten lädt man nur verdiente, berühmte Zeitgenossen, aber die dürfen auch nur ein einziges Mal in ihrem Leben kommen. Es handelt sich um die Schaffermahlzeit des »Hauses Seefahrt«, einer Stiftung zugunsten alter Seeleute. Nur Männer nehmen teil, mindestens ein Tausender muß gespendet werden. Die Schaffer, das waren diejenigen, die das Essen austeilten. Es gibt: Stockfisch, Braunkohl und Kalbsbraten

Rheiderland, wo diese köstlichen Waffeln besonders gerne und oft gegessen werden, kann man in alten Küchen noch Herde finden, in denen die Waffeleisen fest eingelassen sind. Am besten schmecken die Speckendicken natürlich warm, doch kann man sie auch kalt genießen. Dann gehört aber unbedingt ein Schnaps dazu, denn diese Waffeln sind recht schwer!

500 g Weizenmehl,
200 g Roggenschrot,
100 g Hafergrütze, ¾ l Milch,
150 g Sirup (Rübenkraut),
250 g Schweineschmalz, 2 Eier, Salz,
je ½ TL gemahlener Zimt und Anis,
Mettwurst (norddeutscher Art)

Weizen- und Roggenmehl mischen. Hafergrütze in Milch zehn Minuten kochen, kurz abkühlen lassen und den Sirup sowie das Schmalz einrühren. Nach weiterem Abkühlen die Eier, das Mehlgemisch und die Gewürze einarbeiten, bis ein ganz glatter, dickflüssiger Teig entsteht. Mindestens eine Nacht, besser einige Tage zugedeckt in einen kühlen Keller stellen, damit sich Aroma entwickeln kann.

In dem (mit einer Speckschwarte) gefetteten Waffeleisen backen – dazu jeweils eine kleine Kelle Teig hineingeben, rasch verteilen und drei Mettwurstscheiben darauflegen. Eisen zuklappen und die Waffeln backen.

Anmerkung zur Mettwurst: Es sollte eine gut getrocknete Wurst sein mit festen Scheiben, nicht mehr weich und zart, sondern fest und kräftig im Geschmack.

GRAUE ERBSEN MIT SPECK

(Bild Seiten 54/55)

250 g graue Erbsen, 2 Stangen Lauch,
4 Möhren, 2 Zwiebeln, Salz, Pfeffer,
300 g gut durchwachsenes
Dörrfleisch, 500 g Zwiebeln,
50 g Schmalz, Senf, Essigpflaumen

Die Erbsen über Nacht in Wasser einweichen – gerade eben bedeckt. Am nächsten Tag mit dem kleingeschnittenen Gemüse in zwei bis drei Stunden ganz sachte weich köcheln. Inzwischen das Dörrfleisch würfeln und auslassen, die Zwiebeln in Ringe schneiden und im Schmalz goldbraun braten.

Alle Zutaten getrennt anrichten – sie werden aber von einem Teller gemeinsam gegessen.

HAMMELBRATEN

(Bild Seite 57)

1 Hammelkeule, 2 l Buttermilch,
Salz, Pfeffer, 30 g Bratfett,
4 Zwiebeln, ¼ l Fleischbrühe,
¼ l Rotwein,
1 kg geputzte Schmorgurken,
⅛ l dicke Sahne

Die Keule zwei Tage in Buttermilch einlegen, diese dann wegschütten. Das Fleisch salzen und pfeffern und im heißen Fett kräftig anbraten, auch die geviertelten Zwiebeln Farbe nehmen lassen. Mit Brühe und Wein ablöschen, zudecken und 2½ Stunden bei gelinder Hitze gar schmoren. Die letzten 20 Minuten

So einfach die Zusammenstellung, so köstlich der Geschmack: Frische, soeben in Meerwasser gekochte, nicht mit Konservierungsmitteln in Berührung gekommene Krabben gibt's hier noch! Und sie werden dick aufs Rühreibrot gepackt

die geschälten, entkernten Gurken in Scheiben darauflegen und mitschmoren. Die Sauce mit der Sahne verrühren, dicklich einkochen und abschmecken.
Dazu gibt's Salzkartoffeln – das Gericht reicht dann für acht Personen.

KRABBENBROT MIT RÜHREI

(Bild rechts)

Für 1 Person:
125 ausgepulte Krabben (Granat),
1 große Scheibe dunkles Brot,
50 g Butter, 2 Eier, 1 Schuß Milch,
Salz, Pfeffer, Zitrone, Petersilie

Die Brotscheibe, die ziemlich dick geschnitten sein sollte, wird mit reichlich Butter bestrichen und mit den Krabben überhäuft! Die restliche Butter in einer Pfanne zerlassen und die mit einem guten Schuß Milch verquirlten Eier darin unter ständigem Rühren stocken lassen, dabei mit Salz und Pfeffer würzen. Das fertige Rührei neben dem Krabbenbrot anrichten, mit Zitronenschnitzen und Petersilie verzieren – zum Essen träufelt man sich etwas Zitronensaft auf die Krabben, mahlt aus der Mühle ein bißchen groben Pfeffer drüber und verspeist mit dem Rührei auch die Petersilienblättchen.

★

Will man von Ostfriesland nach Bremen, kommt man durch Oldenburg. Die Küche ist grundsätzlich nicht viel anders, aber reicher und satter, bürgerlicher. In Bremen selbst dann: Natürlich eine Küche der einfacheren Leute, natürlich aber auch eine Küche der reichen Kaufherren, Reeder und Schiffsbauer. Letztere allerdings haben nie einen Hehl daraus gemacht, daß für sie, die keinerlei Art von Protz lieben, ein gutes Essen auch schlicht sein sollte. Schließlich sind sie in calvinistischer Art jeder Anwandlung von Luxus abhold. Dies war denn auch einer der Gründe für Bremens Reichtum: Man trieb Handel

In einer Puddingform werden für diesen Eintopf alle möglichen Zutaten versammelt: Praktische Resteverwertung einer zutiefst bürgerlichen Küchentradition in Bremen. Die hier verwendeten Bratenreste können vom Kalb oder Rind, Schwein oder Lamm, Wild oder Geflügel sein

Krabbenbrot mit Rührei (Rezept links)

Der Bremer Höllentopf (Rezept Seite 54)

und verdiente Geld. Ausgeben konnte man es nicht, also wurde man reich. So einfach ist das. Doch längst haben die Strukturkrisen (Schiffsbau) der letzten Jahre den Stadtstaat arg gebeutelt.

Aber die Bremer haben nie die Hände in den Schoß gelegt, haben immer für ihren Wohlstand gekämpft, mußten sich immer schon gegen Hamburg durchsetzen. Auf einigen Gebieten haben sie das hervorragend geschafft: Bei Tee, Tabak und Wein – lauter Genußmitteln. So ganz abgeneigt sind sie den guten Dingen also offenbar doch nicht …

Weitere Erfolge: Der Import von Baumwolle und die Verschiffung von gewinnbringendem Stückgut: Bremen ist Deutschlands größter Container-Hafen. Dazu gehört aber auch Bremerhaven (bedeutendster Fischereihafen der Bundesrepublik), das der Bremer Senat für billiges Geld 1827 dem Königreich Hannover abkaufte, weil nämlich die Schiffe auf der versandenden Weser Bremen selbst nicht mehr erreichten. Bis zum 1. Weltkrieg war Bremerhaven der größte »Umschlagplatz« für Menschen in Europa – über 200 000 Auswanderer schifften sich hier pro Jahr ein!

Aber zurück nach Bremen: So geschlossen wie das alte Stadtzentrum, so geschlossen das ganze Gemeinwesen. Gewiß, hier gibt es eine linke Universität, die der Bürgerschaft nicht selten mächtig aufstößt – trotzdem ist die Stadt nicht so zerrissen wie manche andere Gemeinschaft in der Bundesrepublik. Auch werden die Auseinandersetzungen mit einem gerüttelten Maß Ruhe geführt: Man ist hier nicht heißblütig!

Und noch heute wacht der steinerne Roland auf dem blankgefegten Marktplatz über den gemessenen Ablauf der Dinge. Beschattet vom berühmten Rathaus und dem prachtvollen Schütting, der Handelskammer (ohne Industrie!), Symbole für den Wohlstand einer bürgerlichen Gesellschaft.

Hier nun ein typisch bremisches Rezept, das ich mit Sahne (Crème fraîche) angereichert habe, weil es dann doch noch besser schmeckt. Zu diesem Gericht brauchen Sie eine Puddingform aus Weißblech, besser Steinzeug, in welcher das Essen serviert wird – auf einem mit einer Serviette ausgelegten Teller. Jeder schöpft sich, tief hinabgreifend, seine Portion.

HÖLLEN-TOPF

(Bild Seite 53)

500 g Bratenreste,
500 g Zwiebeln, 500 g geschälte Kartoffeln,
¼ l Fleischbrühe, Salz, Pfeffer,
⅛ l Crème fraîche

Typisch für die ostfriesische Küche: Graue Erbsen mit Speck, Zwiebeln, Senf und Essigpflaumen. Von den getrennt angerichteten Genüssen nimmt sich jeder etwas auf seinen Teller, mischt wohl auch noch kräftig durch und verspeist das Ganze mit Vergnügen

Fleisch und Kartoffeln in Scheiben schneiden, die Zwiebeln in Ringe zerteilen – die Angaben sind sehr genau, doch macht es nichts, wenn von einem etwas weniger, vom anderen etwas mehr reinkommt. Alles wird nun in Lagen hineingeschichtet, beginnend und abschließend mit Kartoffeln. Jede Zwiebelschicht wird reichlich aus der Mühle gepfeffert und zart gesalzen. Zum Schluß gießt man die Fleischbrühe hinein und streicht die Crème fraîche obenauf.

Jetzt kommt die Form in einen großen Topf, man gießt mit heißem Wasser an, legt den Deckel auf und kocht das Ganze drei Stunden sanft. Hierzu trinkt man gerne einen (selbst importierten) Rotwein aus dem Bordelais. Oder aber einen Mosel aus dem weltberühmten Ratskeller, dem reichsten Keller für deutsche Weine, eine Institution, in der Dichter und Fürsten bereits gezecht haben. Wie Wilhelm Hauff, der Märchendichter, der in seinen »Phantasien im Bremer Ratskeller« über alles mögliche Weinselige nachdachte:

Das vierte! Fühlst du nicht einen gewissen Nexus zwischen dem Wein und der Zunge? zwischen der Zunge und dem Gaumen? hier, behaupte ich, ist ein Scheideweg und daran ein Wegezeiger aufgestellt. Nämlich auf der einen Seite steht »Weg nach dem Magen«. Eine breite fahrbare Straße; es geht so schnell, so glitschend bergab! daher auch der gemeinere Stoff gewöhnlich diesen Weg nimmt.

Der andere Arm des Zeigers heißt: »In den Kopf«. Dahin ziehen die Geister, die sich schon im Faß lange genug bei schnödem gemeinerem Stoff gelangweilt haben, und jetzt, da sie freien Lauf nehmen können, schielen sie nach dem Wegezeiger rechts hinauf. Während die Masse links hinabströmt, steigen sie aufwärts und finden sich im Wirtshaus zur Zirbeldrüse wieder zusammen. Es sind friedliche, verständige Leute, diese Geister. Sie erhellen dein Haus, o Seele, solang ihrer vier oder fünf beisammen sind, nachher möchte ich wohl für nichts stehen, denn sie raufen sich dann und treiben allerhand Unfug im Gehirn.

Doch genug vom Wein! Wenden wir uns nun einem Gericht zu, das vielmehr Bier und Schnaps als Begleiter braucht. Zitiert aus dem »Kochbuch aus Bremen« von Dorothee von Hellermann und Marita Kloß, Verlag W. Hölker, Münster:

Graue Erbsen mit Speck (Rezept Seite 52)

BRAUNER KOHL MIT PINKEL

(Bild rechts unten)

Das eigentliche »Nationalgericht« der Bremer ist Brauner Kohl mit Pinkel. Früher gab es zwei Sorten Kohl, einen grünen, krausen und einen blauen, halbkrausen Kohl, der beim Kochen braun wird. Da der blaue, der besser schmeckt, kein Massenblätterbringer ist, wird heute nur noch der grüne Kohl angebaut. Am wohlschmeckendsten ist der Braunkohl im Winter, wenn er bereits Frost bekommen hat. Man verliest ihn, indem man die großen Blätter und die dicken Rippen ablöst. Dann wird der Kohl gewaschen, mit kochendem Wasser überbrüht und grob gehackt. Nach altem Bremer Rezept nimmt man:

1½ kg Braunkohl,
½ l Wasser oder Fleischbrühe,
150 g Schweine-, Gänse- oder
Entenschmalz, 2 EL Hafergrütze,
1 TL Salz, 5 TL gehackte Zwiebeln,
4 TL Zucker, 1 TL gestoßener Pfeffer,
1 Pinkel

Die Zwiebeln werden in dem heißen Schmalz angedünstet, dann schichtweise der gut vorbereitete Kohl, Hafergrütze, Zucker und Salz hineingegeben, die heiße Brühe darüber gegossen und alles 10 Minuten gekocht. Danach den Topf durchschütteln, fest zudecken und 2–3 Stunden sanft schmoren lassen. Die Pinkelwurst wird in der letzten Stunde auf den Kohl gelegt. Heute werden Pinkelwürste meistens beim Schlachter fertig gekauft. Früher war es jedoch allgemein üblich, sie zu Hause selbst herzustellen, deshalb soll das Rezept nicht vergessen werden:

PINKELWURST

250 g Nierenfett, 250 g Hafergrütze,
Zwiebeln, Speckstücke,
Pfeffer, Salz, Nelken

Nierenfett und Zwiebeln werden kleingehackt und mit der Grütze, Pfeffer und Salz in eine Wursthaut gestopft, die vom Mastdarm des Rindes, dem Pinkeldarm (daher der Name), stammen muß. Etwas Raum zum Ausquellen der Würste lassen. Man kann auch statt des Nierenfetts kleiner geschnittenen Speck nehmen.

★

Der Tee-Verbrauch der Ostfriesen ist sprichwörtlich und liegt etwa 15mal höher als sonst in Deutschland. Um so verwunderlicher, daß Heine im schon vorher zitierten Werk feststellte, daß die Menschen *»einen Tee trinken, der sich von gekochtem Seewasser nur durch den Namen unterscheidet«!* Vielleicht sind die Traditionen doch nicht gar so alt? Das Teetrinken scheint hier nicht nur Vergnügen, sondern Zeremonie: Erst kommt der Kandiszucker in die Tasse, die Kluntjes. Gießt man den Tee auf, so knistert es sinnlich, auch das Gehör wird in den Genuß einbezogen. Nun kommt noch ein Schuß Sahne hinein und wird zum Prüfstein für die Fremden: Ein echter Ostfriese rührt den Tee nicht um, sondern versenkt sich in das Wolkenbild, das in der rosengeblümten Tasse entstanden ist . . .

BREMER WICKELKUCHEN

(Bild Seite 59)

TEIG:
500 g Mehl, 1 Würfel Hefe, ¼ l Milch,
1 EL Zucker, 1 Prise Salz, 125 g Butter
FÜLLUNG:
150 g Butter, 200 g Korinthen,
150 g Zucker, 150 g Mandelstifte,
etwas Zimt und abgeriebene
Zitronenschale
GLASUR:
½ Zitrone, 100 g Puderzucker

Der Bremer Hafen um 1850 – Wind und menschliche Kraft waren die treibenden »Elemente« der geldbringenden Reederei

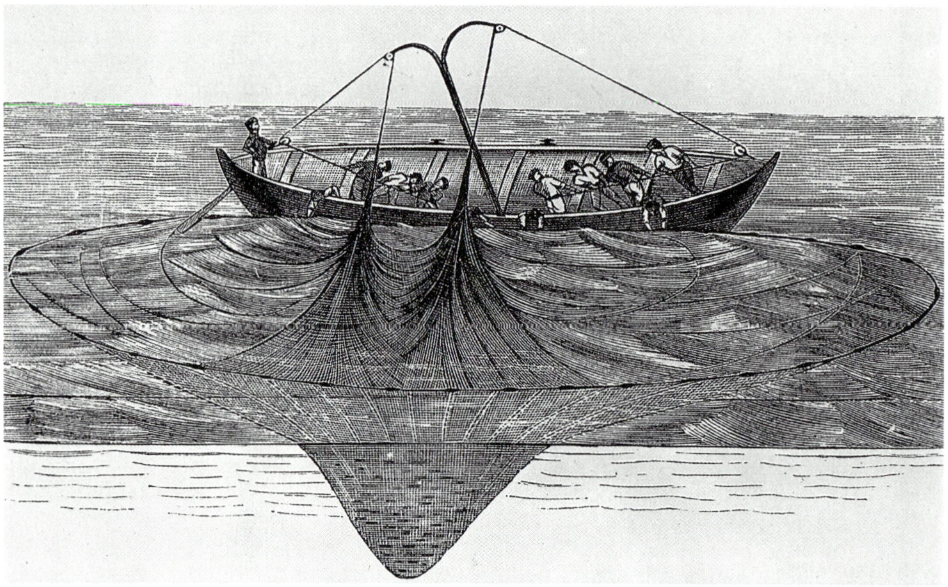

An der Küste und auf den Inseln lebte man einst vor allem vom Fischfang. Heute spielen nur noch Krabbenfischer eine bedeutendere Rolle, wobei es immer wieder Schwierigkeiten wegen der Bezahlung gibt. Seit man in der Nordsee viele Fische nicht mehr fangen darf, blüht lediglich die Hochsee-Fischerei von Bremerhaven aus. Rechts sehen Sie die alte Fisch-Methode mit dem Beutelnetz

Hammelbraten mit Schmorgurke (Rezept Seite 52)

Grün- oder Braunkohl mit Pinkel (Rezept links)

Aus den angegebenen Zutaten einen Hefeteig kneten, zweimal gehen lassen und wieder abschlagen. Ausrollen, mit Butter bestreichen und die übrigen Füllzutaten darüberstreuen. Aufrollen, nochmals gehen lassen, quer einschneiden und eine knappe Stunde bei 200 Grad backen. Mit Zitronenglasur überziehen. Dazu könnte man sich dann auch einen anderen Trank genehmigen:

OSTFRIESISCHE BOHNENSUPPE

(Bild Seite 58, neben dem Klaben)

100 g Kandiszucker, 2 Zitronen (Schale),
2 bis 3 Stück kandierter Ingwer,
180 g Sultaninen, 1 l klarer Schnaps

Kandiszucker mit wenig Wasser und einer Zitronenschale aufkochen und auflösen. Dann mit den übrigen Zutaten vermischen – ein klarer Weizenkorn ist am besten geeignet – und wenigstens drei Tage durchziehen lassen. Ingwerstück und Zitronenschale entfernen; die zweite Zitronenschale zugeben (als Spirale) und nach zwei weiteren Tagen wieder herausnehmen.
Jetzt ist das Getränk servierfähig. Sie können dazu Gläser reichen, klassisch ist ein Zinnlöffel wie auf dem Bild, neben dem Klaben.
Das Rezept zu dieser Spezialität stammt aus dem bereits weiter oben erwähnten »Kochbuch aus Bremen«:

BREMER KLABEN

(Bild Seite 58)

1 kg Mehl, 100 g Zucker, 125 g Hefe,
knapp ¼ l Milch, 500 g Butter,
1 gestrichener TL Kardamom,
abgeriebene Schale einer Zitrone,
1 TL Salz, 125 g Sukkade,
125 g abgezogene geriebene Mandeln,
500 g Rosinen, 250 g Korinthen

Das warme, gesiebte Mehl geben wir in eine Schüssel, in der Mitte machen wir eine Vertiefung und bröckeln die Hefe hinein. Wir verrühren sie mit etwas Zucker und lauwarmer Milch. Den restlichen Zucker und die Margarine legen wir um den Hefebrei auf das Mehl. Wir stellen den Teig in den etwas erwärmten Backofen. Wenn der Hefevorteig blasig aus-

Bild links: Das »Nationalgericht« der Bremer und auch der Ostfriesen – Grünkohl mit Pinkel, einer nur bei ihnen erhältlichen Grützwurst. Ein richtiges Winteressen, denn erst nach kräftigem Frost hat der Grünkohl, in Bremen jedoch Braunkohl genannt, sein volles Aroma entwickelt

sieht, fügen wir Kardamom, Zitronenschale, Salz und die restliche Milch hinzu und schlagen und kneten den Teig, bis er glatt und geschmeidig ist. Danach kneten wir die übrigen Zutaten darunter. Wir formen einen Klaben und legen ihn auf ein gefettetes Backblech und lassen ihn an einem warmen Ort 40 Min. gehen. Der Klaben wird besonders gut, wenn wir den geformten, gegangenen Klaben über Nacht in den Kühlschrank stellen und dann backen. Wir backen ihn etwa 60 Min. im bei stärkster Hitze vorgeheizten Backofen (ca. 15 Min.) bei guter Mittelhitze (200°).

RHABARBERSUPPE

(ohne Bild)

Etwa 500 g Rhabarber, ¾ l Wasser,
¼ l Weißwein, 100–150 g Zucker,
½–1 Stange Zimt, 1 EL Speisestärke

Rhabarber putzen, waschen und in drei Zentimeter lange Stücke schneiden. Mit Wasser und Wein aufsetzen, Zucker und Zimt nach Geschmack zufügen und alles etwa 20 Minuten kochen, bis der Rhabarber weich wird und sich aufzulösen beginnt. Dann mit der Speisestärke binden.

Rechts: Was für den Sachsen die Stolle, ist für den Bremer der Klaben – eßbares Wahrzeichen der Weihnachtszeit! Großzügig mit Kardamom gewürzt, paßt er besser zu Tee und ostfriesischer »Bohnensuppe« als zu Kaffee

Rechts oben: Badefreuden auf Borkum im Jahr 1909. Die Bekleidung ist noch äußerst sittsam – Bräune war seinerzeit nicht erwünscht. Man begann aber, das Klima der Nordsee für die Gesundheit der immer häufiger nur in Räumen arbeitenden Menschen zu entdecken. Heute können sich die Inseln über mangelhaften Besuch nicht beklagen. Von hier aus oder vom Festland starten die eindrucksvollen Führungen durch das Wattenmeer. Niemals sollte man alleine losziehen, denn die Flut kommt schnell. Aber was gibt es hier und in den Vogelschutzgebieten alles zu sehen!

Ganz rechts oben: Es gibt noch viele Mühlen in dieser windreichen Region – heute lohnen sie sich sogar wieder! Der ewige Nordwestwind hinterläßt auch in der Landschaft Spuren: Alle Bäume beugen sich in die gleiche Richtung ...

Ganz rechts: Ostfriesen ohne Tee sind wie Fische ohne Wasser! Und letzteres ist für ein gutes Gelingen des Tees verantwortlich: Dazu braucht man weiches Wasser, und das bieten die Moore des Landes reichlich. Gesüßt wird mit Kandis, ein Schuß Milch darf nicht fehlen. Dazu schmeckt selbst den Ostfriesen der Bremer Wickelkuchen

Bremer Klaben mit ostfriesischer Bohnensuppe (Rezepte Seite 57)

Bremer Wickelkuchen mit Tee (Rezept Seite 56)

Bamberg um 1850. Gustav von Heeringen beschreibt die Stadt um diese Zeit: »Sehr schön und stattlich ist Bambergs Anblick von weitem. Seine Altenburg, sein hochgelegener vierturmiger Dom, der Michelsberg mit seiner prächtigen Kirche und noch mehrere Türme und ansehnliche Gebäude, vor allem aber die herrliche Residenz geben der Stadt ein reiches vornehmes Ansehen ...« Im Inneren trifft der Chronist allenthalben auf »freundliches Wohlleben«. Das alles ist, wie uns scheint, eine treffende Charakteristik Frankens, wo die Gegenwart von angenehmer Vergangenheit zeugt. Nicht zuletzt mit reichgedeckten Tafeln ...

Franken: Vespern und Tafeln mit Wurst, Bier und Wein

Main und Würste verbinden das Bierparadies im Osten mit dem Weinland im Westen. In beiden wird deftig, erdnah, einfach und unverfälscht gegessen, doch entwickelte sich in den Städten, vor allem in Nürnberg, im Zeitalter der Renaissance jene Küche, die wir heute bürgerlich nennen

Jahrhundertelang waren Bauern die Gestalter jeder wirtschaftlichen Entwicklung gewesen. Aus germanischem Recht frei, siedelten sie sich unter dem Schutz von Kaiser, Landesfürst oder der Kirche auf eigenem Grund an. Im 9. und 10. Jahrhundert aber beanspruchten König und Kaiser die Oberhoheit über Grund und Boden. Sie gingen damit recht großzügig um, wenn es galt, der Kirche Stiftungen zu machen oder ihre Gefolgsleute zu beschenken. Sogar nur als Verwalter eingesetzte Beamte erlangten schließlich Besitzrechte. Auf der Strecke blieb die Freiheit der Bauern.

Hinzu kam etwas anderes: Die landwirtschaftliche Produktionstechnik blieb über das ganze Mittelalter dieselbe. Die wachsende Bevölkerung konnte deshalb nur durch die Ausdehnung der landwirtschaftlichen Nutzfläche noch ernährt werden. So nahmen die vermögenden weltlichen und geistlichen Grundherren Rodungen vor. Hierdurch kam der Bauernstand in immer ärgere Unfreiheit – die sich dann im Bauernkrieg Luft machte.

Bauern und Reformation

Der Krieg wurde mit unterstützt durch die Reformation, denn die Bauern sahen ihre Forderungen in der neuen Auslegung der Bibel begründet. In Franken wollte man eine geänderte Reichsordnung mit einem Bauernparlament, der Kaiser sollte die Territorialherren niederhalten. Gegen Adel und Kirche zogen sie los, nur mit Mistgabeln bewaffnet, plündernd und brandschatzend. Jedoch nach anfänglicher Zustimmung trat Luther schroff ein »wider die mörderischen und räuberischen Rotten der Bauern«! Folge: Die Bauern Süddeutschlands kehrten sich von der Reformation ab, die sie so kläglich im Stich gelassen hatte.

Schnell gewann Georg Truchseß von Waldburg die Oberhand gegen die ohne Führer kämpfenden Bauern. Über 100000 Tote waren zu beklagen, wobei vor allem der Bischof von Würzburg eine blutige Nachlese hielt: Er zog durch sein Land, ließ in jedem Ort eine bestimmte Anzahl von Bauern richten und stellte so eine obrigkeitliche Ordnung her, schlimmer, als sie vorher bestanden hatte.

Erst in der Folge der Säkularisation, der Aufhebung kirchlichen Besitzes in Bayern, dem Franken nach den Napoleonischen Kriegen zugeschlagen wurde, begann die Befreiung der Bauern.

Und dann ging alles sehr schnell: Im 19. Jahrhundert entwickelte man eine intensivere Landbestellung mit Maschinen, die übliche Dreifelderwirtschaft wurde durch wechselnde Fruchtfolge abgelöst, und bessere Düngung und Zucht von Saatgut erhöhten die Erträge.

Natürlicher Reichtum, Wein und Bier

Neben den Früchten der Felder hatte Franken aber auch immer anderes zu bieten. So bescherten die üppigen Wälder von Odenwald und Spessart, Frankenwald und Fichtelgebirge reichlich Wild. Im Main und seinen Nebenflüssen schwammen Fische in heute unvorstellbaren Mengen. Bis hinauf nach Coburg wurde Wein gebaut (ein Staffelsteiner war besonders berühmt). Kulmbach mit sei-

Wer im Weinberg oder auf dem Feld hart arbeitet, der muß handfest essen. Die Bauern und Häcker, wie die fränkischen Winzer genannt werden, waren oft für Stunden draußen. Daher nahmen sie sich zu essen mit – Vesper(le) nannte und nennt man das: Würste, Speck, Sülzen, Fleischsalate und angemachter Käse. Dazu gehören Brot und Wein oder Bier, je nach Gegend. So entstand eine große Zahl fränkischer Spezialitäten, etwa das »Saure Zeug«, zu dem ein Kartoffelsalat aus den berühmten Bamberger Hörndln paßt, den nur für Salat geeigneten Kartoffeln.

nem Eisbock, Bamberg mit seinem Rauchbier entwickelten sich zu Biermetropolen.
Wein: Der ewig Gelobte, der den Geist beflügelt, das Getränk der Dichter, der Liebenden. Dagegen das Bier – schwerfällig soll es machen, dumpf! Doch zitieren wir noch einmal den durch Franken wandernden Gustav von Heeringen:
Wer vor dem Jahre 1825 in der Allee lustwandelte, die von Bayreuth nach der Eremitage führt, konnte in derselben einem schlicht gekleideten, unscheinbaren Mann mittlerer Größe begegnen, der täglich nach der Eremitage ging und dabei in einer kleinen Schenke einkehrte, die ziemlich in der Mitte des Weges liegt. In dem Stübchen der Wirtin setzte sich der Mann nieder und ließ sich einen Deckelkrug des vortrefflichen Biers einschenken, welches in Stadt und Umgegend gebraut wird. Und während er es trank, schloß sich seine erhabene Seele dem Himmel auf. Der Geist des Getränkes, der die Fibern anderer Gehirne betäubt, erzeugte in dem seinigen die Träume eines Gottes. Mit olympischer Ironie lächelte er auf das Leben herab, und Frau Poggenudels Ohr vernahm das erste Tönen, den ersten Anklang von Gedanken, die bald darauf das Entzücken der Welt werden sollten. O Jean Paul, wer könnte dich vergessen! Jeder Biertrinker aber tröste sich damit, daß du auch einer warst!
Widmen wir uns damit den bäuerlichen Rezepten des schönen Bier-Landes Franken:

SAURES ZEUG

(Bild unten)

Dieses Rezept reicht für 6 bis 8 Personen – es hat kaum Sinn, wenn Sie kleinere Portionen zubereiten, der Arbeitsaufwand bleibt sich ziemlich genau gleich.

1 Schweinszunge, 1 Schweinshaxe
(vorzugsweise gepökelt,
wegen der schönen Farbe),
4 Schweinsfüßchen,
600 g frische Schweinsbrust,
je 250 g Sellerie, Möhren,
Zwiebeln und Lauch,
2 Lorbeerblätter, 12 Pimentkörner,
4 Wacholderbeeren,
1 gehäufter EL Pfefferkörner,
2 EL Salz, 1 Prise Zucker,
⅓ l guter Weinessig (6%),
2 Bund Petersilie

Das Fleisch sauber waschen und in einen großen Topf legen. Gemüse putzen und in Streifen oder Ringe schneiden. Mit Gewürzen auf

Saures Zeug mit Kartoffelsalat (Rezept oben)

Gespickte Leber (Rezept Seite 69)

Ein bürgerliches Vergnügen: die »gespickte Leber« mit Petersilienkartoffeln

das Fleisch streuen, Essig angießen und mit so viel Wasser auffüllen, bis alles etwa zwei cm hoch bedeckt ist. Rund ein und eine halbe Stunde langsam kochen lassen. Die Fleischstücke herausnehmen, die Zunge häuten, Haxe entbeinen, von den Füßchen Knochen entfernen. Alles Fleisch ohne Fett und Schwarten kleinschneiden und in eine Schüssel legen. Vom Gemüse die schönen Teile heraussuchen, mit Lorbeerblättern und einigen Gewürzkörnern zum Fleisch geben. Die gehackte Petersilie mit Fleisch und Gemüse vermischen. Die Kochbrühe auf einen Liter auffüllen, sehr kräftig abschmecken und durch ein Tuch über das Fleisch gießen. Abkühlen und erstarren lassen – die Gelatine der Schweinsfüßchen sorgt dafür! Als Beilage entweder Bauernbrot, das man in Franken stark gewürzt liebt (mit Koriander, Kümmel, Piment und manchmal sogar Anis), Bratkartoffeln, aufgebratene Knödel oder, wie auf dem Bild zu sehen, ein mit kleinen Kartoffeln – vorzugsweise den unverschämt gut schmeckenden, aber leider sehr seltenen und teuren Bamberger Hörndln – bereiteter Kartoffelsalat, der nur mit Zwiebeln, Essig und Öl umgewendet wird.

BLAUE ZIPFEL

(Bild rechts oben)

Andernorts heißen sie auch Saure Zipfel. Man kann dazu die kleinen Schweinsbratwürstel nehmen (wie in Nürnberg) oder normale Bratwürste (Ober- und Unterfranken).

8 große Schweinsbratwürste,
1 l Wasser, ¼ l Essig,
3 Zwiebeln in Ringen,
3 Lorbeerblätter, 1 EL Pfefferkörner,
Salz, 1 kleine Möhre, gehackte Petersilie

Die Würste 45 Minuten in einem aus allen übrigen Zutaten bereiteten Sud ziehen lassen. In etwas Sud mit den Zwiebelringen servieren, ganz nach Belieben mit Möhrensternchen und Petersilie bestreuen.
Beilage: Dunkles Brot (Bauernbrot), das stark gewürzt sein sollte.

★

Wenden wir uns nun der Stadt Nürnberg zu, dieser »Perle des Mittelalters«, die in der Renaissance ihre absolute Blütezeit erlebte, aber im 19. Jahrhundert als Inbegriff teutscher Art

Durcheinandergewerkeltes, »Gwerch« eben: Ochsenmaul, zweierlei Pressack, Fleischwurst

Nürnberger Gwerch (Rezept Seite 66)

Blaue Zipfel (Rezept links)

In den Jahren 1524/25 brach in Süd- und Mitteldeutschland ein Aufstand der Bauern aus. In Franken schlugen sich die Städte Würzburg und Rothenburg auf die Seite der Bauern, die eine Neugestaltung des Reichs erstrebten. Doch wurde die Revolution rasch und blutig niedergeschlagen – der Bauernstand mußte weitere 300 Jahre auf seine Freiheit warten

besondere Wertschätzung erlebte. Dazwischen war Franken, wie ganz Europa, Kriegsschauplatz:

Der Dreißigjährige Krieg, dessen blutbedeckte Bühne einst ganz Deutschland war, hat Franken mehr als nur einmal zum Schauplatz trauriger oder wichtiger und weltgeschichtlicher Ereignisse gemacht, ohne jedoch geradehin alle diejenigen Greuel und Schrecken hier zu entwickeln, die anderwärts in seinem Gefolge zu sein pflegten.

Lange Zeit waren die Schweden Meister von Franken; Würzburg wurde von ihnen belagert und eingenommen, bei Nürnberg standen sich Wallenstein und der große Gustav Adolf gegenüber, und Herzog Bernhard von Weimar nahm nach des Königs Tod bei Lützen die Bistümer Franken als ein Vermächtnis seines königlichen Herrn und Freundes in Besitz, worin er auch verblieb bis zur Schlacht von Nördlingen, welche dem Schicksal des Krieges und unserer Provinz eine andere Wendung erteilte. Die Schweden räumten die festen Plätze und Residenzschlösser, die sie bis da-

Leberkäs (Rezept Seite 66)

Rechts: Leberkäs, aus Hackfleisch und Leber selbst zubereitet, mit Kartoffelsalat

Rechts oben: Blaue oder Saure Zipfel, in Wurzelsud gesottene Bratwürste

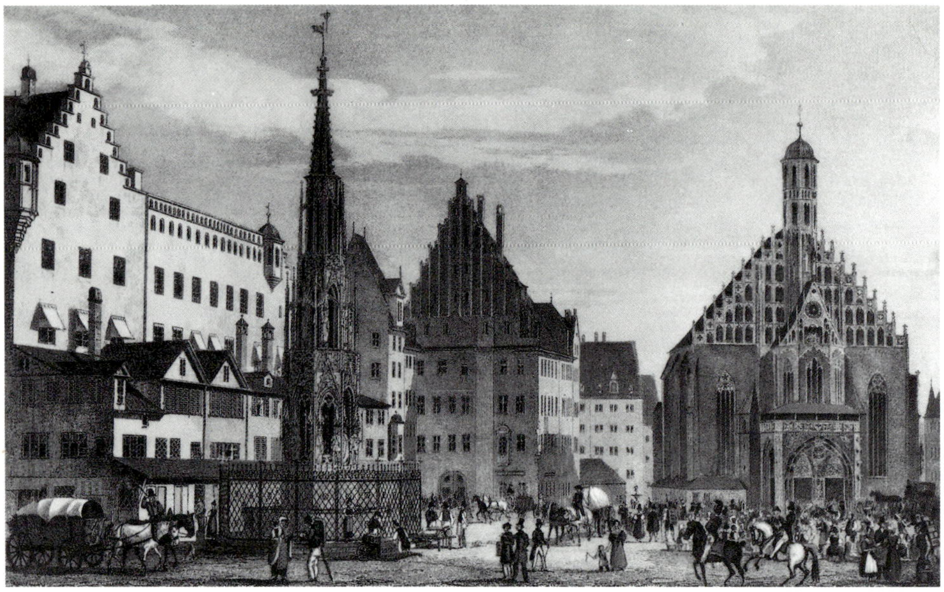

Nürnberg, die Schöne, – Stolz des deutschen Reiches, Krone Frankens, Wohnhaus der Künste und der Tugenden, Musterbild des Gewerbefleißes, kurz: deutscheste aller deutschen Städte! So pries die Romantik des 19. Jahrhunderts die Stadt der Reichstage – welche sie im 20. Jahrhundert unter weniger günstigem Stern wieder erleben sollte. Im heutigen Nürnberg erinnert nur einzelnes an die enorme Bedeutung der Stadt vor 400 Jahren

Tüchersfeld in der Fränkischen Schweiz: Hier schuf die Natur eine reizvolle Kulisse bizarr aufragender Felsen, die der Landschaft einen höchst romantischen Anstrich geben. Malerische, noch urwüchsig wirkende Orte liegen in von Wiesen und Obstbäumen geprägten Tälern, beherrscht von burggekrönten Felsen. Die Bauern brennen jenen Schnaps, der die fetten Würste Frankens verdaulich macht

hin innegehabt hatten, und die alten Herrscher kehrten zurück. – Im großen Saal des Nürnberger Rathauses wurde der Abschluß des Westfälischen Friedens durch ein Gastmahl gefeiert, an dem fast alle Berühmtheiten dieser Zeit, Feldherren, Staatsmänner und Fürsten, teilnahmen und dessen Andenken auf verschiedene Weise von Künstlern der Nachwelt übergeben wurde. Es war das festlichste und bedeutungsvollste Gastmahl, das vielleicht jemals in dem Gastmähler liebenden Deutschland gehalten worden ist. Nach dem dreißigjährigen Religionskampf, der alle Nerven des Vaterlands erschlafft hatte, nach der Vergeudung des Blutes von Hunderttausenden, nach dem Ruin zahlloser Städte und Wohnplätze und der gewaltsamen Verödung ganzer Provinzen, nach einem Krieg, der ein volles Menschenalter gedauert und den Weltteil bis zum fernen Norden in seinen Grundfesten erschüttert hatte, gab es endlich – endlich ein Friedensmahl. Kampfesmüde und mit blutigem Lorbeer bedeckt, sank das erschöpfte Europa auf die roten Samtsessel des Nürnberger Rathauses nieder und erfreute sich an dem geretteten Rest deutscher Pracht, deutscher Opulenz, an deutschem Wein und an der gastfreien Herrlichkeit der ersten deutschen Reichsstadt.

So schwungvoll berichtet der schon zitierte Gustav von Heeringen in seinen »Wanderungen durch Franken«. Und er erwähnt, daß die Fürsten nicht alleine tafelten, sondern in erquicklicher Gesellschaft:

Es ist dies nämlich ein sitzender Löwe aus Holz, der einst vergoldet war und aus dessen Rachen, solange die versammelten Feldherren und Fürsten speisten, Strahlen von Wein auf das unten versammelte Volk herabsprangen.

Meerrettich mit roten Rüben und mit Äpfeln (Rezepte Seite 67)

Würzburg – Blick über den Main auf die Marienfeste. Das älteste und wichtigste Zentrum Mainfrankens bietet nur noch einen schwachen Abglanz seiner früheren Pracht: Zu 85% wurde die Stadt im Kriege zerstört. Zwar stellte man Kirchen und öffentliche Gebäude (vor allem die Residenz von Balthasar Neumann) wieder her, doch hat das Stadtbild insgesamt empfindlich gelitten. Unterhalb der Burg erkennt man den berühmten Weinberg der Leiste. Nicht minder begehrt: der auf der anderen Seite des Mains liegende Stein, den Goethe so schätzte. Die besten Weine werden im Bürgerspital ausgebaut

Die Gastmähler der fürstlichen Herren waren höchst beachtlich: Da wurden Ochsen am Spieß gebraten, allerlei Geflügel geröstet, Schinken gekocht und Unmengen von Krebsen und Fischen gesotten, Pasteten und Sülzen gefertigt und ganze Schläuche voll guten Weines geleert.

In den bürgerlichen Haushalten der voll entwickelten Renaissance (also um 1500) begann man bereits sehr wohl zu leben! Es wuchs Reichtum, man gewann Spaß am Essen, am Schwelgen, an der Üppigkeit. Doch, nicht anders als heute: Vor einer wirklichen Eßkultur kam die Freude, Besitz und Vermögen durch großartige Gastmähler zu dokumentieren.

Nürnberg, im Kreuz der Handelsstraßen von Süd nach Nord und von West nach Ost gelegen, tat sich da besonders hervor. Der Erfindungsgeist der Franken kam hinzu: Der erste Globus, die erste Taschenuhr (»Ei« genannt), das erste handwerkliche Spielzeug (Tand) erblickten in Nürnberg das Licht der Welt. Der Humanismus (Pirkheimer) und die Künste (Dürer, Vischer, Sachs) machten Nürnberg zu einem Zentrum auf fast allen Gebieten in Deutschland.

Auf diesem Hintergrund organisierten sich die Handwerker in den Zünften, regelten sozusagen das ganze bürgerliche Leben. In den Zunfthäusern wurde bei den Versammlungen getafelt und gezecht, was das Zeug hielt. Daher noch heute unser Wort »zünftig«, obwohl es die Zünfte seit Jahrhunderten in dieser Form nicht mehr gibt.

Wie es da zuging, beschreibt E.T.A. Hoffmann in seiner Erzählung »Meister Martin der Küfner und seine Gesellen« sehr hübsch. Hier können wir auch lesen, daß es in einem guten Bürgerhaushalt eine sogenannte Prangküche (oder Prunkküche) gab: nämlich eine, in der nicht gekocht, sondern nur das schöne (kupferne, messingene, zinnerne) Gerät ausgestellt wurde. Und wo man es sich bei einem Glas Wein (den man damals noch beim Küfner kaufte!) und einem Vesper wohl sein ließ. Dieses etwa könnte es gegeben haben:

NÜRNBERGER GWERCH

(Bild Seite 62)

Eigentlich braucht man da frisches, dünn aufgeschnittenes, noch nicht mariniertes Ochsenmaul, das jedoch nur schwer zu bekommen ist. So bleibt nichts anderes übrig, als auf fertigen Ochsenmaulsalat zurückzugreifen. Mit der Essigdosierung dann vorsichtig sein, eventuell sogar das Ochsenmaul von Zwiebeln befreien und gründlich wässern, um die aufdringliche Säure der meistens verwendeten Essig-Essenz zu entfernen.

200 g Ochsenmaul,
je 200 g schwarzer und weißer Preßsack, 200 g Stadtwurst (oder Fleischwurst), 2–3 Zwiebeln, Salz, Pfeffer, Apfel- oder Weinessig, Olivenöl, eventuell Petersilie

Alle Würste in dünne Scheiben oder Streifen schneiden und mit den angegebenen Zutaten anmachen. Die Zwiebel entweder in Würfelchen oder in hauchdünnen Ringen (Streifen). Wieviel Essig und Öl Sie nehmen, bleibt Ihrem persönlichen Geschmack überlassen. Auch, ob Sie einen Schuß Wasser dazugeben und Petersilie darüberstreuen.

Der Salat wird mit Butter und dunklem Brot gegessen.

Dazu gehört Wein oder Bier!

LEBERKÄS

(Bild Seite 63)

250 g Rinderhack,
250 g Schweinehack,
250 g Brät (Wurstfülle), 30 g Mehl,
250 g durchgedrehte Leber, Salz,
100 g geräucherter, stark durchwachsener Speck, 1 Zwiebel,
1 Knoblauchzehe, Pfeffer,
Pastetengewürz (ersatzweise Muskat, Piment, Zitronenschale, Paprika, Majoran, Thymian und Basilikum),
abgeriebene Zitronenschale,
½ l Milch, 2 Eier, Fett für die Form

Hackfleisch, Brät, Mehl, Salz und Leber mit dem gewürfelten, ausgelassenen Speck vermischen, in dem Zwiebel und Knoblauchzehe (gehackt) glasig gedünstet wurden. Würzen, unter kräftigem Rühren die eiskalte Milch untermengen, schließlich die Eier einarbeiten. Den Teig in eine gefettete Kastenform füllen, diese in einen größeren Topf oder in die Fettpfanne stellen, die mit kochendem Wasser gefüllt wird. Im auf 160 Grad vorgeheizten Ofen etwa 2½ Stunden backen.

Tip: Der Teig muß lange durchgeschlagen werden (möglichst kalt!), bis er salbenähnliche Beschaffenheit bekommen hat. Wenn irgend möglich, in einer Moulinette (Universalzerkleinerer) oder einem leistungsstarken Mixer alles ganz fein zerhacken! In diesem Fall immer wieder Eiswürfel mit zerkleinern. Wer auf eine schöne rosa Farbe Wert legt, muß sich Pökelsalz besorgen (gibt's beim Metzger).

In Franken kauft man den Leberkäs im Laden, schneidet ihn in Scheiben, brät diese auf und serviert sie mit einem Spiegelei darüber. Dazu gibt es Kartoffelsalat. Leider kann man diesen wirklich mit Leber zubereiteten »Käs« nicht überall bekommen. Selbstgemachten sollte man sogar warm vom Stück schneiden und mit Meerrettich essen!

Was anderen Deutschen der Senf ist, bedeutet dem Franken sein Meerrettich – als idealer Begleiter für alle Würste, für Fleisch und Geräuchertes. Man ißt ihn fein gerieben, geraspelt oder auch in hauchdünnen Scheibchen, wenn irgend möglich frisch zubereitet. Hier zwei weniger alltägliche Mischungen:

MEERRETTICH MIT ROTEN RÜBEN

(Bild Seite 65)

1 Stange Meerrettich (etwa 400 g),
500 g rote Rüben (Bete), Salz, Pfeffer,
2 EL hocharomatischer Honig,
8 EL guter Weinessig, 1 Lorbeerblatt

Meerrettich und rohe rote Rüben schälen und in eine Schüssel raspeln – arbeiten Sie vorzugsweise mit einer Maschine (feine Scheibe), denn sonst fangen Sie an zu heulen wie ein Schloßhund! Mit Salz und Pfeffer vermischen. Honig im kochenden Essig auflösen, die Mischung sofort über den Meerrettich mit den roten Rüben gießen. Lorbeerblatt zufügen und alles zwei bis drei Tage durchziehen lassen, bis es milde geworden ist. Ein Genuß, auch in Mengen!

MEERRETTICH MIT ÄPFELN

(Bild Seite 65)

1 große, frische Meerrettichstange,
2 säuerliche Äpfel, 1 Zitrone (Saft),
Salz, Pfeffer, 1 Prise Zucker,
2–3 EL Öl

Meerrettich schälen, Äpfel ebenfalls, weiterhin das Kerngehäuse ausstechen. Äpfel und Meerrettich fein raspeln, mit dem Zitronensaft vermischen und würzen. Nach einer halben Stunde Öl zufügen, noch einmal abschmecken und in einem Glas einige Tage durchziehen lassen.

GERUPFTER

(Bild rechts oben)

2 Ecken gut ausgereifter, weicher Camembert,
125 g Doppelrahmfrischkäse,
100 g Quark,
2 Eigelb (kann auch entfallen),
2 Zwiebeln, Salz, Pfeffer,
reichlich Paprika edelsüß,
nach Belieben Kümmel
und gehackte Petersilie,
50–100 g Butter

Alle im Kühlschrank gelagerten Zutaten bei Raumtemperatur eine Stunde weich werden lassen.
Zwiebeln fein würfeln. Mit einer Gabel den Käse fein zerdrücken, sämtliche Zutaten ver-

Gerupfter, eine Käsezubereitung (Rezept unten links)

Karpfen in Bier-Lebkuchen-Sauce (Rezept Seite 68)

mischen. Die Buttermenge richtet sich ein wenig nach dem persönlichen Geschmack und der Mächtigkeit, die man wünscht. Zum Schluß noch einmal abschmecken.
Mit Radieschen und Salatblättern hübsch anrichten. Dazu gibt es gewürztes Sauerteigbrot und Wein oder Bier.

★

Nicht nur vom Adel und den Bürgern wurde die fränkische Küche geprägt. Auch die Kirche hat kräftig mitgemischt! Am deutlichsten merkt man dies bei den Fischen. Die Aischgründer Karpfenzucht geht schließlich auf den großen Bedarf an Fastenspeisen in den vielen fränkischen Klöstern zurück. Die dort ausgeklügelten Rezepte, von den studierten Feinschmeckern und Schlemmern notiert, haben guten Rechts überlebt – wie weit mehr als das hier folgende beweisen:

KARPFEN IN BIER

(Bild Seite 67)

1 schöner Karpfen von 1,5 kg,
3 Zwiebeln, ½ TL Ingwerpulver,
2 Nelken, Salz, 1 Prise Zucker,
3 Lebkuchen (dunkel!), 1 Zitrone,
2 Lorbeerblätter, 1 Schuß Essig,
je ¼ l helles und dunkles Bier,
60 g Butter

Den Karpfen schon vom Händler herrichten sowie vierteln lassen. In einem Bräter die Zwiebeln in Ringen ausbreiten, die Gewürze daraufstreuen (die Lebkuchen gerieben, Zitrone in Scheiben), mit Essig und Bier aufkochen. Karpfenstücke einlegen, alles in den auf 160 Grad vorgeheizten Ofen schieben. In 30 Minuten gar werden lassen. Währenddessen den Karpfen mehrmals mit der Sauce begießen, die danach abgegossen und in einem kleinen Topf dicklich eingekocht wird. Lorbeerblätter, Zitronenscheiben und Nelken herausfischen, den Rest pürieren. Abschmekken und neben dem Feuer die eiskalte Butter in kleinen Stückchen zugeben und einschwenken. Während dieser Tätigkeiten Karpfenteile im ausgeschalteten Ofen zugedeckt warm halten. Den Fisch auf einer gewärmten Platte hübsch anrichten und mit der Sauce übergießen. Mit Kartoffeln und Rotkohl (Blaukraut) servieren und dazu, obwohl es zu Fisch nicht üblich ist, Bier trinken.

KARPFEN IM BIERTEIG

(Bild rechts unten)

1 Karpfen von reichlich 1 kg,
2 Eiweiß, 60 g Mehl, Salz,
1 guter Schuß Bier, Fett z. Ausbacken

Karpfen vom Händler vorbereiten lassen: Ausnehmen, auswaschen, längs und quer halbieren, so daß Viertel entstehen. Eiweiß zu steifem Schnee schlagen. Mit Mehl, Salz und Bier zu einem leichten Teig mischen. Die Karpfenstücke durchziehen, danach in heißem Fett lichtbraun backen.
Beilage: Gemischter Salat.

»Meefischli« (Rezept rechts oben)

Gebackener Karpfen mit Kartoffel- oder gemischtem Salat, das »Nationalgericht« für viele »Bierfranken« (Bild rechts). Doch wird niemand böse sein, wenn man Wein dazu trinkt. Schon gar nicht in Würzburg, wo in der Residenz der Bischöfe keineswegs nur auf den Fresken Tiepolos (oben) lustig gefeiert wurde . . . und sicher gab es schon damals die Spezialität, die Sie links sehen: »Meefischli«, die kleinen, ausgebackenen Fische aus dem Main. Als Beilage ein gemischter Salat

MEEFISCHLI

(Bild links unten)

Die kleinen Fische aus dem Main gibt es noch heute in Würzburg massenhaft. Andernorts kann man dagegen Schwierigkeiten haben, sie zu finden. Ersatzweise muß man sich mit Meeresfischen (gefroren) aus dem Mittelmeer behelfen, diese schmecken aber wesentlich kräftiger.

In vielen Gaststätten werden die Fische zu stark gebacken, nämlich bis sie vollkommen trocken sind. Dann kann man die knusprigen Dinger zwar mit Kopf und Gräten verspeisen, doch ist der herrliche Geschmack so verlorengegangen, und das Backfett hat sich aufdringlich mitgeteilt. Am besten schmecken die Fischchen als Vorspeise, so daß schon eine kleine Portion Freude bereiten kann ...

500–600 g kleine Fischchen
(bis zu höchstens 10 cm Länge),
Salz, Pfeffer, Mehl, Butterschmalz

Die Fische waschen, ausnehmen, trocknen. Innen und außen salzen und pfeffern, in Mehl wenden und in heißem Fett ausbacken.

Dazu reicht man Brot, eventuell einen gemischten Salat, auf jeden Fall aber einen guten Schoppen Frankenwein – einen klassischen, trockenen Silvaner!

GESPICKTE LEBER

(Bild Seite 62)

Für 6 Personen:
½ Kalbsleber, 3 Scheiben Speck,
Salbei, Thymian, 4 cl Kirschwasser,
Pfeffer, Salz, 2 EL Öl, 40 g Butter,
3 Zwiebeln, 3 Möhren, Fleischbrühe

Den Speck in Streifen schneiden, diese mit Salbei, Thymian, Pfeffer und Salz vermischen und eine Stunde ziehen lassen. Mit Kirschwasser bedeckt noch eine weitere Stunde marinieren. Die Leber waschen und mit den Speckstreifen quer spicken. Öl und Butter in einem Bräter erhitzen, die geviertelten Zwiebeln und längs halbierten Möhren zugeben und ein wenig anbraten. An den Rand schieben, in der Mitte die Leber von beiden Seiten bräunen. Noch einen Schuß Kirschwasser zufügen, zudecken und in den auf 170 Grad vorgeheizten Ofen schieben. Alle Viertelstunde herausziehen, mit dem Fett übergießen und neben das Fleisch zwei bis drei EL Fleischbrühe träufeln, so daß eine intensive Sauce entsteht. Die Schmorzeit beträgt etwa 50 Minuten. Die Sauce abgießen und die Leber neben dem Herd zugedeckt noch ungefähr zehn

Karpfen im Bierteig (Rezept links oben)

Frankens bäuerliche Struktur ist selbst heute noch überall lebendig, auch wenn sich die wirtschaftliche Grundlage zugunsten der Industrie geändert hat. Die Dörfer und Städte strahlen eine Heimeligkeit aus, die nur in wenigen Gegenden Deutschlands erhalten geblieben ist – so leicht und beschwingt wie in Franken gibt es sie ohnehin nirgends! Allerdings wird die Idylle oft bedroht: Mangelndes Bewußtsein für die überlieferte Qualität läßt Gewachsenes nur wegen zweckmäßig moderner, zumeist häßlicher Umbauten sterben. Eigentlich schade, denn gerade in Franken zeugt vieles von der guten alten, der bäuerlichen Zeit

Die Ruine der Trimburg über der Saale: eines der vielen romantischen Ziele

Minuten ziehen lassen. Die Sauce abschmekken, das Fleisch aufschneiden, pfeffern und salzen. Mit Gemüse und Sauce servieren.
Beilage: Kartoffeln in Würfel von zwei Zentimetern geschnitten, in wenig Brühe gegart und mit saurer Sahne und viel Petersilie vermischt.

BIERKUTSCHERPFANNE

(Bild Seite 72)

750 g halbfest kochende Kartoffeln,
2 Zwiebeln, 200 g frisches Brät,
4–5 EL Öl, Salz, Pfeffer, Majoran,
etwas abgeriebene Zitronenschale

Kartoffeln schälen und grob raspeln. Zwiebeln hacken. Öl in einer Pfanne mit Eisengriff (Plastik oder Holz würden im Ofen leiden – notfalls einen flachen Topf nehmen) erhitzen. Erst die Zwiebeln zufügen, etwas andünsten, dann das Brät hineingeben. Beim Anbraten zerpflücken, nach einer weiteren Minute schließlich auch die Kartoffeln untermischen. Braten, bis sich alles etwas zu bräunen beginnt. Würzen, vermischen und mit aufgelegtem Deckel in den vorgeheizten Ofen schieben. Bei 220 Grad noch etwa 15 Minuten gar ziehen lassen.
Beilage: Saure und Senfgurken.

FRÄNKISCHE TÄUBCHEN

(Bild rechts)

4 Täubchen mit ihren Innereien,
3 gehäufte EL winzig kleine
Weißbrotwürfel, Salz, Pfeffer,
Kerbel und Petersilie (gehackt),
2 Eier, 80 g Butter, ¼ l Fleischbrühe

Täubchen rupfen und ausnehmen. Die geputzten Mägen äußerst fein, Leber und Herzen fein hacken. Mit Brotwürfeln, Salz, Pfeffer, Kräutern und Eiern vermischen. Vom Hals her diese Füllung unter die Haut schieben und auf den Brüsten verteilen. Tauben innen und außen salzen und pfeffern und in einen kleinen Bräter legen. Mit Butterflöckchen (50 g) belegen, in den auf 220 Grad vorgeheizten Ofen schieben. Nach acht Minuten noch einmal Butterflöckchen daraufstreuen, seitlich Brühe angießen. Nach insgesamt 20 Minuten sind die Täubchen fertig.

Gefüllte Täubchen mit Kraut und fränkischen Klößen sind ein besonderer Leckerbissen, der einen Festtag würdig krönen kann. Man hat die Vögel erst in den letzten Jahren so richtig wiederentdeckt. Hermann Pflaum vom Posthotel in Pegnitz entwickelte das Rezept zu höchster Vollkommenheit

Fränkische gefüllte Täubchen (Rezept links) mit fränkischen Klößen (Rezept Seite 74)

Bayreuth – eine fränkische Stadt, durch Fremde weltbekannt geworden. Für die erste Blütezeit sorgte eine Preußin, die Schwester Friedrichs des Großen, die als Markgräfin hier ein kulturelles Zentrum schuf. Der Sachse Richard Wagner brachte durch seine Festspiele dauernden Glanz! Oben eine Szene aus dem Arbeitszimmer seiner Villa Wahnfried: Wagner mit seiner Frau Cosima, der Tochter Franz Liszts, welcher rechts von Wagner sitzt. Hans von Wolzogen, Wagners erster Biograph, lauscht gespannt

Man kann diese Vögel heute nur noch selten richtig zubereiten, weil man im allgemeinen die Tiere ohne die Innereien bekommt! Hermann Pflaum vom Posthotel in Pegnitz, als Erneuerer der bodenständig-regionalen Küche bekannt geworden, hat es besser: Er bekommt die Vögel mit Innereien für die Füllung. Als Ersatz können Sie Hühnerleber nehmen.

Im übrigen würzt Hermann Pflaum seine Täubchen sehr sparsam, um ihren köstlichen Eigengeschmack nicht zu überdecken. So verzichtet er auch auf Trüffeln, über die er leicht verfügt: Vor ein paar Jahren hat man im Fränkischen Jura weiße Trüffeln entdeckt, die ihm von einigen Sammlern in zunehmendem Maße geliefert werden. Man hobelt die teuren Pilze wie andere weiße Trüffeln roh über heiße Gerichte.

Eine Eigenart des Rezepts: Die Fülle wird nicht in den Bauchraum geschoben, sondern nur unter die Haut! So schützt sie das zarte Brustfleisch vor dem Austrocknen.

Bierkutscherpfanne aus Wurstbrät, Kartoffeln und Zwiebeln. Dazu schmecken Essig- und Senfgurken; und natürlich ein Bier

Bierkutscherpfanne mit sauren und Senfgurken (Rezept Seite 70)

Im Markgrafenmuseum von Ansbach hängt dieses schöne Bild vom Falkner mit seinen Vögeln. Die Jagd mit den edlen Tieren galt als höfischer Sport für Fürsten und ihre Damen im Mittelalter. Der leidenschaftlichste Anhänger der Beizjagd aber war Markgraf Karl Wilhelm Friedrich von Ansbach, der zwischen 1730 und 1755 mit Hilfe der Greifvögel fast 29 000 Stück Wild – von Rebhühnern bis zu Reihern, Enten und Hasen – erlegte. Und nobel, versteht sich, war die Zubereitung der Beute. Mittelfrankens Küche war traditionell böhmischen, schwäbischen und französischen Einflüssen stets aufgeschlossen

Die Freuden der bürgerlichen Kochkunst lassen sich rasch auf einen Nenner bringen: Reichlich muß es, einfach soll es, fett kann es sein! Die Wildente mit Speckstreifen, Sauerkraut und Knödeln vereint diese Vorstellungen geradezu perfekt

DER SCHWEINEBRATEN

(Ohne Bild)

Er ist selbstverständlich geradezu sattsam bekannt, dieser beliebte Braten, der überall etwas anders zubereitet wird. Ein Franke aber könnte ohne ihn wohl nicht leben und gibt dieser Ansicht wörtlichen Ausdruck: »Schweinebraten« an sich bedeutet noch gar nichts. Interessant wird es erst, wenn dieser genauer bestimmt wird: Als »Schwärtelbraten« mag ihn der eine am liebsten, als »Schäufele« zieht ihn der andere vor.

Das ist gewiß kein Zufall, denn je nachdem, welches Stück man nimmt, ob mit oder ohne Schwarte, mit oder ohne reichliche Sauce, mit oder ohne den beliebten Kümmel – Schweinebraten ist nie gleich Schweinebraten. Man beginnt das erst so richtig zu begreifen, wenn man in Bamberg Schweinebraten bekommen hat, der zum Schluß mit Rauchbier übergossen wurde. Oder aber in Würzburg einen, dessen Fond mit Wein gelöst wurde. Oder im Hohenlohischen, wo man ihn gerne so beizt wie Wildbraten. Das Interessanteste aber erwartet den wißbegierigen Esser wohl in Nürnberg. Denn hier hat man eine jahrhundertalte Tradition des Würzens, weiß man mit Pfeffer, Kümmel und Koriander umzugehen. Und vergißt auch nicht, in die Sauce ein Stück Lebkuchen zu legen, um sie sämiger und noch würziger zu machen. Natürlich kein Weihnachtsgebäck, sondern einen speziellen Saucen- oder Würz-Lebkuchen, den es das ganze Jahr gibt.

Ein genaues Rezept anzugeben ist also kaum möglich. Deshalb hier lieber eine erklärende, »zielsetzende« Beschreibung mit den wichtigsten Tips:

Wildente mit Speckstreifen, Sauerkraut (Rezept Seite 74) und halbseidenen Kartoffelklößen (Rezept Seite 74)

Grundsätzlich sollte ein Schweinebraten **nie weniger** wiegen als ein Kilogramm. Er würde beim Braten sonst leicht zu trocken.
Der **Schwärtelbraten** kommt aus der Keule und bleibt besonders saftig, weil die Schwarte mit der darunterliegenden Fettschicht das Fleisch sehr wirkungsvoll vor direkter Hitzeeinwirkung schützt. Die Schwarte wird mit einem großen, scharfen Messer vor dem Braten quadratisch eingeschnitten – dabei darauf achten, daß wirklich nur die Schwarte und ein Teil des Fettes eingeschnitten wird, auf keinen Fall aber das Fleisch selbst!
Das **Schäufele**, also die Schulter, wird meist mit Knochen (Schaufelform des Schulterblattes!) zubereitet, heute leider immer öfter auch ausgelöst, gerollt und zusammengebunden, mit oder ohne Schwarte.
Das **Nackenstück**, mit viel Fett durchwachsen, ergibt einen relativ billigen, sehr wohlschmeckenden Braten. Hier sollte man kräftiger als sonst würzen, damit das Fett leichter verdaulich wird. Der größte Teil des Fettes brät aber heraus und kann vor dem Servieren von der Sauce abgeschöpft werden.
Zur Würzung: Alle Braten werden vor dem Einschieben in den Ofen mit Salz und Pfeffer eingerieben. Man kann auch gewürztes Salz, also Pastetensalz oder mit Salz vermischte Gewürze, verwenden (Muskat, Muskatblüte, Piment, Koriander, Lorbeerblatt, Basilikum, Thymian, Rosmarin, Salbei, Majoran). Viele fügen nur gemahlenen Kümmel hinzu.
Während des Bratens wird ständig weitergewürzt – indem man das Fleisch begießt mit der aromatischen Flüssigkeit, in der es liegt! Im allgemeinen muß eine Zwiebel mitgebraten werden, Wurzelwerk und Knoblauch(!!) können dazukommen. Dann wird mit Brühe allein oder vermischt mit Bier oder Wein angegossen. Ein Stückchen Lebkuchen (ersatzweise altbackenes dunkles Brot) darf dabei nicht fehlen.
Endlich übergießt man den fast fertigen Braten mit Bier, Wein oder Salzwasser, damit er eine schöne Kruste bekommt – und etwas von dem Aroma aufnimmt.
Das war der Braten – **dazu gibt's Knödel.** Kartoffelknödel im allgemeinen, nur seltener etwas anderes. Auch hier nimmt man heute fast überall fertige Knödelmasse – das erspart Arbeit.
Während man im Norden eher die grünen, rohen Klöße nach thüringisch-sächsischer Art mag, zieht man im Süden solche aus gekochten Kartoffeln vor.
Und die Sauce? Ganz einfach: Man gießt Brühe, Bier oder Wein in den Bräter, aus dem man das Fleisch genommen hat, um es in Folie gewickelt zehn Minuten ruhen zu lassen, damit sich die Säfte verteilen können und nicht herauslaufen. Mit der Flüssigkeit löst man rasch den Satz, kocht die Gemüse noch einmal aus und zerdrückt den Lebkuchen (das Brot) darin. Das durchgeseihte Konzentrat schmeckt man mit Salz, Pfeffer und Zucker (ist bei Biersaucen nötig) ab und serviert es klar oder mit dem durchs Sieb gestrichenen (im Mixer pürierten) Gemüse.
Betrachtet man Knödel nicht als Gemüse-Beilage, sieht es damit in Franken schlecht aus. Nur wenig Gemüse wird überhaupt gegessen, in der Hauptsache ist es dann Kohl. Wie hier das Sauerkraut zur Wildente:

WILDENTE MIT SPECKSTREIFEN UND SAUERKRAUT

(Bild Seite 73)

1 Wildente (küchenfertig gekauft),
Salz, Pfeffer,
125 g magerer, geräucherter Speck in dünnen, möglichst großen Scheiben,
1 EL Öl, 20 g Butter, 2 Äpfel,
2 Zwiebeln, 500 g Sauerkraut,
2 Lorbeerblätter, 2 Nelken,
4 Wacholderbeeren,
1 Schuß Zwetschgenwasser,
⅛ l trockener Weißwein

Die Ente innen und außen salzen und pfeffern, mit Speck belegen und diesen festbinden.
In einem Bräter in Öl und Butter ringsum braun braten. Danach herausnehmen und über der Fettpfanne in den auf 220 Grad vorgeheizten Ofen schieben.
In den Bräter die geviertelten Äpfel und Zwiebeln geben, Sauerkraut zufügen, würzen, Wasser und Zwetschgenwasser angießen. Zehn Minuten aufkochen, die Wildente darauflegen, das herabgetropfte Fett aus der Fettpfanne ans Kraut gießen, alles wieder ins Bratrohr schieben. Nach etwa einer viertel Stunde die Hitzezufuhr abstellen, den Wein zugießen und alles noch 20 Minuten bei geschlossener Tür im Ofen stehen lassen. Die Speckstreifen von der Ente lösen. Auf einer großen Platte das Kraut anrichten, die Ente darauf betten und Zwiebelviertel, Äpfel und Speck darum garnieren.
Beilage: Klöße, Getränk: Wein.

FRÄNKISCHE KLÖSSE

(Bild Seite 71)

6 Semmeln vom Vortag, 60 g Butter,
150 g Mehl, 3 Eier, ⅛ l Milch, Salz,
Pfeffer, gehackte Petersilie

Hans Sachs, Schuhmacher, Meistersinger und wichtigster Repräsentant bürgerlicher Literatur im 16. Jh., beschäftigte sich in einem illustrierten Flugblatt mit der »Tischzucht«. Er wies höchst bildhaft darauf hin, daß man sich gesittet aufzuführen habe. Eine kleine Kostprobe: »Schlag nit die zung auß gleich eim hundt / Zu ecklen, thu nit greyzig schlincken / Unnd wisch den mundt ehe du wilt trincken / Das du nit schmalzig machst den wein / Trinck sittlich unnd nit hust darein«.

Der Heiligblutaltar (1501–1504) in Rothenburg ob der Tauber, von Tilman Riemenschneider, dem Meister der Spätrenaissance

Semmeln in Würfelchen schneiden und in der Butter hellgelb rösten. Aus den restlichen Zutaten einen Teig rühren, die Semmelwürfel untermischen, alles eine Stunde stehen lassen. Mit einem nassen Eßlöffel größere Klöße abstechen, in Salzwasser leise gar ziehen lassen. Das dauert etwa 25–30 Minuten.
Noch besser als Beilage sind allerdings nach Meinung von Hermann Pflaum andere Klöße geeignet, die etwas »klitschig« sein müssen:

HALBSEIDENE KARTOFFELKLÖSSE

(Bild Seite 73)

In Franken bestellt man sie freilich nicht so umständlich, man sagt einfach: Halbseidene. Das hat gar nichts Anrüchiges an sich.

1 kg mehlig kochende Kartoffeln,
250 g Kartoffelmehl, Salz,
Muskatnuß, ½ l heiße Milch,
nach Belieben gehackte Petersilie,
3 Scheiben Toastbrot, 40 g Butter

Die Kartoffeln im Salzwasser in der Schale kochen. Wenn sie zu platzen beginnen, alles Wasser abschütten, eine Serviette auf den Topf legen, darauf den Deckel, und die Kartoffeln auf der abgeschalteten Herdplatte ausdampfen lassen. Heiß schälen, durch eine Presse drücken und sofort mit dem Kartoffelmehl, reichlich Salz und einer guten Prise frisch geriebener Muskatnuß vermischen: Locker mit der Fleischgabel umrühren, bis keine Stärke mehr zu sehen ist. Nach Belieben Petersilie zufügen, und mit heißer Milch rasch und kräftig verarbeiten. Wenn sich aus dem Teig glatte Klöße formen lassen, ist er richtig! Nun mit feuchten Händen Klöße von etwa 100 g (tennisballgroß) formen. Flach drücken und bereits zuvor in Butter angeröstete Toastbrotwürfel in die Mitte setzen. Klöße schließen und rund drehen. In kochendes, leicht gesalzenes Wasser legen. Alle zusam-

Altbürgermeister-Nusch-Pastete (Rezept Seite 76) mit Gurkengemüse (Rezept Seite 78)

Der Christkindlesmarkt von Nürnberg besteht fast 400 Jahre – aber das Spielzeug wird schon seit 700 Jahren an diesem Ort hergestellt und erfreut die Kinder. Mag der Markt auch heutzutage weniger beschaulich wirken als auf diesem Stich aus der Biedermeierzeit: Die weltberühmten Lebkuchen gibt es wie eh und je! Da duftet es dann nach Honig aus dem nahen Reichswald, nach frischem Mehl von den weiten Feldern und nach aus fernen Ländern importierten Gewürzen

Ein Blick in die Werkstatt der Lebküchner oder Lebzelter, wie hier die Honigbäcker heißen. Im Jahre 1699 ging es zwar anders zu als heute, wo nicht Hände, sondern Maschinen den Teig kneten und portionieren. Am Gebäck selbst aber hat sich praktisch nichts geändert. Nur sind wir nicht mehr ganz so wild auf Pfeffer, wie es die früheren Liebhaber des harten Gebäcks (daher »Pfeffernüsse«) wohl waren, sondern würzen mit mehr Aromen und dem feuchten Orangeat und Zitronat

men aufkochen lassen, dann den Topf vom Feuer ziehen und die Klöße noch etwa 20 Minuten ziehen lassen. Wenn sie oben schwimmen, sind sie gar.

★

Etwas ungerecht wäre es aber doch, wollte man den Franken unterstellen, daß sie keinerlei Gemüse mögen. Zur Spargelzeit nämlich wird Spargel in allen Formen verzehrt. Auch Wirsing und Gurken, Lauch und Mohrrüben gehören zum bürgerlichen Repertoire. Vor einer Gurken-Kostprobe aber noch ein paar Worte über Pasteten:
Es fällt schwer, sich heutzutage vorzustellen, welche Bedeutung im ausgehenden Mittelalter, vor allem in der Renaissance, die Pasteten hatten. Liest man in alten Kochbüchern, so kommt man oft aus dem Staunen gar nicht heraus – da wurden ungeheure Gebilde auf die Tafel gebracht, gefüllt mit den leckersten Farcen, die man sich denken konnte, im Innern ganze Schweine, gefüllt mit vielerlei Vögeln. In der großen Küche Frankreichs finden wir noch einen Abglanz davon, aber auch hier in Franken hat sich die Tradition teilweise erhalten: Als Beispiel ein Rezept von Hans Karl Adam, dem Gastronomen, Berufskoch, Autor und leidenschaftlichen Esser aus Rothenburg ob der Tauber:

ALTBÜRGERMEISTER-NUSCH-PASTETE

(Bild Seite 75)

Nusch rettete durch seinen Meistertrunk, 3¼ l Tauberwein ohne abzusetzen aus einem bunt bemalten Glashumpen zu trinken, seine Vaterstadt Rothenburg vor der Zerstörung.

Zutaten (für 4 Personen):
1 Packung Blätterteig,
4 Scheiben Schweinsfilet à 50 g,
4 Scheiben Rindsfilet à 50 g,
4 Scheiben Kalbsfilet à 50 g,
10 g Butter, 8 EL Zwiebelwürfel,
2 EL Petersilie, gehackt,
200 g frische Champignons, Salz,
Muskat, weißer Pfeffer, Koriander

Der Stolz von Nürnberg, seine Lebkuchen. Rechts im Teller die weltberühmten Elisenlebkuchen, links »Nürnberger«. Dazu trinkt man Punsch, auch Kaffee und, so erstaunlich es klingen mag: Bier. Warum auch nicht? Schließlich werden Biersaucen mit geriebenem Lebkuchen gebunden!

Nürnberger und Elisenlebkuchen (Rezepte Seite 78)

Fränkische Schneeballen (Rezept rechts unten)

Das »Mühlreisighaus«, ein alter Hopfenspeicher bei Spalt, woher seit Jahrhunderten der begehrteste Hopfen kommt

Zubereitung: Aufgetauten Blätterteig messerrückendick ausrollen und 8 runde Scheiben, Durchmesser 10 cm, ausrollen. 8 Streifen, 1 cm breit und 10 cm lang, schneiden und runde Plätzchen mit 4 cm Durchmesser ausstechen.
In heißer Butter die Zwiebelwürfel, Petersilie und gehackte Champignons andünsten, würzen und auskühlen lassen. Auf jede Teigscheibe (10 cm Durchmesser), deren Rand mit aufgeschlagenem Ei bestrichen ist, je eine Scheibe gewürztes Schweins-, Rinds- und Kalbsfilet legen, dazwischen die Champignonmasse streichen.
Über dieses Fleischtürmchen die zweite Teigscheibe decken, vorsichtig bis zum eibestrichenen Rand ziehen und dort festdrücken, damit der Saft beim Backen nicht weglaufen kann. Diese Kuppel mit aufgeschlagenem Ei bestreichen. Je 2 Teigstreifen über Kreuz darüberlegen, mit Ei bestreichen und oben als Abschluß den Deckel von 4 cm Durchmesser darauf legen und ebenfalls mit Ei bestreichen. Die Pasteten auf einem Backblech in der heißen Backröhre ca. 15 Minuten bei 250° backen. Dann den Deckel der Pastete abnehmen, ein Loch in die Pastete stechen mit einem kleinen Küchenmesser und etwas Madeira einträufeln. Deckel wieder locker darauf setzen.
Als Beilage empfiehlt Hans Karl Adam Spargelgemüse oder Edelpilze, doch kann man sich, der Jahreszeit gemäß, ebenfalls dies hier sehr gut vorstellen:

GURKENGEMÜSE

(Bild Seite 75)

1 Gurke von 800 g
(am besten Gemüsegurke, doch sind auch Salatgurken geeignet),
40 g Butter,
3–4 EL konzentrierte Fleischbrühe
oder Fond, Salz, Pfeffer,
etwas Zitronensaft,
Kräuter nach Belieben

Die Gurke schälen, längs halbieren und die Kerne mit der glibberigen, sie umgebenden Masse herausschaben. In dicke Scheiben oder zu olivenförmigen Ovalen schneiden, in der schäumenden Butter bei sehr milder Hitze andünsten, dann Fleischbrühe zugeben und offen gar köcheln lassen – die Gurken sollen aber einen leichten Biß behalten! Abschmekken und mit den Kräutern bestreut servieren.

NÜRNBERGER LEBKUCHEN

(Bild Seite 77, links)

Da es sich nicht lohnt, Lebkuchen in kleiner Menge herzustellen, hier ein Rezept für etwa 35 Stück. Die Lebkuchen lassen sich luftdicht verschlossen (am besten in einer Blechdose) an kühlem Ort etliche Wochen aufbewahren.

300 g Zucker, 6 Eier,
50 g Zitronat, 50 g Orangeat,
125 g gehackte Mandeln, 600 g Mehl,
1 guter EL Lebkuchengewürz,
1 Päckchen Backpulver,
1 Schachtel Oblaten
(6 cm Durchmesser),
200 g Puderzucker, 1 Zitrone (Saft)

Zucker und Eier schaumig rühren, dann Mandeln, Gewürze, Mehl und Backpulver zufügen und sehr intensiv untermischen. Die Oblaten auf Backblechen auslegen und einen Eßlöffel der Lebkuchenmasse auf jede Oblate setzen. Drei Stunden stehenlassen, danach bei etwa 180 Grad eine gute halbe Stunde backen. Herausnehmen, abkühlen lassen, dann mit einem Guß aus Zucker und Zitronensaft überziehen.
Dazu trinkt man in Nürnberg gern einen Johannisbeerpunsch, wobei bemerkenswert ist, daß diese Lebkuchen keineswegs Weihnachtsgebäck sind – denn dazu fehlt der charakteristische Honig!
Johannisbeerpunsch: Einen halben Liter Johannisbeersaft mit einem halben Liter nicht zu süßen Rotwein erhitzen. Zwei Gewürznelken, fünf Pimentkörner, eine Stange Zimt und die fein abgeschnittene Schale einer unbehandelten (oder doppelt abgebrühten) Orange zehn Minuten darin ziehen lassen. Abseihen.

ELISENLEBKUCHEN

(Bild Seite 77, rechts)

Sie sind berühmt und inzwischen zu jeder Jahreszeit erhältlich. Man kann sie auch selber machen:

300 g Honig, 100 g Zucker, 4 Eier,
350 g gemahlene Mandeln,
je 50 g gehacktes Zitronat
und Orangeat,
1 Zitrone (fein abgeriebene Schale
und Saft), 3 EL Rum oder Arrak,
1 Päckchen Lebkuchengewürz
(oder je 1 Prise Zimtpulver, Piment,
Nelken, Muskatblüte und Koriander),
1 Päckchen Backpulver,
etwa 600–650 g Mehl,
1 Packung rechteckige Oblaten,
½ Orange (Saft), 150 g Puderzucker

7. Dezember 1835: Die erste deutsche Eisenbahn fährt von Nürnberg nach Fürth. Ein Zeitgenosse berichtet: »Ein dumpfes, heiseres Gebrüll läßt sich vernehmen, lange und immer längere Linien zieht der Rauch über die Baumwipfel; es sind die Atemzüge der Lokomotive, die, vor den menschengefüllten Wagen gespannt, dahinbraust.« Aufregend war das damals – ein neues Zeitalter brach an

Honig und Zucker erhitzen, auflösen und abkühlen lassen. Dann die Eier sowie die Würzzutaten und das mit dem Mehl zusammen gesiebte Backpulver druntermischen. Sehr gut durchkneten. Einen Tag ruhen lassen, danach einen Zentimeter dick ausrollen, in Größe der Oblaten schneiden und darauflegen. Die Reste ebenso verarbeiten. Die großen Lebkuchen nun in beliebiger Weise achteln oder auch rund zuschneiden. Bei 200 Grad etwa 20 Minuten backen.

Noch lauwarm mit einem Guß aus Orangensaft und Puderzucker sehr dünn überziehen – nach Belieben auch mit geschälten Mandeln schmücken.

Anmerkung: Obwohl das Rezept einen so eindeutig festgelegten Charakter zu haben scheint, gibt es unzählige Varianten. Das kommt so: »Elisen-Lebkuchen«, benannt wahrscheinlich nach der heiligen Elisabeth, der Schutzpatronin von Bäckern und Lebküchnern, müssen nach gesetzlicher Vorschrift 25% Mandel- oder Nußanteil aufweisen – und in deren Auswahl oder Mischung ist jeder Lebzelter frei. Wundern Sie sich also nicht, wenn Sie den gewohnten Geschmack abgewandelt wiederfinden …

FRÄNKISCHE SCHNEEBALLEN

(Bild links oben)

Diese Schneeballen sind ein Festgebäck, das bei keiner Kirchweih und keiner Hochzeit auf dem Lande fehlen darf. Daher auch die relativ großen Mengen – für zwei Personen lohnt es sich kaum, mit der Arbeit anzufangen. Übrigens buk man sie früher unbedingt in Schweineschmalz, heute zieht man Butterschmalz oder spezielles Fritierfett vor. Würziger, kerniger schmecken sie allemal, wenn man sie nach traditioneller Art ausbäckt!

5 Eier, ⅛ l Sahne,
60 ml Kirsch- oder Zwetschgenwasser,
150 g Zucker, 140 g Butter,
gut 1 kg Mehl,
etwa 1,5 kg Fett zum Ausbacken,
Puderzucker zum Bestäuben

Eier und Zucker schaumig rühren, Sahne und Obstwasser untermischen, dann die zimmerwarme, fast zerlaufene Butter und schließlich das Mehl einarbeiten. Es muß ein glatter Knetteig entstehen.

Davon Stücke abnehmen und zu knapp tennisballgroßen Kugeln rollen. Diese Bälle auf bemehlter Unterlage zu recht großen, dafür jedoch hauchdünnen, kreisrunden Platten ausrollen. Mit dem Backrädchen im Inneren der Platten etwa 1 cm breite Streifen schneiden – der Rand muß unversehrt bleiben. Jeden zweiten Streifen in der Mitte hochziehen und über den Zeigefinger der anderen Hand schieben. Hat man nun über die ganze Breite jeden zweiten Streifen erfaßt, das gesamte Gebilde hochheben und die erfaßten Streifen sehr locker zusammennehmen. Vorsichtig in eine Siebform (oder Reiskugel bzw. Gitterkelle – gibt's in guten Haushaltsgeschäften, auch für Kartoffelnester geeignet) legen und in heißem Fett etwa drei Minuten hellgolden backen. Zu dunkel schmecken sie nicht mehr gut!

Herausheben, auf Küchenpapier abtropfen und entfetten, dann mit reichlich Puderzucker bestäuben. Man kann die Schneeballen, luftig verpackt, einige Tage aufheben. Am besten schmecken sie aber, wenn man sie sozusagen frisch aus der Fritüre ißt!

Dazu trinkt man Kaffee, jedoch schwört so mancher fränkische Mann, daß Schneeballen ohne ein kühles, frisches Bier nur eine halbe Sache seien.

Quittenäpfel mit Honig (Rezept unten)

Äpfel und Rosinen mit Quittengelee in Wein gekocht: ein aromatisch-süßes Dessert

QUITTENÄPFEL MIT HONIG

(Bild oben)

6 EL Quittengelee, 3 EL Honig,
6 EL Rosinen, ⅛ l süßer Weißwein,
4 große Äpfel, ½ Zitrone (Saft)

Quittengelee mit Honig, Rosinen und Weißwein erhitzen, Gelee und Honig unter Rühren auflösen. Äpfel schälen, vierteln oder achteln, vom Kerngehäuse befreien und mit Zitronensaft beträufeln. Fünf Minuten im Honigsud kochen, dann darin abkühlen lassen. In Schalen oder Gläser verteilen. Mit Schlagsahne servieren, die kräftig mit Vanillezucker aromatisiert wurde.

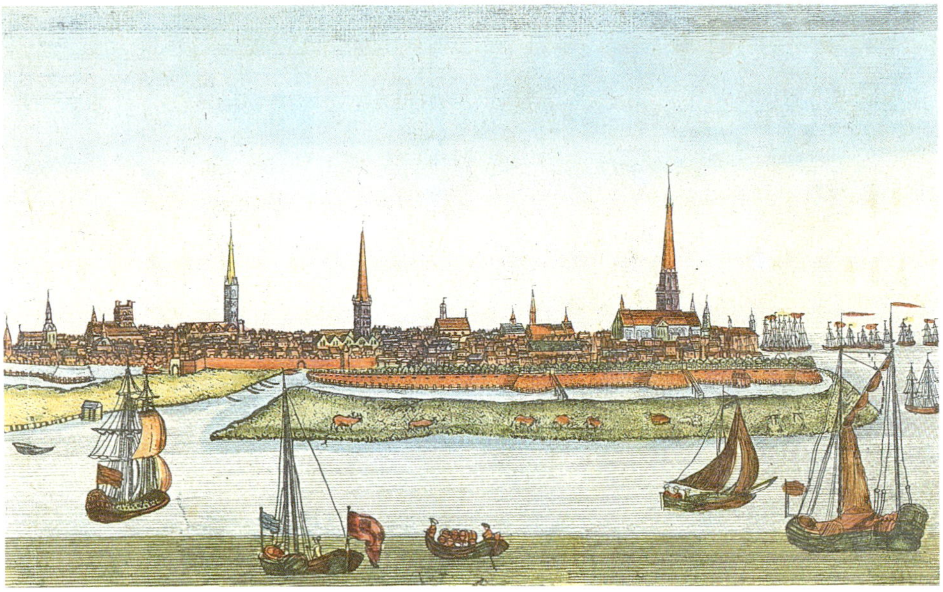

Hamburg im 18. Jahrhundert, ein Guckkastenbild aus Paris. Die eng aneinandergebaute, türmereiche Stadt ist von wehrhaften Befestigungen umgeben, die den Reichtum der handeltreibenden Bürger zu verteidigen hatten. Mit Erfolg, wie die Geschichte beweist. Trotz Zerstörung durch Brand (1842) und Bomben (1943 und später) strahlt die Hansestadt heute ein unverwechselbares Flair angenehmer Wohlhabenheit aus. Elbe, Hafen, Schiffe: ihre Bedeutung für Hamburg hat sich bis in unsere Tage nicht geändert. All das hat eine Küche geprägt, die ihresgleichen sucht – eine weltoffene Bürgerküche

An Alster und Elbe speiste man großbürgerlich

Die große, reiche und internationale Küche der Hansestadt Hamburg: Kochkunst mit Tradition, mit Rezepten, die heute nur wenig modernisiert werden müssen ...

»Hamburg ist die beste Republik«, schreibt Heinrich Heine in seinen *Memoiren des Herren von Schnabelewopski* und fährt fort: »Seine Sitten sind englisch und sein Essen ist himmlisch ...« Wie er anschließend den Stellenwert des Essens in Hamburg definiert, das hat dann allerdings sehr ironische, ätzende Töne, ist aber durchaus amüsant zu lesen. Wissen allerdings muß man, daß Heine in Hamburg nicht nur mit herrlichen Mädchen eine herrliche Zeit verbrachte, sondern auch eine weit weniger glückliche Rolle als Geschäftsmann spielte, der Pleite machte. Ein Auszug:

»Die Hamburger sind gute Leute und essen gut. Über Religion, Politik und Wissenschaften sind ihre respektiven Meinungen sehr verschieden, aber in betreff des Essens, da herrscht das schönste Einverständnis. Mögen die christlichen Theologen dort noch so sehr streiten über die Bedeutung des Abendmahls; über die Bedeutung des Mittagmahls sind sie ganz einig ... Die Advokaten, die Bratenwender der Gesetze, die so lange die Gesetze wenden und anwenden, bis ein Braten für sie dabei abfällt, diese mögen noch so sehr streiten: ob die Gerichte öffentlich sein sollen oder nicht; darüber sind sie einig, daß alle Gerichte gut sein müssen, und jeder von ihnen hat sein Leibgericht ... Die Ärzte, die in der Behandlung der Krankheiten so sehr uneinig sind und die dortige Nationalkrankheit (nämlich Magenbeschwerden) als Brownianer durch noch größere Portionen von Rauchfleisch, oder als Homöopathen durch 1/10000 Tropfen Absinth in einer großen Kumpe Mockturtelsuppe zu kurieren pflegen, diese Ärzte sind ganz einig, wenn von dem Geschmacke der Suppe und des Rauchfleisches selbst die Rede ist. Hamburg ist die Vaterstadt des Rauchfleischs ... (und) sogar unsere eifrigsten Jesuiten sind eingeständig, daß das Rauchfleisch eine gute, für den Menschen heilsame Erfindung ist.«

In diesem um 1828 geschriebenen Text finden sich so manche Dinge, die auch späterhin, teilweise bis heute, für die Hamburger Küche typisch sind. Nicht nur das Rauchfleisch. So hat auch heute noch das Mittagsmahl die allergrößte Bedeutung, wenn man von den geplagten Berufstätigen absieht. Aber anders als in vielen südlichen Gegenden Deutschlands geht man lieber mittags groß essen als abends. Und so sind uns in den Kochbüchern des 19. Jahrhunderts auch mehr Mittagsmenüs als Speisenfolgen für Abendtafeln hinterlassen. Schaut man sich nun diese Küchenzettel an, so glaubt man Heine gern, daß Magenbeschwerden in Hamburg an der Tagesordnung waren! Hielt man doch in einem gut geführten, normal-bürgerlichen Haushalt zwölf Gänge (allerdings Suppe und Dessert eingerechnet) für unbedingt angebracht. Und gab es in einem feinen Haushalt ein besonderes Ereignis, etwa eine Taufe oder eine Konfirmation, zu feiern, so sah die Speisenfolge beinahe verschwenderisch aus. Ein Beispiel aus dem illustrierten Hamburger Kochbuch von Louise Richter und Sophie Charlotte Hommer, 5. Auflage von 1879, mag dies im übertragenen Sinne des Wortes illustrieren:

»Suppe: Mock-Turtle-Suppe.
1.Gang: Kalbsmilchragout in Coquillenschalen, Hand-Pastetchen und Rare-bit mit geröstetem Brod.
2.Gang: Klopffleisch mit Orangen- und Trüffel-Sauce nebst vier feinen Gemüsen.
3.Gang: Dorsche oder Sandarten mit Austern-Sauce.
4.Gang: Rehrücken mit Morcheln-Sauce und gebratenen Kartofffeln.
5.Gang: Puter in Aspic.

Das bürgerliche Mittagessen fand in Hamburg, gemäß englischer Sitte, am späten Nachmittag statt. Nach dem Frühstück verschwand das Familienoberhaupt im Kontor und konnte nicht mehr eben schnell zu Mittag nach Hause, denn die Stadt war bereits beträchtlich gewachsen: 40000 Einwohner um 1600, 1811 schon 132000! Man aß nach getaner Arbeit und begann fast immer mit einer Suppe, etwa einer Mockturtle (links im Bild). Die weltberühmte Aalsuppe dagegen stellte für sich bereits ein volles Essen dar (rechts im Bild) – man kann sie deshalb ebensogut als Hauptgericht reichen

6. Gang: Forellen mit Spanischer oder Citronen-Sauce.
7. Gang: Hühner-Pastete mit Krebs-Sauce.
8. Gang: Makrelen, kalt, mit Mayonaisen-Sauce.
9. Gang: Farcirte Fasanen mit Trüffel-Sauce.
10. Gang: Hummer-Salat.
11. Gang: Wildschweins-Kopf.
12. Gang: Aepfel im Schlafrock.
13. Gang: Krammetsvögel oder Schnepfen.
14. Gang: Vol aux vents mit Froschkeulen und Champignons.
15. Gang: Nudelberg mit Vanille-Crème.
16. Gang: Gefüllte Spanferkel mit Krabben-Sauce und Rothkohl.
17. Gang: Butter und Käse.
18. Gang: Rehkeule, Rebhühner oder Enten mit verschiedenen Gelées und Kompot von Apfelsinen, Birnen, Quitten, Mandeln, Weintrauben und Melonen, sowie von Eingemachtem.
19. Gang: Eistorte.
20. Gang: Vanille-Brödchen mit Crème gefüllt.
21. Gang: Rheinwein-Gelée und gestürzter Crème von Schlag-Sahne.
22. Gang: Wiener Torte und Makronen.
23. Gang: Himbeer-Eis. Dessert. Früchte.«

Nun, wer eine solche Orgie heil überstehen kann, hat wahrhaftig einen guten Magen! Immerhin aber gibt dieses Menü eine ganze Menge Anhaltspunkte zur Hamburger Küche. So zeigen sich die internationalen Einflüsse, zum Beispiel die englischen (Mock-Turtle, Rare-bit) und französischen (Vol aux vents) Anleihen; jedoch auch die verschiedenen Arten, Speisen nach gut deutscher Manier zusammenzustellen – etwa »Spanferkel mit Krabben-Sauce und Rothkohl«. In den folgenden Rezepten werden derlei Tendenzen immer wieder spürbar sein. Denn die Hamburger Küche hat sich tatsächlich niemals schwergetan, ein Gericht auf den Tisch zu bringen, dessen Heimat andere Gegenden gewesen sind. Diese Weltoffenheit kennzeichnet, neben einem gewissen Hang, auch beim Auftafeln seinen Reichtum zu demonstrieren, die traditionelle Kochkunst an der Elbe und läßt sich heute noch immer spüren: Hamburg kocht eben auf! Sehr reich, in etwas aufdringlich-falscher Weise protzig, ist vielleicht das Hamburger »Nationalgericht«, die Aalsuppe. Denn wer wollte im Ernst leugnen, daß es ein wenig pervers ist, eine absolut normale (allerdings vorzügliche) Gemüsesuppe mit guter Fleischbrühe und (meist) einem Schinkenknochen zu bereiten und dann einen fetten, stark schmeckenden Fisch darin zu kochen?

Falsche Schildkrötensuppe (Mockturtle) und Aalsuppe (Rezepte Seite 82)

Einst war Hamburg durchzogen von vielen Fleets, wie die Kanäle zwischen den Häusern heißen. Gegen Ende des 19. Jahrhunderts wurden sie, nach einer Cholera-Epidemie, zum größten Teil zugeschüttet. Hier der Wandrahmsfleet (Postkarte) mit alten Häusern; die auch den großen Brand von 1842 überstanden haben, bei dem in drei Tagen ein Drittel der Stadt in den Flammen aufging

Apfelsinen-Kaltschale (Rezept Seite 89)

Das nachfolgende alte Rezept geht dieser kulinarischen Peinlichkeit aus dem Wege und kocht die Aale getrennt. Doch ist auch dann das Ergebnis, abgerundet durch Birnen, eine eindeutig norddeutsche Affäre (die natürlich nicht überall goutiert wird). Im Grunde aber wird die Suppe wie angegeben bereitet – allerdings zu Unrecht: Ursprünglich gehörte wohl gar kein Aal hinein! Aal steht nämlich aller Wahrscheinlichkeit nach für »all«, alles, was niederdeutsch durchaus mal verwechselt werden kann. Und so ist in vielen Rezepten tatsächlich »alles« drin – alles Gemüse nämlich. Oder alles, was man in Hamburg mag?
Wie steht's bei Richter/Hommer damit?

AALSUPPE

(Bild Seite 81, rechts)

Von 6 Pfund Rindfleisch kocht man eine gehörige Portion Suppe, gießt sie, sobald das Fleisch gar ist, durch ein Haarsieb und bringt sie wieder in's Kochen, nachdem man einige, in Würfelchen geschnittene Mohrrüben und Petersilienwurzeln, einen Teller voll ausgepahlte Schoten und etwas zusammengebundenes Suppenkraut, welches nachher wieder herausgenommen wird, hinzugefügt hat. Ist Alles gar, so bereitet man von einem Löffel voll Mehl und etwas Butter eine weiße Mehlschwitze, rührt sie nebst etwas feingehackter Petersilie, Thymian, Majoran und Salvei zur Suppe, gießt eine Tasse Weinessig hinzu und läßt das Ganze zusammen eine Viertelstunde kochen, worauf die Suppe mit einigen Eidottern abgerührt wird. Zu gleicher Zeit hat man eine beliebige Portion Aale nach Angabe gereinigt, in Stücke geschnitten und mit halb Essig und halb Wasser zu Feuer gebracht. Ist der Schaum davon genommen, so thut man einige Zwiebeln, Pfeffer, Nelken, Salvei und Salz hinzu, kocht die Aale gar und läßt sie noch eine Weile in dieser Brühe stehen; dann werden sie in die Suppenschale gelegt und mit der fertigen Suppe, einigen in Wein und Zukker gekochten Birnen und einer verhältnismäßigen Menge, in Wasser gekochter Schwemmklöße (Rezept Seite 104) serviert.

Tip: Grundsätzlich können Sie jede ein wenig sauer gewürzte Gemüsesuppe nehmen, mit mehr Kräutern abschmecken (was die Suppe recht scharf macht, so daß man ins Schwitzen kommt – die Herren durften bei Aalsuppe sogar ihren Bratenrock ablegen!), getrocknete Pflaumen und Äpfel zufügen oder – schließlich – den Aal weglassen: dann wird es eine verlorene Aalsuppe.

Die Orangen-Kaltschale kann dreierlei sein: Süßer Auftakt eines Menüs, leichtes Sommeressen oder fruchtig-frisches Dessert mit Gebäck

Doch nun zu der bereits mehrfach angesprochenen Mockturtle-Suppe, in der auch das von Heine erwähnte Rauchfleisch verwendet wird (Brownianer nennt Heine im übrigen abschätzig die Anhänger Thomas Brownes, des englischen Philosophen, der im 17. Jahrhundert ein freidenkerisch-materialistisches Weltbild entworfen hatte).

MOCKTURTLE-SUPPE

(Bild Seite 81, links)

Die Suppe war einst außerordentlich beliebt und tauchte unter der Bezeichnung »falsche Schildkrötensuppe« (von englisch »to mock«, »so tun als ob« und »turtle«, »Schildkröte«) auf Speisekarten auf.

500 g mageres Rindfleisch,
ca. 200 g Rauchfleisch (roher Schinken),
40 g Butter, 20 g Mehl, 2 Zwiebeln,
1½ l gute Fleischbrühe, 2 Gewürznelken,
5 schwarze Pfefferkörner,
1 TL Basilikum (getrocknetes),
½ Lorbeerblatt, 200 g Kalbskopf,
1–2 Glas Madeira, Salz

Wurzel-Pudding mit Schweine-Herzschlag (Rezepte Seite 86)

Bereits im 13. Jahrhundert wurde oberhalb des damals kleinen Stadtkerns die Alster aufgestaut. 1665 wurde der Damm erhöht und in eine Promenade mit zwei Baumreihen verwandelt. Weil hier junge Mädchen lustwandelten, hatte der Anlegeplatz rasch seinen jetzt weltberühmten Namen weg: Jungfernstieg. Dort gab sich und gibt sich das elegante Hamburg ein Stelldichein, sitzt man im Café und betrachtet, wie einst Heinrich Heine, Mädchen und Schwäne, genießt die heitere Nachmittagssonne und – heute – das Weiß der Segelboote auf der Binnenalster

Butfeld'sche Rübchen (Rezept Seite 88)

Rind- und Rauchfleisch in Würfel schneiden und in der Butter goldbraun braten. Mehl und gehackte Zwiebeln zufügen und alles unter beständigem Umrühren sattbraun werden lassen. Mit Fleischbrühe aufgießen und würzen. Vier Stunden leise köcheln lassen. Vor dem Servieren durchseihen (am besten ein feines Tuch nehmen). Kleingewürfelten Kalbskopf einlegen, mit Madeira und Salz abschmecken (Vorsicht, wenn die Brühe salzig ist!).

Tip: Man kann das Rindfleisch in der Suppe servieren und auf den Kalbskopf verzichten. Eventuell die 20 g Mehl weglassen, aber dessen Röst-Geschmack ist charakteristisch, wenn auch nicht unbedingt gesund und ein wenig unmodern.

★

Oberes Bild: Wurzelpudding mit Herzschlag – ins Hochdeutsche übersetzt: Möhrenauflauf mit Innereien vom Schwein

Links: Rüben in Sahnesauce – die besten kamen vom immer feuchten Butfeld

Steinbutt mit Sauerampfersauce (Rezept unten)

Ein königlicher Fisch für die bürgerliche Mittagstafel: Steinbutt mit Sauerampfersauce

Ansonsten jedoch muß man der Hamburger Küche ein ganz großes Kompliment machen: Nur selten sind die Gerichte überlastet mit unnötigen Kalorien, mit aufwendigem Firlefanz. Sogar die aus der französischen Küche, der klassischen, stammenden Rezepturen sind wesentlich einfacher gehalten als in ihrem Ursprungsland. Die Erklärung: der Hang zu englischer Schlichtheit! Und von dort kommt denn auch das einzige Übel der Hamburger Küche, die überlangen Garzeiten. In den folgenden Rezepten wurden sie deshalb auf das heute übliche Maß zurückgesetzt, so daß Steinbutt noch nach Steinbutt und Erbsen noch nach Erbsen schmecken, ohne zu zermatschen oder zu zerkrümeln.

STEINBUTT MIT SAUERAMPFERSAUCE

(Bild oben)

1 schöner Steinbutt von etwa 1,2 kg,
Meersalz, 100 g Sauerampfer,
40 g Butter, ⅛ l Crème fraîche,
1 Schuß trockener Weißwein,
Pfeffer, 1 Prise Zucker

Den Steinbutt ausnehmen, auswaschen und starke »Steine«, die Buckel, von der Haut abschneiden. In eine entsprechende Form oder einen speziellen Topf legen, sehr stark salzen und mit kaltem Wasser bedecken. Auf dem Herd zum Kochen bringen, dann in den 200 Grad heißen Ofen schieben und zugedeckt (Alufolie) 20 Minuten ziehen lassen. Unterdessen den Sauerampfer für die Sauce in Streifen schneiden. Die Hälfte in der Butter andünsten, pürieren. Mit Crème fraîche und Wein dicklich kochen, würzen und den Rest der Sauerampferstreifen unterziehen – nicht mehr kochen, sondern sofort mit dem gehäuteten Steinbutt servieren.

GESCHMORTER LACHS

(Bild oben rechts, für 6–8 Personen)

250 g frische (oder 25 g getrocknete)
Morcheln, 250 g kleine frische Champignons,
250 g kleine Schalotten oder
Frühlingszwiebeln, 60 g Butter,
1 Lachs von ca. 1,5 kg, ¼ l Fleischbrühe,
$^1/_{10}$ l trockener Weißwein,
½ unbehandelte Zitrone, 2 Sardellen,
Pfeffer, Salz, ¼ l Crème fraîche,
2 Eigelb, Kräuter

In einer passenden Form die Morcheln (Trockenpilze einweichen), die Champignons und

Bereits im 16. Jahrhundert wurde Hamburg zum wichtigsten Hafen Deutschlands. Im 19. Jahrhundert brachte die Industrialisierung weiteren Aufschwung. Heute wird hier über ein Drittel der deutschen Seefracht umgeschlagen: 40 Millionen Tonnen

Geschmorter Lachs (Rezept unten)

Schalotten in Butter andünsten. Den in große Stücke geschnittenen Lachs darauflegen, mit der Fleischbrühe und Wein angießen, mit Zitronenscheiben, gehackten Sardellen, Pfeffer und Salz würzen. Zudecken und alles 30 Minuten bei 180 Grad im Ofen ziehen lassen. Dann die Flüssigkeit abgießen und auf die Hälfte einkochen. Den Fisch wieder in den Ofen stellen. Sauce mit Crème fraîche und Eigelb binden, mit Kräutern nach Wahl abschmecken. Als Beilage Dampfkartoffeln.

★

Nicht alle Fischgerichte waren so aufwendig. Die **Scholle** beispielsweise, lebendfrisch eine Delikatesse, wurde einfach gebraten (früher selten mit Speck!), wohl auch einmal paniert. **Makrelen** kochte man in Salzwasser mit etwas Kümmel oder Fenchel in zehn bis zwölf Minuten leise gar. Dann servierte man sie mit brauner Butter und Petersilie oder Senf und reichte Bratkartoffeln dazu. Kalt schmeckt sie besser, wenn man dem Sud noch gehackte Gemüse und einen Schuß Essig zufügt. Mit Mayonnaise servieren.

Geschmorter Lachs mit Pilzen und Gemüse zeigt die Vorliebe der Hamburger für prunkvolle Anrichtung und eindrucksvolle Platten. Entgegen landläufiger Meinung wurden früher in Hamburg mehr Süßwasserfische als Meeresfische gegessen – schließlich liegt die Stadt 110 km oberhalb der Elbemündung. Störe und Krebse brauchten Dienstboten laut Vertrag nur zweimal je Woche zu essen – welch goldene Zeiten! Den Caviar aus den Stören reservierten die reichen Bürger allerdings für ihre eigene Tafel

Schließlich spielten aber Krusten- sowie Schalentiere eine überragende Rolle auf Hamburgs Tafeln. **Austern** genoß man vorzugsweise als edles Gabelfrühstück, jedoch bereitete man sie ebensogern mit Sauerkraut, was ganz vorzüglich schmeckt (Austern öffnen, Sauerkraut mit dem durchgeseihten Saft zubereiten und die ausgelösten Austern im Kraut warm werden lassen!). Und Krebse, Nordseegarnelen, Scampi, Krabben schätzt man mit Gemüse wie mit Fleisch:

KREBSE (KRABBEN) MIT ERBSEN

(Bild Seite 88)

1 kg Erbsen (Schoten), 40 g Butter,
1 TL Zucker, Pfeffer, Salz,
Petersilie oder Kerbel,
ca. 250 g Krebsschwänze oder
Nordseekrabben

Die Erbsen palen und sortieren. Nur die zarten verwenden und mit Zucker, Pfeffer und Salz zugedeckt bei milder Hitze knapp zehn Minuten dünsten. Danach die gehackten Kräuter und die kurz in Salzwasser gegarten Krebsschwänze (drei Minuten) oder Krabben (eine Minute) zufügen.

GROSSES HÜHNER-FRIKASSEE

(Bild Seite 89, für 6 Personen)

1 schönes Brathähnchen, 250 g Kalbfleisch,
250 g Kalbsmilch (Schweser, Bries),
1–2 l Fleischbrühe,
12 Krebsschwänze oder Nordseekrabben
(Garnelen), 200 g Fischfilet, 1 Eiweiß,
Salz, Pfeffer, 250 g frische Champignons,
80 g Butter, ½ Zitrone, ¼ l süße Sahne,
4 Eigelb, ⅒ l trockener Weißwein,
eine große Blätterteig-Pastete (fertig gekauft)
oder 12 kleine

Hähnchen, Kalbfleisch und Bries in der Fleischbrühe langsam weich sieden. Etwas abkühlen lassen, das Fleisch sauber auslösen und in mundgerechte Stücke schneiden. Krebsschwänze oder die Garnelen kurz kochen. Fischfilets pürieren und mit Eiweiß, Salz und Pfeffer aufschlagen – kleine Nocken abstechen und in Salzwasser pochieren. Champignons in 40 g Butter andünsten, mit Zitronensaft würzen. Die Hälfte der Fleischbrühe mit der Sahne auf die Hälfte einkochen. Mit Eigelb legieren, mit einem Schuß Wein und den noch nötigen, bereits erwähnten Würzen abschmecken. Die festen Bestandteile einrühren und alles in Pasteten servieren. Dazu paßt ein trockener Weißwein.

★

Die Hamburger hatten aber stets eine deutliche Vorliebe für Fleisch – wie die Engländer. Am liebsten aß und ißt man ein saftiges Stück Fleisch, das auf keinen Fall durchgebraten sein darf – eher schon blutig wirken muß. Auch die heute geschmähten Innereien erfreuten sich vor 100 Jahren noch großer Wertschätzung.

Die berühmte Lieblingsspeise der Männer ist, nach der bereits erwähnten Hommer, das Beefsteak: Einfach zu bereiten, gelinge es aber gleichwohl nicht immer nach Wunsch! Man müsse gutes Fleisch kaufen (Filet oder Kugel), welches abgehangen sei, es sorgfältig vorbereiten, klopfen, wohl auch am Vortag mit zerlassener Butter imprägnieren, schließlich bei guter Hitze in siedender Butter bra-

Das Beefsteak ist eine praktische Sache: Schnell gebraten und schmeckt eigentlich jedem. Noch vor hundert Jahren, als einerseits die Qualität des Fleisches noch nicht in Zweifel gezogen werden mußte, andererseits sich nur die absolute Oberschicht täglich Fleisch leisten konnte, bedeutete das Beefsteak, importiert aus Amerika, eine angenehme Bereicherung des Speisezettels

ten. ... Alles wie heute! Den Bratensatz löst Sophie mit einem »Zuschuß Bouillon oder Wasser. Man richtet die Beefsteaks in der Sauce an, garniert sie mit gebratenen oder in Salzwasser gekochten Kartoffeln, darf aber ja den Senf nicht vergessen und schlägt auch wohl ein Ei zu dem Beefsteak in die Pfanne.« Dazu paßt, wie auf der Abbildung zu sehen, ein **Schnittlauchsalat.** Es wird kleingeschnittener Schnittlauch lediglich mit Pfeffer, Salz, etwas Zucker, Essig und Öl sehr rasch angemacht.

GANS IN GALLERTE

(Bild rechts)

Hierzu wird eine schöne Gans vorbereitet, gebunden und in einen passenden Topf gelegt. Einen halben Liter Weißweinessig angießen und mit Wasser auffüllen, bis das Tier bedeckt ist. Zwei gespaltene Kalbsfüße danebenlegen, mit Nelken, Pfeffer, Lorbeer, getrockneten Kräutern, Wurzelwerk sowie Salz würzen. Drei Stunden zugedeckt köcheln lassen. Die Gans herausnehmen und in eine schöne, passende, mit Gelee ausgegossene Form legen. Das Aspik mit etwas Wein aromatisieren und die Gelierfähigkeit prüfen (auf einem kalten Teller). Sehr würzig abschmecken. Abgekühlt mit einem Eiweiß verquirlen, aufkochen, abschäumen und durch ein Tuch filtern. Die Gans mit Zitronenscheiben und Lorbeerblättern garnieren und sie mit dem abgekühlten Sud bedecken. Gelieren lassen und zum Servieren stürzen.

★

Von den Innereien ist besonders die Leber geschätzt – eine sehr interessante Zubereitung sind die Hamburger **Leberfrikadellen**, die wie normale Buletten zubereitet werden, doch nimmt man an Stelle von Hackfleisch gehackte Leber und würzt mit Majoran. Dazu gibt es einen mit Sahne angemachten Kopfsalat.

Ganz vergessen ist der

SCHWEINE-HERZSCHLAG

(Bild Seite 83, oben)

Je 300 g Leber, Nieren und Herz vom Schwein, 1 Schweinenetz, Pfeffer, Salz, 40 g Butter

Die Innereien säubern und in je vier Stücke schneiden. Jeweils ein Stück der verschiedenen Sorten zusammen in ein Stück Schweinenetz hüllen und würzen. In der Butter braun, aber nicht zu durch braten. Dazu diese Möhrenspezialität:

WURZEL-PUDDING

(Bild Seite 83, oben)

500 g Möhren schaben und auspressen. Die Raspeln mit ½ l Milch 15 Minuten kochen. Abgekühlt mit 6 Eigelb, 125 g geriebenem Toastbrot, 60 g Butter, 2 EL Zucker, 1 Prise Zimt, Salz und Pfeffer vermischen, schließlich 6 steifgeschlagene Eiweiß unterziehen. In

Gans in Gallerte, also kalte Gans in Aspik, ein herrliches Sommergericht

Gans in Gallerte (Rezept links oben)

Die Landungsbrücken von St. Pauli: Hier kamen die großen Überseeschiffe der internationalen und vor allem bedeutender Hamburger Reedereien (der HAPAG und des Norddeutschen Lloyd) an. Von hier aus fuhr man in sieben Tagen bequem nach New York. Heute geht es nach Helgoland, auf Kreuzfahrt in den Norden oder zu einer eindrucksvollen Hafenrundfahrt!

eine gebutterte, mit Bröseln bestreute Puddingform zu ¾ hoch füllen, verschließen und für 2 Stunden ins heiße, nicht kochende Wasserbad stellen. Den Möhrensaft mit etwas Zucker, Salz und 1 Schuß Weißwein einkochen, mit 1 Eigelb binden.

BUTFELD'SCHE RÜBCHEN

(Bild Seite 83, unten)

500 g kleine, längliche, weiße Rüben,
40 g Butter, 1 EL Zucker, Salz, Pfeffer,
¼ l Sahne oder ⅛ l Crème fraîche

Die Rüben waschen, schaben und, sofern sie größer sind, halbieren. Die Butter in einem Topf bräunen, dann die Rübchen und den Zucker zugeben. Wenn alles zu karamelisieren beginnt, mit etwas Wasser ablöschen, würzen und mit der Sahne weich kochen beziehungsweise zum Schluß die Crème fraîche zufügen. Beilage: Bratwürstchen.

★

Je weiter man in der Bundesrepublik nach Norden kommt, desto süßer mag man es: Da werden Heringe süß-sauer eingelegt, Salate mit Zucker angemacht, und in einem ordentlichen Kochbuch ist die Hälfte der Rezepte der sogenannten »süßen Abteilung« gewidmet. Hamburg verfügt über besondere Traditionen, wurde doch hier der Rohrzucker aus Cuba oder Java eingeführt, als bei uns der Rübenzucker noch kaum entdeckt war. Die alte Hamburger Dessertküche ist daher üppig wie nur die Wiener und Pariser Zuckerbäckerei.
Typisch für die neuere Zeit jedoch sind eher einfache, im normalen Haushalt nachvollziehbare Speisen. Neben vielen Eis-Créationen, die im sommerlichen Hamburg beliebt waren, geht es vor allem um die Kaltschalen.

Grüne Erbsen wurden und werden in Hamburg gerne gegessen. Mit Nordseekrabben aus Husum, Büsum oder Tönning, Krebsen aus den vielen Flüßchen und Seen Holsteins (so war es früher!), mit Tiefseehummern aus Norwegen oder auch mit zartem Fleisch. Im Winter gibt es die getrockneten Erbsen als Suppe – natürlich mit viel Rauchfleisch

Krabben, Garnelen oder Krebse mit Erbsen (Rezept Seite 85)

Die Früchte brachten ihre natürliche Süße mit, und so konnte man sie sich schon immer leisten. Im 19. Jahrhundert kamen sie groß in Mode, sogar im Winter.

APFELSINEN-KALTSCHALE

(Bild Seite 82)

4 schöne, unbehandelte Orangen,
¼ l Wasser, 300 g Zucker,
1 Flasche (0,7 l) Weißwein (Mosel)

Die Schale der Orangen abreiben und in ¼ l Wasser mit zwei EL Zucker drei Minuten auskochen. Abseihen; die Flüssigkeit mit dem restlichen Zucker und dem in der Zwischenzeit ausgepreßten Orangensaft zehn Minuten durchkochen. Abkühlen lassen, mit Weißwein verrühren, mit leichtem Zuckergebäck als Beigabe zu Tisch bringen.

MANDEL-KALTSCHALE

(Bild Seite 90)

250 g geschälte Mandeln, 1½ l Milch,
je ½ Stange Zimt u. Vanille,
Schale von ½ Zitrone, 100 g Zucker, 4 Eigelb

Die Mandeln mit etwas Milch im Mixer, Zerhacker oder Mörser zu einer geschmeidigen Paste verarbeiten. Mit den Gewürzen und dem Zucker in der Milch unter ständigem Rühren ¼ Stunde köcheln lassen, dann neben dem Feuer mit den Eigelb abschlagen. Entweder mit Biskuit, Zwieback oder auch

Ein reiches Hühner-Frikassee in einer Pastete. Zum Hühnerfleisch kommen Kalbsmilch, Fischklößchen, Krebse oder Garnelen und Champignons. Einfacher ist die Anrichtung in kleinen Portionspastetchen

Schneeklößchen als Einlage servieren. Zu letzteren die vier verbleibenden Eiweiß mit etwas Zucker und Vanille oder Himbeergeist steif schlagen, kleine Klöße abstechen und auf der köchelnden Suppe zugedeckt gar ziehen lassen.

SCHOKOLADEN-KALTSCHALE

(Bild Seite 90)

1 Flasche (0,7 l) Weißwein, vorzugsweise
eine Spätlese aus dem Rheingau,
125 g bittere Schokolade,
4–6 EL Zucker nach Geschmack,
4 Eigelb, ¼ l Sahne

Den Wein aufkochen und mit Wasser auf einen Liter auffüllen. Die geriebene Schokolade darin auflösen, zuckern, mit einer Mischung aus Eigelb und Sahne neben dem

Großes Hühner-Frikassee in der Pastete (Rezept Seite 85)

Luftbild-Freig. Reg. Münster: 2283/86 (602344)

Mandelkaltschale (Rezept Seite 89)

Schokoladen-Kaltschale (Rezept Seite 89)

Herd verquirlen, dann wieder erhitzen und dicklich rühren.
Man serviert dazu Löffelbiskuits. Im Winter reicht man die Suppe auch heiß – im Sommer kann man sie mit Wasser an Stelle von Sahne anrühren, so wird sie leichter.

BIRNENPUDDING

(Bild rechts, unten)

½ kg reife Birnen, etwas Zucker,
125 g Grieß, ½ l Milch, 70 g Butter, 5 Eier,
100 g Zucker, Zimt, Muskatblüte, Prise Salz,
¼ abgeriebene Zitronenschale,
1 frische, ungeröstete Scheibe Toastbrot,
Preiselbeersauce

Die Birnen abschälen, halbieren, entkernen und mit etwas Zucker sachte sieden. Abkühlen lassen. Inzwischen Grieß, Milch, Butter so lange unter Rühren kochen, bis sich die Masse vom Topf löst. Nach dem Abkühlen drei Eigelb und zwei ganze Eier nach und nach einarbeiten. Zucker und Gewürze zufügen. Das abgetropfte Birnen-Fruchtfleisch in kleine Würfel schneiden. Unter die Grießmasse mischen. Schließlich die Eiweiß mit etwas Zucker zu steifem Schnee schlagen, die zerriebene Toastbrotscheibe untermischen, alles vorsichtig unter den Grießbrei heben. In eine

Das Luftbild erst zeigt deutlich, wie imposant dieses Hamburg als »Wasserstadt« ist. Durch die City zieht sich die Alster mit dem bildschönen Binnensee im Herzen des Häusermeeres und einem weiten Netz von Seitenkanälen. Die Hafenanlagen liegen an der Nordelbe, die in jahrhundertelanger Arbeit zum Hauptarm des verzweigten Stromes gemacht wurde. Der Hafen umfaßt heute rund 45 Quadratkilometer und 40 Kilometer Seeschiffkaimauern. Die meisten Anlagen befinden sich auf dem gegenüberliegenden, südlichen Elbufer; dort sieht man auch die riesigen Docks

In keiner anderen Stadt gibt es so viele herrliche Bürgerhäuser aus dem 19. und beginnenden 20.Jahrhundert. Das Hamburger Bürgertum verdiente gut in der Gründerzeit und baute sich großzügige Häuser und Wohnungen, die den Wohlstand deutlich widerspiegeln sollten: Man war stolz auf das Erreichte. Viele schöne Villen hatten aber nach dem Krieg, den sie in weiten Teilen unzerstört überstanden hatten, Neubauten zu weichen. In den 70er Jahren besann man sich und sanierte ganze Stadtteile. Heute nun gehören die alten, in Citynähe gelegenen Häuser zu den am meisten begehrten Wohnobjekten

Links: Kaltschalen – heute nicht nur, wie früher, Auftakt einer Mahlzeit, sondern auch als Zwischengericht oder leichte Abendmahlzeit beliebt. Oben sehen Sie eine Mandel-Kaltschale mit Milch und Schneeklößchen, darunter Schokoladen-Kaltschale mit Wein

gebutterte, mit Semmelbröseln ausgestreute Puddingform zu ¾ füllen, verschließen und in ein Wasserbad stellen. Etwa 1½ Stunden schwach siedend pochieren. Stürzen und mit Preiselbeersauce übergossen heiß oder kalt servieren.

ZITRONENTORTE

(Bild rechts)

1 Paket tiefgekühlter Blätterteig,
Mehl zum Ausrollen, 1 Eigelb,
Puderzucker zum Bestreuen
Füllung: 8 Eier, 250 g Zucker, 3 Zitronen,
40 g Butter, 6 Blatt Gelatine

Den Blätterteig auftauen lassen, die Blätter aufeinanderlegen, mit Mehl bestäuben und auf bemehlter Fläche einen Zentimeter dick ausrollen. Eine Springform von 26 cm Durchmesser darauflegen und den Boden ausschneiden. Aus den Resten einen zwei Zentimeter breiten Rand mit Eiweiß auf den Boden kleben. Vielfach mit einer Gabel einstechen, mit Eigelb bestreichen und im vorgeheizten Ofen bei größter Hitze (wenigstens 200 Grad) zehn bis zwölf Minuten backen. Inzwischen die Füllung bereiten: Die Eier mit 250 g Zucker, der abgeriebenen Schale von einer und dem Saft der drei Zitronen sowie mit der Butter zu einer dicken Sauce auf milder Hitze abschlagen. Eingeweichte Gelatine zufügen. Abgekühlt auf den fertig gebackenen Boden füllen und erstarren lassen. Danach mit Puderzucker dick bestreuen, kurz unter den Grill schieben.

★

Auch dies ein Dessert – nicht ein Nachmittagskuchen. Der ist erst in letzter Zeit in Hamburg Mode geworden. Früher hielt man sich, wie Heinrich Heine schon bemerkte, mehr an die englischen Sitten: Man trank Tee – und tut es heute noch mit Passion. Und dazu gibt's dann mit wachsender Vorliebe süddeutsche und österreichische Kuchen (die böhmische Küche hatte übrigens, durch die verbindende Elbe mit ihrer Floß- und Schifffahrt, schon immer viele Anhänger in Hamburg gehabt) oder – in klassischer Manier – belegte Schnittchen. Dabei geizt man nicht mit Schinken und Rauchfleisch, belegt mit Eiern, Gurken, Lachs, Caviar, den man ja einst von den in der Elbmündung heimischen Stören gewinnen konnte. Heute, wo sie ausgestorben sind, leisten sich wohl nur noch wenige, nicht mal ganz traditionsbewußte, alteingesessene Hamburger Caviar zum Tee ...

Zitronentorte (Rezept links)

Birnenpudding (Rezept ganz links)

Oben: Ein opulentes Menü braucht auch einen würdigen Abschluß, zum Beispiel einen Pudding. Was unsere Großeltern auf diesem Gebiet alles kombinierten, kochten und vor allem vertilgten, spottet unserer Vorstellungskraft

Ganz oben: Die Zitronentorte besteht aus ganz dünnem Blätterteig und sehr viel sanfter Creme – praktisch ein Dessert. Besonderer Reiz: Die Puderzucker-Oberfläche wird unter dem Grill zu einer harten Kruste gebräunt!

Hessen, das Land im Herzen Deutschlands, zeigt viele Gesichter. Da gibt es noch mittelalterlich lauschige, weitgehend unberührte Städtchen, aber auch, im Norden wie im Süden, industrielle Ballungszentren, die Banken-Metropole Frankfurt, das ärmere, landwirtschaftlich orientierte Nordhessen, die waldreichen Mittelgebirge, den lieblichen Rheingau – oben Schloß Johannisberg. Überall wird anders gegessen. Meist sehr einfach, aber doch immer mit hellwachem Gefühl für die Wandlungsfähigkeit heimischer Genüsse

Schlicht, aber schlau – die Küche der Hessen

Daß man auch mit bescheidenen Mitteln Hervorragendes auf den Tisch bringen kann, zeigt eigentlich jede Region des abwechslungsreichen Landes. Die folgenden Rezepte wurden maßvoll modernisiert, was eine Menge Kalorien spart, ohne die Originalität zu verfälschen

Das heutige Land Hessen besteht erst seit dem 19. September 1945, von der amerikanischen Militärregierung aus dem alten Kurhessen (Hessen-Kassel) und dem Großherzogtum (Hessen-Darmstadt) gebildet, wobei einige Teile der Gebiete an Rheinland-Pfalz fielen: das linksrheinische Rheinhessen und der Regierungsbezirk Montabaur. Seit dem Tode des Landgrafen Philipp des Großmütigen im Jahre 1567, der als letzter Herrscher ganz Hessen in einer Hand zusammengehalten, aber für seine vier Söhne aufgeteilt hatte, war es ein langer, dornenreicher Weg bis zu dieser neuerlichen Einheit gewesen. Und die vielen Streitigkeiten um Ländereien, kleinere Grafschaften und Städte, vor allem aber verschiedene außenpolitische Interessen, die Hessen-Kassel auf der Seite Preußens, Hessen-Darmstadt aber auf seiten Österreichs sahen, haben ihre Spuren hinterlassen – noch heute denkt und fühlt man sehr unterschiedlich in Nord- und Südhessen.

Es gibt dafür noch einen anderen Grund, nämlich die geographische Struktur des Landes: Im Süden hat Hessen Anteil an der Oberrheinischen Tiefebene, die sich im vor Wein strotzenden Rheingau und in der fruchtbaren Wetterau fortsetzt. Das Kernland aber wird geprägt von waldigen Mittelgebirgen. Ihr weithin karger und steiniger Boden bietet der Landwirtschaft nur geringe Möglichkeiten. Im Dreißigjährigen Krieg hatten sich dorthin jedoch viele Menschen zurückgezogen. Die Armut (die erst mit dem Anbau der neuen, aus Amerika importierten Frucht, der Kartoffel, gelindert werden konnte) trieb sie im 17. und 18. Jahrhundert in ein anderes Geschick: In allen Heeren der Erde kämpften sie, vermietet oder verkauft von ihren Landesherren – an rund 20000 »verliehenen« Soldaten dürften sich die deutschen Fürsten allein während des amerikanischen Befreiungskampfes (1776–1783, also in nur sieben Jahren!) einen ganz schönen Bauch angefuttert haben! Freiwillig, sagte man, seien sie in den Krieg gezogen. Schiller schreibt anderes:

O Gott! Nein – lauter Freiwillige! Es traten wohl so etliche vorlaute Bursch vor die Front heraus und fragten den Obersten, wie teuer der Fürst das Joch Menschen verkaufe? – Aber unser allergnädigster Landesherr ließ alle Regimenter auf dem Paradeplatz aufmarschieren und die Maulaffen niederschießen. Wir hörten die Büchsen knallen, sahen ihr Gehirn auf das Pflaster spritzen, und die Armee schrie: Juchhe! Nach Amerika!

Freilich, es waren Söldnertruppen, denen der Krieg Beruf bedeutete. In Hessen aber verfuhr man anders: Werber zogen durchs Land, lockten mit großen Abfindungen oder machten die armen Bauern betrunken und ließen sie einen Wisch unterschreiben. Die so in die Armee Gepreßten wurden unverzüglich verschickt – sie hatten nicht nur ihre Seele, sondern auch ihren Leib verkauft ...

Kein Grund, die Landesfürsten zu lieben!

Von Armut und Freiheit

Bös also waren die Zeiten – und sie sollten sich so bald nicht ändern: erst die Französische Revolution, dann die Besetzungen des Landes durch die Franzosen, schließlich die Einrichtung des Königreiches Westfalen mit Residenz des Bruders von Napoleon in Kassel. Straff organisiert, preßte die Verwaltung das letzte Geld heraus, um die Kriege des Kaisers zu finanzieren.

Glaubte man jedoch an einen Aufschwung im Rahmen der deutschen Befreiungskriege, so wurde man bitter enttäuscht, denn die Restauration kündigte selbst geringe politische Freiheit. Es gab keine wirklich liberale, nur eine Scheinverfassung (von den 700000 Kurhessen konnten nur 1000 gewählt werden!), keine Presse- und keine Meinungsfreiheit. Gerade in Hessen, wo die Soldaten wieder die Zöpfe des letzten Jahrhunderts tragen mußten, war es bei weitem am schlimmsten. Wilhelm Grimm, der Sammler der Volksmärchen, schildert es deutlich:

Die Freiheit war allmählich bis zu einem Grade untergegangen, von dem niemand, der es nicht selbst miterlebt, einen Begriff hat. Jede Unbefangenheit, ich sage nicht einmal Freiheit der Rede, war unterdrückt. Die Polizei, öffentliche und heimliche, angeordnete

freiwillige, durchdrang alle Verhältnisse und vergiftete das Vertrauen des geselligen Lebens. Alle Stützen, auf welchen das Dasein eines Volkes beruht, Religiosität, Gerechtigkeit, Achtung vor der Sitte und dem Gesetz, waren umgestoßen oder gewaltsam erschüttert. Nur eins wurde festgehalten: Jeder Widerspruch gegen den geäußerten Willen (des Landesherrn), direkt oder indirekt ausgesprochen, sei ein Verbrechen.

Das aber war es nicht allein: Nachkriegsnot, Zollbeschränkung, viele Mißernten sowie eine im halben Lande verbreitete Doppelbesteuerung hatten die Bauern um alle ihre Habe gebracht. Zu Tausenden wanderten sie aus. Am liebsten in die Neue Welt im Westen, nach dem freien, weiten Amerika. Wer zu Hause blieb, litt Not:

Der materielle Druck, unter welchem ein großer Teil Deutschlands liegt, ist ebenso traurig und schimpflich als der geistige; und es ist in meinen Augen bei weitem nicht so betrübend, daß dieser oder jener Liberale seine Gedanken nicht drucken lassen darf, als daß viele tausend Familien nicht imstande sind, ihre Kartoffeln zu schmälzen. So Georg Büchner, der 1834 in seiner revolutionären Flugschrift »Der hessische Landbote« die großen Probleme des Landes in kühner Klarheit darstellte, die Leute von der Basis her aufrütteln wollte. Die Verbreitung der Schrift wurde jedoch verraten, und so bekam kaum jemand zu lesen, was darin stand ...

Selbst die Revolution von 1848 brachte keine tiefgreifende Änderung. Erst im Laufe der deutschen Einigung, die beide Hessen zunächst auf der Seite Österreichs sah, legten sich die Wirren. Nach dem Kriege von 1870/71 gegen Frankreich blühte zögernd ein Hauch von Wohlstand auf. Allerdings: Auch dieses Mal kamen die Bauern zu kurz, die mehr und mehr in die Städte abwandern mußten. Erfolg: Wohlhabende Ballungszentren mit hoher Bevölkerungsdichte im Süden und in einzelnen Parzellen um größere Städte mit fruchtbarem Land in der Umgebung (im Rhein-Main-Gebiet um 900 Einwohner je Quadratkilometer), dagegen dünn besiedelte, arme Regionen im Norden (wo gerade eben um 70 Einwohner einen Quadratkilometer bevölkerten).

Suppen, die eigentlich Eintöpfe sind, liebt

Lauter köstlich simple Dinge: Hirnplätzchen mit sogenanntem Römisch Kohl (nichts weiter als Mangold) in Milch-Sahne-Sauce, mit Essig säuerlich abgeschmeckt

Hirnplätzchen mit Römisch Kohl (Rezept Seite 99)

Das alte Rathaus von Michelstadt im Odenwald strahlt die Bürgernähe der mittelalterlichen Verwaltung aus: Heute scheint es nicht viel mehr als eine »gemütliche« Kulisse, ein Versatzstück der Vergangenheit

Die französische Suppe, quer durch den Garten (Rezept unten)

man in Hessen ganz besonders. Witzigerweise werden sie von einer süßen Beilage begleitet, wie ebenfalls in Baden üblich. Das scheint eine französische Hinterlassenschaft zu sein, die in ihrem Ursprungsland heute längst nicht mehr üblich ist. Aus dem Westen kommt auch unsere erste Suppe, deren Rezept wir dem »Kochbuch aus Hessen« von Ilse Unruh, Hölker Verlag, entnehmen.

FRANZÖSISCH SUPP/ QUER DURCH DE GARTE

(Bild oben)

1,5 l Fleischbrühe oder auch Wasser,
1 Kohlrabi (schälen, würfeln),
4 Möhren (schälen, würfeln),
½ Sellerie (schälen, würfeln),
1 Lauch (würfeln), ½ Blumenkohl,
350 g frische, grüne Bohnen
(in Stücke brechen),
2 Tomaten (abziehen und würfeln),
80 g Zwiebeln (würfeln),
80 g Dörrfleisch (würfeln), 50 g Fett,
Petersilie, Salz, frisch gemahlener Pfeffer

Im Fett das Dörrfleisch glasig werden lassen, die Zwiebeln hinzugeben und einige Zeit dünsten. Das vorbereitete Gemüse hinzufügen (außer den Tomaten) und alles mit 1,5 l Fleischbrühe oder Wasser auffüllen. Bei kleiner Flamme kochen lassen. Zum Schluß die Tomatenwürfel hinzufügen, mit Salz und etwas frisch gemahlenem Pfeffer abschmecken und mit gehackter Petersilie bestreuen.

Man kann weiterhin kleingeschnittenes Suppenfleisch als Einlage verwenden. In manchen Gegenden ißt man frischgebackene Waffeln dazu.

Hiervon werden vier Personen spielend, sechs mit etwas Mühe satt. Ganz bestimmt aber von der folgenden Köstlichkeit:

FRANKFURTER LINSENSUPPE

(Bild Seite 97)

500 g Linsen, 2 l Fleischbrühe,
je 250 g Möhren und Sellerie (Knolle),
1 Petersilienwurzel oder Pastinake,
2 Zwiebeln, 2 Stangen Lauch (Porree),
100 g luftgetrockneter Bauchspeck,
1 Bund Petersilie, Salz, Pfeffer,
ein ordentlicher Schuß erstklassiger
Weinessig,
9 oder 12 Paar Frankfurter Würstchen

Die Linsen über Nacht in Wasser legen. Einweichwasser abgießen und die Linsen in der Fleischbrühe zum Kochen bringen. Möhren und Sellerie samt der Petersilienwurzel säubern und in sehr kleine Würfel schneiden. Nach einer Stunde an die Linsen geben, die jetzt noch etwa eine halbe Stunde sachte vor sich hin köcheln sollen. Hülsenfrüchte und Gemüse sind dann nicht verkocht, behalten ihre Form, und sie haben einen erfrischenden Biß. Und dieser ist außerordentlich wichtig – die weich und matschig verkochten Linsen so mancher Oma haben aus dieser wohlschmekkenden, nahrhaften, gesunden und immer verfügbaren Hülsenfrucht für viele Menschen ein Schreckgespenst, ein Synonym für einfach schlechte Küche gemacht.
Inzwischen Zwiebeln, Lauch und Speck fein würfeln und zusammen unter ständigem Rühren in der Pfanne anrösten. Zum Schluß mit der gehackten Petersilie in die Suppe rühren. Nun noch mit Salz, Pfeffer und Essig abschmecken. Die Würstchen getrennt in Wasser gar ziehen lassen, in Scheibchen schneiden und in die Suppe geben. Dazu gibt es, nach althergebrachter Art, eine süße Beilage, die man freilich auch danach servieren kann:

APFELPFANNKUCHEN

(Bild Seite 97)

3 Eier, 250 g Mehl, ⅛ l Milch,
1 Prise Salz, 6 Äpfel,
Butter (oder ein anderes geschmackreiches
Fett, etwa Schweine- oder Butterschmalz;
auch Walnuß-, Haselnuß- oder Mandelöl)
zum Braten, Zucker zum Bestreuen

Zunächst die Eier trennen. Mehl, Eigelb, Milch und Salz verrühren zu einem leichten Teig. Die Eiweiß steif schlagen und vorsichtig unterheben. Die Äpfel schälen, ausstechen und in dünne Scheiben schneiden. Butter in einer Pfanne erhitzen und ⅙ der Äpfel hineingeben, mit ⅙ des Teigs zudecken. Rasch rüttelnd alles ein wenig vermischen. Backen und fortfahren. Schließlich die sechs Pfannkuchen mit Zucker bestreut servieren.

★

Zweifellos ist die Frankfurter Küche besonders durch eine Sauce berühmt geworden, die grüne nämlich, die »Grie Soß«. Schon Goethe soll sie heiß geliebt haben, was aber nicht belegt werden konnte. Immerhin gibt es im handgeschriebenen Kochbuch seiner Schwester, der Frau Rath Schlosser, eine grüne Sauce, die hier in der Fassung ihres Enkels Alexander von Bernus wiedergegeben ist (insel Taschenbuch, Frankfurt/Main):

Grüne Sauce zum Ochsenfleisch
Für drei Personen drei hart gesottene Eier. Das Gelbe wird fein zerdrückt, mit Salz und Pfeffer gewürzt und mit anderthalb Löffel Öl, einem Löffel Essig und einem halben Löffelchen Senf vermischt. Alsdann werden fein gewiegt: Petersilie, Boretsch, Pimpernell, Drachant, und gut unter die Masse gerührt. Je nach der Dicke des sauren Rahms kommen drei bis vier Löffel darunter. Die Sauce wird durch ein Sieb gedrückt und die Kräuter, die sich nicht durchdrücken, weg gelassen.
Mit Drachant ist übrigens Estragon gemeint. Heute bereitet man die Sauce anders, treibt sie auf keinen Fall durch ein Sieb, denn die hartgekochten Eier, die unbedingt hineingehören, liebt man als kleine feste Partikel. Wer auch die Kräuter nicht pürieren will, hackt sie mit dem Messer fein und gibt sie zum Schluß dazu.

FRANKFURTER GRÜNE SAUCE

(Ohne Bild)

4 hartgekochte Eier,
1 großes Bund gemischte Kräuter
(gibt's in Frankfurt und Umgebung fertig zu kaufen, bestehend aus Petersilie, Kerbel, Pimpinelle, Borretsch, Schnittlauch, Kresse und Estragon; wer will, kann noch Sauerampfer, Zitronenmelisse, Spinat und – aber sehr vorsichtig, damit er nicht alles übertönt! – Dill hinzugeben)
1 Ei, ⅛ l Öl, Saft von ½ bis 1 Zitrone,
Salz, Pfeffer, ½ TL Senf,
1 Spritzer Worcestershire-Sauce,
200 g saure Sahne (Schmant)

Die Eier kochen, abschrecken, nach dem Abkühlen schälen und im Eierschneider einmal längs und einmal quer durchdrücken, so daß Würfel entstehen. Die Kräuter waschen und sorgfältig alle etwas härteren Stiele entfernen. Im Mixer (Universalzerkleinerer) »hakken« beziehungsweise zu Püree machen. Das Ei zufügen und schaumig aufschlagen, dann nach und nach das Öl zugeben und alles aufmixen. Zum Schluß kräftig abschmecken, mit der Sahne durchmixen und schließlich die gewürfelten Eier untermischen.

Kartoffeln und Speck, geräuchertes Bauchfleisch, die Grundzutaten der armen Küche der Bauern in den kargen, rauhen Mittelgebirgen: Rechts als Knödel in Milch gekocht, oben als Pellkartoffeln zu einer Specksauce, in die man die Kartoffeln eintunkt, »duckt«. Kalorienreiche Zubereitungen ohne jegliche Küchenkunst – und deshalb nur dann wohlschmeckend, wenn die Grundzutaten von hervorragender, wirklich ausgesuchter Qualität sind!

Pellkartoffeln mit Duckefett (Rezept Seite 98)

Wutschhebes, Kartoffelknödel in Milch (Rezept Seite 98)

Grünkernsuppe mit Schmalzbrot (Rezept unten)

Was wäre Frankfurt ohne seinen Äppelwoi? Er ist das volkstümliche Getränk, das eine ganz eigene Geselligkeit schafft. Dazu gibt's »was Kleines« zu essen, wie etwa eine Grünkernsuppe mit Schmalzbrot

Rechts: Eine uralte Frankfurter Spezialität ist die Linsensuppe, in der Würstchen besonders zur Geltung kommen. Dazu serviert man gern süße Apfelpfannkuchen, was vielleicht manchen kulinarisch verwirrt

Dieses Grundrezept kann man natürlich in vielerlei Hinsicht abwandeln:

- Mit einer halben Knoblauchzehe, durch die Presse gedrückt, würzen.
- Halb saure Sahne, halb Joghurt nehmen und damit Kalorien sparen.
- Mit Crème fraîche aufschlagen: Fett und wohlschmeckend!
- Hocharomatische Wildkräuter nehmen, etwa Wasserkresse, Schafgarbe, Taubnessel, Löwenzahn.
- Nach nordhessischer Art nur Schmant (fette saure Sahne) mit hartgekochten, fein zerdrückten Eiern vermischen und mit den Kräutern verrühren. Abgeschmeckt wird dann mit Essig und einer Prise Zucker.

★

Mehr zum Begleiter des berühmten Frankfurter Äppelwoi – den man vorzugsweise im südlichen Stadtteil Sachsenhausen zu sich nimmt – wird eine andere Suppe, welche ursprünglich aus den ärmeren, unfruchtbaren Bergregionen herstammt: Dort baut man Dinkel an, aus dem Grünkern gemacht wird.

GRÜNKERNSUPPE

(Bild oben)

150 g Grünkernschrot,
100 g fetter Bauchspeck,
3 Bund Suppengrün, 2 Zwiebeln,
1¼ l Fleischbrühe, Salz, Pfeffer, Kerbel

Das Grünkernmehl im gewürfelten Speck anrösten, die kleingehackten Gemüse dazugeben und ebenfalls leicht anrösten. Mit Brühe aufgießen und in etwa 35 Minuten zu einer recht dicken Suppe kochen. Abschmecken und mit ganz viel frischem Kerbel bestreut servieren. Dazu gehört unbedingt eine dicke Scheibe dunkles Bauernbrot, das mit Schmalz bestrichen wird, in dem reichlich Grieben und gedünstete Zwiebeln für »Masse« sorgen. Und natürlich der herbe, durstlöschende Äppelwoi, dessen Bezeichnung »Speierling« nicht eben einladend klingt ...

★

Es sind aber in der hessischen Küche noch wichtiger die »richtigen«, gehaltvollen Eintöpfe. Eigentlich zeichnet sie nichts Herausragendes aus – und doch gehören sie zum Besten, was die deutsche Küche zu bieten hat: Weil man hier mit den Sachen umzugehen weiß! Die Armut vor allem, die den Bauern ihren höchsten Witz abverlangte, um den Ihrigen das beliebte Fleisch zu ermöglichen, der Erfindungsreichtum der Frauen, die mit geringsten Mitteln etwas Sättigendes bieten mußten: Sie sind die Eltern des guten, einfachen und sparsamen, des schlauen Essens.
Es geht also nicht um sehr große Zusammenstellungen, sondern um die richtige, exakte Auswahl der Zutaten, das bäuerliche Wissen um deren jahreszeitliche und örtliche Qualität. Nichts Aufregendes, aber etwas Hinreißendes, wenn es sorgfältig zubereitet wird! Zum Beispiel:

Frankfurter Linsensuppe mit Würstchen und Apfelpfannkuchen (Rezept Seite 94)

HESSISCHES SAUERKRAUT

(Bild rechts)

Hierzu bereitet man ein Kilogramm möglichst frisches Sauerkraut (berühmt ist das aus der Gegend von Fritzlar) in Schweineschmalz mit ein wenig Wurstbrühe (kann man vom Metzger bekommen!), Lorbeerblatt und Wacholder zu. Darauf kommen zum Servieren ebenfalls in Wurstbrühe gekochte Schweinebacken (zwei Stück), vier Schweinerippchen und eine Schweinehaxe, die der Metzger ganz mild gepökelt hat. Nur zur Not sollte man statt der Wurstbrühe Fleischbrühe verwenden, denn gerade der charakteristisch »schweinige« Geschmack des Ganzen verliert sich dann stark.
Als Beilage Salzkartoffeln, als Getränk Bier oder Weißwein.

★

Aus den allersimpelsten Zutaten das nächste Gericht – für den Spartag, aber kräftigend und wohltuend in seiner Schlichtheit. Je nach Appetit für drei bis fünf Personen:

WUTSCHHEBES

(Bild Seite 95)

1500 g Kartoffeln, 1 Ei, 1 EL Mehl,
1 TL Salz, 2 l Milch, 100 g Speck

500 g Kartoffeln schälen, im Salzwasser gar kochen und durch die Kartoffelpresse drükken. Die restlichen Kartoffeln schälen, reiben oder im Mixer pürieren. Diese Masse in ein Leinentuch geben und die Flüssigkeit herauspressen. Aus den so vorbereiteten Kartoffeln, dem Ei, Mehl und Salz einen Teig herstellen und Klößchen formen. In der Milch mit einem Liter Wasser und einer Prise Salz 20 Minuten gar kochen. Speck würfeln, auslassen und zum Schluß darübergeben.

Oben: 1848/49 tagte in der Frankfurter Paulskirche die deutsche Nationalversammlung. Die geistige Elite, praktisch ohne Beteiligung von Arbeitern und Bauern, versuchte, den lockeren Bund in einen einzigen Staat mit liberaler Verfassung zu vereinen. Mangel an politischer Erfahrung, der Sieg der Reaktion in den verschiedenen Staaten, der Streit um eine groß- oder kleindeutsche Lösung (mit oder ohne Österreich) ließen den Plan zwar scheitern. Das Gedankengut und die nationale Idee aber lebten noch lange fort: Die »Paulskirche« ist Basis unserer Verfassung

Oben rechts: Inmitten von Banken thront der Fürst der deutschen Dichtkunst, berühmtester Sohn Frankfurts, Johann Wolfgang von Goethe. Sehr wohl hat er sich in seiner hessischen Heimat nicht gefühlt – das um vieles beschaulichere Weimar war freier, weniger von den Zwängen der Gesellschaft und des Handels beherrscht. Als Börsen- und Bankenzentrum wie als Messestadt (seit 1240 im Frühjahr, ab 1330 auch im Herbst) hat Frankfurt große Tradition. Im 16. Jahrhundert wurde es Hauptstadt der Büchermacher – noch heute findet hier jedes Jahr die Buchmesse statt. Der traditionsreichen jüdischen Gemeinde entsproß unter anderem die Finanz-Dynastie der Rothschilds, doch waren die aus ihr hervorgegangenen Vertreter der Geisteswissenschaften in Frankfurt nicht minder bedeutend!

PELLKARTOFFELN UND DUCKEFETT

(Bild Seite 95)

Hessens Grundzutaten in der Komposition, wie sie Büchner geschildert hat: Das mindeste, um satt zu werden. Es mag sehr überheblich anmuten, wenn man sich in unserer Wohlfahrtsgesellschaft nach solchen Dingen zurücksehnt – jedoch weniger gut schmecken sie deshalb nicht!
100 g geräuchertes Bauchfleisch würfeln und auslassen. Zwei gehackte Zwiebeln darin bräunen und etwas Milch (¼ l) zugießen. Wer hatte, gab vielleicht noch einen oder zwei EL Schmant (Sahne) daran. Durchkochen und mit mehligen Pellkartoffeln servieren.
Nach Belieben auch gehackte Petersilie oder Schnittlauch zufügen.

DIPPEDOTZ

(Bild rechts)

Eine herrliche Resteverwertung mit den in Hessen überall angebauten Äpfeln – für dieses Gericht eignen sich am besten die herben, für den Apfelwein kultivierten Sorten:

1 kg mehlig kochende Kartoffeln, 2 Eier,
200 g Mett- oder Blutwurst,
auch Bratenreste oder Kochfleisch,
2 Äpfel, Salz, Pfeffer, 3 Zwiebeln,
Schweineschmalz

Die Kartoffeln reiben und mit Eiern, Fleischresten, den Apfelschnitzen, Salz, Pfeffer und den in ein wenig Schmalz angerösteten Zwiebelwürfelchen gut vermischen. Einen Bräter mit Schmalz reichlich ausstreichen und die Masse hineinfüllen. Im heißen Ofen 1½ Stunden backen, ab und zu etwas Wasser angießen, damit nichts anbrennt. Wird die Oberfläche zu dunkel, mit Alufolie abdecken.
Beilage: Apfelbrei und echter oder Zichorien-(Land-)Kaffee!

HIRNPLÄTZCHEN MIT RÖMISCH KOHL

(Bild Seite 93)

2 Kalbshirne, Salz, Essig, 1 Lorbeerblatt, Pfefferkörner, 2 Eier, gemahlener Pfeffer, 1 Prise gemahlener Thymian (oder frischer Estragon!), etwas Mehl, Butter und/oder Öl zum Braten
Für den Römisch Kohl (Mangold):
1 kg Mangold, Salz, 1 Lorbeerblatt, 1 Schuß Essig (oder Zitronensaft), 50 g Butter, ⅛ l Milch, ⅛ l Schmant (ersatzweise Crème fraîche), Pfeffer

Hirn oberflächlich putzen, dann in einem Sud aus einem Liter Wasser, reichlich Salz, einem guten Schuß Essig, einem Lorbeerblatt und vielen Pfefferkörnern zehn Minuten ziehen, aber nicht kochen lassen. Herausnehmen und kalt abschrecken, von Häuten und Adern befreien. Durch den Fleischwolf drehen. Mit einem Ei vermischen, mit Salz und Pfeffer abschmecken und mit Thymian würzen. Ist die Masse zu naß, ein wenig frisch geriebenes Toastbrot untermischen und nun das Ganze anziehen lassen. Kleine Plätzchen daraus formen, leicht mit Mehl bestäuben, durch das übrige, verquirlte Ei ziehen und nochmals in Mehl wenden. Dann in reichlich Fett braten, bis sie goldbraun, aber nicht zu trocken sind.
In der Zwischenzeit den Mangold putzen, die Stiele mit ein paar Blattstreifen im Salzwasser kurz blanchieren und unter fließendem kaltem Wasser abschrecken. Nur die Stiele mit einem Lorbeerblatt und einem Schuß Essig in der Butter mit der Milch zugedeckt gar, aber ja nicht zu weich dünsten. Den Schmant zugeben, mit Salz und Pfeffer abschmecken und die zurückbehaltenen Blattstreifen untermischen. Hirnplätzchen auf Küchenpapier entfetten, mit dem Römisch Kohl auf einer gut vorgewärmten Platte anrichten.
Ein vorzügliches Essen, das selbst in einem Spitzenrestaurant seinen Platz finden könnte. Dazu paßt ein Rheingauer Riesling, vorzugsweise trocken, aber auch ein etwas blumiger, halbtrockener.

★

Wein spielt in weiten Teilen Hessens eine überragende Rolle: im Rheingau und an der Hessischen Bergstraße, im jeweiligen Hinterland. Deutschlands nördlichster Wein aber wächst bei Kassel! Im Süden kennt fast jeder seinen Winzer, bei dem er sich selbst nach ganz präzisen Wünschen versorgt. Diese Gegenden besitzen eine üppige, schwelgende Küche, denn hier gedeihen vielerlei Gemüse und gab es reichlich Fisch (aus dem Rhein – was heute dort gefangen wird, ist für den Verzehr nicht mehr geeignet; nur aus den Nebenarmen kommen noch schmackhafte Fische), wie etwa Forellen aus dem Odenwald.
Wo kein Wein mehr wächst, da gibt es Äpfel. Auch daraus macht man mit Vorliebe Wein, den Äppelwoi, zu dem man die gleichen Spezialitäten ißt wie zum »richtigen« Wein: Handkäs' (mit oder ohne Musik), Weißkäs', Worscht, Preßkopf oder die beiden letzteren als Salat angemacht.
Sogar zu den Desserts hat man hier immer einen der schweren Weine getrunken. Mit Recht, wie sich überprüfen läßt!

Dippedotz (Rezept links)

Sauerkraut (Rezept ganz links)

Ganz oben: In Mittelhessen vor allem ist der »Dippedotz« heimisch – Reste von Wurst oder Braten, mit Kartoffeln, Zwiebeln und Apfel vermengt, im Ofen gebraten. Dazu gibt es überraschenderweise Apfelmus und Kaffee

Darunter sehen Sie das typisch hessische Sauerkraut, in Schweineschmalz gegart, mit Bakke, Rippchen und Haxe

RHEINGAUER WEINÄPFEL

(Bild Seite 100)

4 große, fruchtige Äpfel (vorzugsweise Boskoop), 2 EL gehackte Walnußkerne, 1 EL Sultaninen, 2 EL Zimtzucker, ½ l halbtrockener Riesling (Rheingau)

Die Äpfel schälen und die Kerngehäuse großzügig herausstechen. In eine feuerfeste, tiefe, möglichst genau passende Form setzen und mit den vermischten Walnüssen, Sultaninen und Zimtzucker füllen. Den Wein angießen

Schloß Wilhelmshöhe bei Kassel. Im schönsten Bergpark von Europa, zwischen Kaskaden und Fontänen gelegen, beherbergte es von 1807–13 Jérôme, den Bruder Napoleons und König von Westfalen. Heute Museum, Zentrum der Documenta, des bedeutendsten Ausstellungsortes für die Kunst unserer Zeit

und die Äpfel mit Alufolie zugedeckt in den Ofen schieben. Auf 220 Grad stellen und die Äpfel 40 Minuten backen.
Man kann sie so essen, mit ihrem köstlichen Weinsaft. Noch besser: daraus eine Weinschaum-Sauce zubereiten. Den Saft abgießen und mit ½ TL Vanillezucker zum Kochen bringen. Unterdessen drei Eier mit 50 g Zukker schaumig rühren. Den kochenden Saft angießen und die Sauce dicklich schlagen. Beides zusammen heiß servieren.

Weinäpfel (Rezept S. 99) und Apfelleibchen (Rez. links)

APFELLEIBCHEN

(Bild rechts)

Dies ist ein sehr einfaches Rezept, das einst in den Bauernhöfen, als Brot noch selbst gebacken wurde, ganz nebenher entstand – eine billige und delikate Resteverwertung: Man nahm einfach übrigen Brotteig, hüllte Äpfel hinein und buk sie bei gelinder Nachhitze. Heute muß man sich anders behelfen . . .

4 Äpfel, 1 Paket fertige Brotmischung, etwas Butter

Die Äpfel waschen, trocknen und in den nach Packungsaufschrift hergestellten Teig hüllen. Gehen lassen, mit Butter bestreichen und bei 180 Grad 45 Minuten backen. Nach Belieben den Teig mit Zimt und Anis würzen.

SCHMANT-KUCHEN

(Bild rechts)

500 g Mehl, ¼ l Milch, 2 EL Zucker,
1 Päckchen Hefe, 2 EL Öl, Salz,
100 g Rosinen, ½ l Milch, 40 g Speisestärke,
4 EL Zucker, 3 Becher Sahne à 250 g
(oder Crème fraîche), 2 EL Zucker

Mehl in eine Schüssel sieben und in die Mitte

Mittleres Bild: Die Rheingauer Weinäpfel versöhnen das »gemeine« Obst mit dem »edlen« Rebensaft dieses gesegneten Landstrichs, dessen charaktervolle Weine zu Recht Weltruf genießen. Der in Brotteig gehüllte Apfel ist dagegen eher eine kinderfreundliche Resteverwertung. Rechts: Ein sahnereicher, »schmantiger« Belag macht aus dem einfachen Hefekuchen eine leckere, aber mächtige Kaffee-Mahlzeit

Schmant-Kuchen (Rezept links)

Frankfurter Bethmännchen (Rezept unten)

Clemens Brentano, Dichter der Romantik und großer Märchenerzähler: Er verbrachte seine Jugend in Winkel im Rheingau und siedelte sein Spätwerk »Gockel, Hinkel und Gakkeleia« bei Gelnhausen an, der märchenhaften Kaiserpfalz des Barbarossa. Die deutsche Märchenstraße beginnt in Hanau, dort, wo die Gebrüder Grimm das Licht der Welt erblickten, und folgt dann deren Spuren bis hinauf nach Bremen. Die bemerkenswerten Stationen neben anderen: Steinau, wo Jacob und Wilhelm Grimm ihre Jugend verbrachten, mit seinen Marionettenspielen; Grebenhain mit seiner Teufelsmühle; Herbstein, Lauterbach und Alsfeld mit ihrem Fachwerk; Fritzlar, Kassel und die Sababurg unseres Dornröschens

Ein luxuriöses Marzipangebäck, diese Bethmännchen, die sich früher wohl nur ein reicher Bankier namens Bethmann leisten konnte – heute für jedermann erschwinglich

eine Mulde drücken. Milch hineingießen, mit Zucker, Hefe und einem Teil des Mehles einen Vorteig anrühren und eine Viertelstunde an warmem Ort gehen lassen. Dann mit einer Prise Salz und dem Öl zu einem Teig verkneten und nochmals gehen lassen. Ein Backblech mit Öl bepinseln, den Teig darauf ausrollen und nun die Rosinen darüber verteilen. Nochmals gehen lassen und in der Zwischenzeit aus Milch, Speisestärke und Zucker einen Flammeri kochen und 2 Becher Schmant (Sahne) unterrühren. Diese Masse auf den Teig streichen. Bei 200 Grad 30 Minuten backen. Nun den restlichen Becher Schmant mit 2 EL Zucker vermischen, über den Kuchen geben und nochmals 5 Minuten in den Ofen schieben.

Zu guter Letzt diese Frankfurter Nascherei. Schmeckt nicht nur zur Weihnachtszeit, sondern auch rund ums Jahr zum Tee.

BETHMÄNNCHEN

(Bild oben)

Für 20–25 Stück:
200 g Marzipanrohmasse,
3 EL feiner Zucker (kein Staubzucker),
½ Eiweiß, Rosenwasser
(in Apotheken erhältlich), 50 g Mandeln

Die Marzipanmasse mit 2 EL Zucker und etwas Rosenwasser gut durchkneten.
Zu Rollen mit einem Durchmesser von zwei Zentimetern formen. In gleich große Stücke schneiden, sie zu Kugeln rollen. Die abgezogenen, längs halbierten, noch feuchten Mandeln mit der Spitze nach oben andrücken (3 pro Bethmännchen), dabei den Kugeln eine Dreispitzform geben. Über Nacht trocknen lassen. Das Eiweiß mit dem Rest des Zuckers verkleppern und die Bethmännchen damit bepinseln. Auf ein leicht gefettetes Backblech setzen und ganz oben im Backofen bei 100° backen, bis die Spitzen hellbraun sind. Damit die Bethmännchen vor zuviel Unterhitze geschützt sind, ein leeres Blech darunterschieben.

Hallig im Wattenmeer – bei Sturmflut braust die wilde See bis an die Häuser. Im flachen, von Sielen durchzogenen und durch Deiche geschützten Westen Holsteins feierte das Meer einst seine größten Triumphe über das Land und bedroht es auch heute noch mit Sturmfluten. Im Osten gebärdet sich die Ostsee weniger wild, »nagt« aber ebenfalls kontinuierlich. Dazwischen liegt ein reiches Land mit viel Ackerbau und hochentwickelter Viehzucht. Fisch, Fleisch und deftiges Gemüse in Eintöpfen, Milchprodukte und vor allem die typische Mischung von süß und sauer prägen die Küche

Schleswig-Holstein: Küche zwischen zwei Meeren

Was den Küstenbewohnern ihr Fisch ist, bedeutet den Bauern ihr Fleisch mit Gemüse. So bestehen hier verschiedene Küchen nebeneinander …

Schleswig-Holstein ist ein junges Land – in mehreren Beziehungen. Erdgeschichtlich entstand seine Form erst durch die Moränenlandschaft der letzten Eiszeit, im Osten mit fruchtbaren Böden, in der Mitte des Landes die Geest mit kargen Kies- und Sandablagerungen. Im Westen finden wir die satte Marsch, vom Meer angeschwemmtes Weideland. Die Nordfriesischen Inseln Sylt, Amrum und Föhr gehören zur eiszeitlichen Geest. Während noch im Mittelalter bei Flutkatastrophen viel Land verlorenging, versucht man heute mit Erfolg, dem Meer wieder Boden abzutrotzen, das bei Ebbe trocken liegende Wattenmeer einzudeichen und als Koog einer Bewirtschaftung zuzuführen.
Jung ist dieses Land auch, was seine Menschheitsgeschichte betrifft: Nur ganz wenige Funde zeugen aus der Altsteinzeit – 15000 Jahre alt. (Zum Vergleich: Der Heidelberger Mensch stammt aus der Zeit vor 500000 Jahren.) Immerhin entwickelte sich die offenbar neu zuziehende Bevölkerung in wenigen Jahrtausenden ebenso rasch wie in Dänemark und Südschweden, so daß hier in der Bronzezeit ein kultureller Mittelpunkt außerhalb des Mittelmeerraums entstand. Die Entwicklung setzte sich fort bis in die Zeit der Völkerwanderung. Ab dem vierten Jahrhundert nach Christus kam Schleswig-Holstein nicht mehr zur Ruhe … Zuerst durch die wandernden Völkerstämme – die Angeln zogen nach England, Jüten und Dänen drangen nach, ebenso Wenden aus dem Osten und Friesen aus dem Westen; nur ein Teil der Sachsen blieb. Ab der Zeit Karls des Großen schlugen sich fremde Mächte um den Besitz.

Zusammenschluß einer Vielfalt

Das, was wir heute Schleswig-Holstein nennen, besteht in dieser Form erst seit 1937, als das Land Altona an Hamburg abgeben mußte. Nach dem Ersten Weltkrieg hatte Dänemark einen Abschnitt dessen zurückgewonnen (durch Volksabstimmung), was Preußen erst 1866 für sich beanspruchte (Düppeler Schanzen, lernt man in der Schule!). Vorher gab es ein Spalten und Erben und Streiten, daß einem Hören und Sehen vergehen konnte – lange Zeit war das Land schließlich teils von den dänischen Königen, teils von den Holsteiner Grafen, teils von den Schleswiger Herzögen und teils von allen bzw. zweien gemeinsam regiert. Dazwischen lagen so allerhand Einsprengsel anderer Herrschaftsgebiete – wie das lange Zeit unabhängige Lauenburg und die Freie Hansestadt Lübeck. Alles das ist Schleswig-Holstein heute – ein Land, so vielfältig wie seine Geschichte. Ein Völkergemisch, das nach dem Zweiten Weltkrieg weit über eine Million Flüchtlinge aus den deutschen Ostgebieten in sich aufnahm. Die gemeinsame niederdeutsche Wesensart erleichterte deren Einleben sicherlich. Aber nur dem Außenstehenden kann es einfallen, von »dem Schleswig-Holsteiner« zu sprechen! Völkerwanderung und die verschiedenen staatlichen Verflechtungen haben es ebenso wie die Landschaft (welche überall andere Bedingungen bietet und also andere Menschen geformt hat) mit sich gebracht, daß hier Traditionen gepflegt werden, die anderswo, wo die Bedrängnis weniger groß war, längst verlorengegangen sind. So ist denn gerade die Küche bodenständig geblieben, und die jeweiligen Gerichte sind häufig nur ganz lokal anzutreffen, als Spezialität eines Landstrichs, einer Ortschaft, einer Insel, ja eines einzigen Hofes. Wenn die Auswahl der folgenden Rezepte auch notwendigerweise begrenzt ist, so werden sie doch einen Einblick in die Küche dieses jungen Landes geben.
Zunächst das Wichtigste – jene Eintopf-Suppen, über deren süß-sauer-rauchigen Geschmack ein großer Sohn von Lübeck, Thomas Mann, sagte, es handele sich um recht Barbarisches, eigentlich Ungenießbares. Nicht jeder denkt so!

Wie in allen vom bäuerlichen Leben stark geprägten Gegenden liebt man in Schleswig-Holstein eintopfartige Suppen. Früher wurden sie im Kessel über das Feuer gehängt – man ging aufs Feld, die Mahlzeit war zur Rückkunft fertig. Heute wird nicht mehr so gekocht, wenn auch die Buttermilchsuppe mit Schwemmklößchen (im Bild links) kaum anders schmeckt. Kürzere Kochzeiten erhalten jedoch die Vitamine und bewahren den Eigengeschmack der Zutaten: besonders wichtig bei der Buttsuppe aus Fehmarn (rechts)

RAUCHWURST IN BUTTERMILCHSUPPE

(Bild unten, links)

1½ l Buttermilch, 4 Eigelb,
2 EL Zucker, 2 EL Speisestärke,
500 g Trockenobst,
8 kl. geräucherte Kochwürste,
Schwemmklößchen (Rezept Seite 104)

Die Buttermilch aufsetzen und zum Kochen bringen. Unterdessen die Eigelb mit dem Zucker schlagen. Zum Schluß Speisestärke zumischen. Die Milch vom Herd nehmen und die Eimischung vorsichtig einlaufen lassen, dabei ständig mit dem Schneebesen rühren. Wieder auf den Herd stellen, unter unermüdlichem, kräftigem Schlagen dicklich kochen.

Das über Nacht in etwa einem Liter Wasser eingeweichte Backobst mit dem Einweichwasser aufsetzen und in etwa 30 Minuten fast gar kochen. Am Ende sollte das Obst fast alle Flüssigkeit aufgesogen haben. Das fertige Obst mit den Räucherwürsten in die Suppe geben und noch etwa 15 Minuten ziehen lassen.

Unterdessen Schwemmklößchen bereiten und in Salzwasser garen. Die Suppe in Suppentellern mit den Schwemmklößchen anrichten, die Würste auf einem Extrateller dazu servieren.

FEHMARNER BUTTSUPPE

(Bild unten, rechts)

In der Holsteiner Küche – der wir heute die der Insel Fehmarn einfach zurechnen – gibt es sehr viele Gerichte, die von zwei Tellern gegessen werden – genau wie dieses hier! Man serviert die Suppe mit Fleisch und Gemüse, auf einem anderen Teller den Fisch mit Kartoffeln. Da die Anrichtungsweise sicherlich nicht in ganz Deutschland Liebhaber findet, habe ich das Rezept »zusammengezogen«. Auch die Zubereitung wurde modernen Vorstellungen angepaßt.

Für 6–8 Personen:
1 kg Rauchfleisch,
1 Bund Suppengrün, 2 Zwiebeln,
jede mit 2 Nelken gespickt,
1 EL Pfefferkörner, 250 g Steckrüben,
1 kg Steinbutte, 1 Zitrone, Salz,
etwas Zucker und Essig, 3 Eigelb,
¼ l süße Sahne, 1 Bund Petersilie,
Schwemmklößchen (Rezept Seite 104)

Rauchfleisch mit ca. 2½ l Wasser aufsetzen und langsam erhitzen. Suppengrün putzen,

Rauchwurst in Buttermilchsuppe und Fehmarner Buttsuppe (Rezepte oben)

Schloß Ahrensburg im südlichen Holstein. Es ist eines der prächtigen Herrenhäuser, die vor allem im reichen Hügelland des Ostens zu finden sind. Diese Herrenhäuser entstanden im 18. und frühen 19. Jahrhundert und zeugen von einem unfehlbaren Geschmack. Ihre Bedeutung behielten sie bis zum Zweiten Weltkrieg: Hier wohnte der Gutsbesitzer, der sich um die Bewirtschaftung seines Landes kümmerte. Im fruchtbaren Ostteil des Landes hatten sich die Gutsbesitzer seit dem 16. Jh. immer größere Flächen zusammengekauft, und die Erlöse der für die wachsende Bevölkerung erzeugten Nahrungsmittel ermöglichten einen herrschaftlichen Lebensstil

Labskaus (Rezept Seite 107)

die schönsten Stücke zur späteren Verwendung zurücklegen – etwa die Hälfte der gesamten Menge. Abschnitte mit dem Fleisch 1½ Stunden ziehen lassen, ebenso die beiden Zwiebeln. Nur für die letzten zehn Minuten die Pfefferkörner mitkochen. Abgießen, Gemüse und Pfefferkörner wegwerfen. Rauchfleisch kleinschneiden. In der Brühe nun die in pommes-frites-artige Stifte geschnittenen Steckrüben mit den feiner zugeschnitzten Möhren und der in Scheibchen geschnittenen Sellerieknolle zehn Minuten kochen. Dann Lauch und die gehäuteten, mit Zitronensaft beträufelten und leicht gesalzenen Butte einlegen. Wiederum etwa zehn Minuten ziehen lassen. Butte herausheben und das Fleisch von den Gräten ablösen. Warm stellen. Die Suppe durch ein Sieb gießen, abschmecken. Mit Eigelb-Sahne-Mischung verschlagen. Rauchfleisch, Buttstücke und das zuletzt mitgekochte Gemüse wieder einlegen, mit abgezupften Petersilienblättern und den so heiß geliebten Schwemmklößchen als Einlage servieren:

SCHWEMMKLÖSSCHEN

(Bild Seite 103)

⅕ l Milch, 40 g Butter, Salz,
Muskatnuß, Pfeffer,
etwas abgeriebene Zitronenschale,
125 g Mehl, 3 Eier

Milch mit Butter und Gewürzen zum Kochen bringen, das Mehl mit einem Schwung zugeben und so lange durchrühren, bis sich die Masse vom Topfboden löst. Ein wenig abkühlen lassen, die Eier nacheinander sorgfältig einarbeiten. Klößchen abstechen und etwa acht Minuten in nur leise siedendem Salzwasser gar ziehen lassen.

★

Das Fleisch spielt in der Schleswig-Holsteiner Küche eine eigenartige Rolle: Zwar gehört es zum Essen, aber es dominiert nicht über das Ganze wie in anderen deutschen Gegenden. An Feiertagen freilich waren früher sogar zwei Fleischgänge gerade richtig: Geflügel und ein größerer Braten, vom Schwein oder vom Rind. Das Schwein ist weiterhin fleischerne Grundlage für den weitgerühmten Katenschinken und die vielerlei Holsteiner Mett- und Rauchwürste, die in allen Feinkostabteilungen zu finden sind. Der Schinken ist besonders mild, wird über harzfreiem Holz (Buche, Eiche) langsam geräuchert und reift in der salzig-würzigen Meeresluft. Auch andere Holsteiner Spezialitäten, wie der Räucheraal, Räucherlachs und die Kieler Sprotten, erhalten den zarten Duft über edlen Laubhölzern.

Die Schleswig-Holsteiner Rinder sind in der ganzen Welt als Zuchttiere nicht weniger begehrt als bei uns die ausgezeichnete Milch von den Marschen und Hügeln sowie viele Produkte, die aus ihr gewonnen werden. Der Wilstermarsch-Käse ist eine der typischen Spezialitäten.

HOLSTEINER LINSENSUPPE

(Bild rechts, oben)

500 g kleine braune Linsen,
je 200 g Möhren,
Sellerie und Lauch (Porree),
1 Petersilienwurzel, 5 Zwiebeln,
1 Knoblauchzehe,
40 g Schweineschmalz,
250 g Dörrpflaumen,
250 g roher Schinken, 100 g Speck,
Essig, Zucker, Pfeffer, Salz,
pro Person 1 Kohlwurst (ersatzweise
Mettwürstchen oder Krakauer)

Die Linsen in 2½ l kaltem Wasser aufsetzen und erhitzen. Gut eine Stunde leise köcheln

Links: Labskaus, das Seemannsessen aus Pökelfleisch, Kartoffeln, roter Bete und Matjes; mit Gurken, Rollmops und Spiegelei. Eine verwegene, aber erstaunlich harmonische Zusammenstellung, die man probieren muß, um sie schätzen zu lernen. Heute richtet man allerdings die einzelnen Zutaten in guten Restaurants auch getrennt an: Jeder kann sich zusammenstellen, was ihm persönlich paßt!

und quellen lassen. Inzwischen die Gemüse samt zwei Zwiebeln putzen und fein würfeln. Mit der gehackten Knoblauchzehe im Schmalz andünsten, dann mit den vorher eingeweichten und entsteinten Pflaumen und dem gewürfelten Schinken an die Suppe geben, die jetzt noch eine halbe Stunde leise köcheln muß. Den Speck würfeln, auslassen und die drei restlichen, feingehackten Zwiebeln darin anrösten. Die Suppe mit Essig, Zucker, reichlich Pfeffer und wenig Salz (Schinken ist salzig!) abschmecken und mit den Zwiebeln bestreut servieren.
Dazu gibt es pro Person eine Wurst, die 15 Minuten entweder in der Suppe oder in Wasser gezogen hat. Man kann sie mit gekochten Kartoffeln getrennt oder in der Suppe reichen. Das Rezept ist, je nach Appetit, für vier bis sechs Leute berechnet.

Holsteiner Linsensuppe (Rezept links)

PLOCKFINKEN

(Bild rechts)

Für 4 sehr herzhafte Portionen:
200 g weiße Bohnen, 750 g Fleisch (Reste aller Art, frisches oder gepökeltes Schweinefleisch, Herz, Nieren, auch Hühnerfleisch), je 250 g Möhren, Kartoffeln und Lauch (Porree), 500 g Schnippelbohnen, Pfeffer, Salz, Essig, Zucker, Petersilie

Die weißen Bohnen über Nacht einweichen. Abgießen und im Einweichwasser das Fleisch aufsetzen. Nach einer halben Stunde die Bohnen zufügen, nach weiteren 30 Minuten die gewürfelten Möhren. Zehn Minuten später die gewürfelten Kartoffeln untermischen. Weiterkochen, nach 15 Minuten den Lauch und wieder zehn Minuten später die Schnippelbohnen (abgetropft) zugeben. Dann das Fleisch kleinschneiden und zurückgeben.

Oben: Die Holsteiner Linsensuppe ist ein sättigender Eintopf, in dem Schinken und Backpflaumen eine typische »Ehe« eingehen

Rechts: Deftiger Bohneneintopf, Plockfinken oder Dickmusik genannt, damit bereits auf spätere Folgen anspielend. Mit Fleischresten!

Plockfinken (Rezept links)

Rechts: In eine saubere Serviette wird er geschlagen, dann über kochendes Wasser gehängt und im geschlossenen Topf eine Stunde gedämpft, bis er voll aufgegangen und gar ist – der Mehlbeutel. Das ist ein Hefeteigkloß, der kräftig gewürzt wird. Am besten schmeckt er, wenn man ihn mit frischem Schweineblut bereitet, üblicher ist heute Milch. Dazu gibt's gepökelte (Schweine-)Rippchen mit Rübchen und eine kräftige Senfsauce

Unten: Die Wirsingtorte stellt eine moderne Spielart von Kohlwickeln und Festtagsgerichten mit Kohl dar. So schichtet man gerne abwechselnd Grünkohl und Schweinefleisch, Weißkohl und Hackfleisch in höhere Formen und läßt das Ganze langsam (wie einen Pudding) gar ziehen. Dieses Rezept kommt mit kurzer Garzeit aus und fügt den einfachen Zutaten die »neumodischen« Champignons hinzu

Rippchen mit Rübchen und Mehlbeutel (Rezept Seite 108)

Wirsingtorte (Rezept rechts)

In Lübeck, im Haus der Schiffergesellschaft, ist dieses Modell des Piratenschiffs Störtebeker zu bewundern. Natürlich – nicht nur Seeräuber spielten in der Geschichte dieses Landes eine Rolle: Die Handels- und Kauffahrtei-Schiffahrt wurde schließlich in Lübeck zu erster Blüte im deutschen Reich gebracht. Im 14. Jahrhundert war die Hansestadt der wichtigste Umschlagpunkt Nordeuropas, ehe die Niederländer, Hamburg und Danzig größere Bedeutung gewannen. Das Lübische Recht galt im gesamten Ostseeraum. Die Flensburger ihrerseits fuhren nach Westindien und brachten den Rum mit, der heute noch Flensburgs Ruhm ausmacht. Kiel dagegen wuchs mit der Kriegsflotte des deutschen Kaiserreichs erst zu überragender Bedeutung

Abschmecken und mit Petersilie bestreut servieren.

★

Dies ist nur eines von unzähligen Rezepten für diesen weit verbreiteten Eintopf, der unter vielerlei Namen bekannt ist. Die Schleswig-Holsteiner sind in der Benennung ihrer Mahlzeiten schon immer sehr erfinderisch gewesen. Und wenn ein solcher Eintopf auch auf spätere Folgen verweisend »Dickmusik« oder gar »Abgestobte Muurmannsneesen«, also geschmorte Maurernasen, heißen kann, so existieren sicherlich noch andere, nicht minder witzige Spielarten.

LABSKAUS

(Bild Seite 104)

Woher das Gericht stammt, ist nicht eindeutig sicher – man kennt es vor allem aus der friesischen Küche. Vielleicht stimmt daher die Annahme, daß es ein Seemannsessen dargestellt: Alle Zutaten halten sich gut, können also eine längere Schiffsreise vertragen. Für Uneingeweihte handelt es sich um einen befremdlichen Mantsch! Den man allerdings auch ganz anders präsentieren kann, nämlich einzeln zubereitet und angerichtet – das ist der vollendete Beweis, daß auch die einfachen Gerichte der regionalen Küche Deutschlands den Ansprüchen »nouvelle cuisine« gerecht werden können!

Je 250 g Pökelfleisch vom Rind
und vom Schwein, 2 Lorbeerblätter,
10 Pfefferkörner, 1 TL Senfkörner,
2 Zwiebeln,
1 großes Bund Suppengrün
(entspricht 3–4 süddeutschen Bund),
1 kg Kartoffeln, 250 g rote Bete (Glas),
2 Salzgurken, 2 Matjesfilets,
20 g Schweineschmalz,
2 weitere Zwiebeln,
eventuell etwas Zucker und Salz
Weiterhin: Rollmöpse, Spiegeleier

Das Fleisch so eben mit Wasser bedeckt aufsetzen. Gewürze und kleingeschnittenes Gemüse zufügen. Zudecken und 90 Minuten leise köcheln lassen. Auch die Kartoffeln kochen. Fleisch herausnehmen und abgekühlt mit den Kartoffeln, den roten Beten, den Gurken und den kurz gewässerten Matjesfilets durch den Fleischwolf drehen. Im Schmalz die beiden feingehackten Zwiebeln gelb braten und zufügen. Eventuell die Masse mit Brühe oder dem Bete-Saft etwas flüssiger und breiiger rühren. Abschmecken (Salz wird wegen Pökelfleisch, Matjes und Gurken kaum nötig sein) und vorsichtig erwärmen. Mit Rollmöpsen und Spiegeleiern servieren.

Und nun zur Anrichtung neuer Art: Das Fleisch in Scheiben schneiden und auf jeden Teller von beiden Sorten eine Scheibe legen. Dazu jeweils: zwei Kartoffeln, ein Matjesfilet, eine Gurke (gefächert) und Scheiben knackig gekochter roter Bete.

Weiterhin Rollmops und Spiegelei, auf das Fleisch die gebratenen Zwiebeln. Mit Grünzeug auf einem großen Teller hübsch angerichtet sieht das höchst einladend aus und schmeckt phantastisch, weil jeder Esser sich die Dinge abwechselnd zu Gemüte führen kann …

Haubarg heißen diese geräumigen Bauernhäuser, in deren Mitte Getreide und Heu gestapelt werden. Die Menschen wohnen vorne, das Vieh hinten – alles unter einem Dach!

WIRSINGTORTE

(Bild links)

1 schöner Wirsingkopf,
400 g Hackfleisch, 4 große Zwiebeln,
3 große Möhren,
250 g frische Champignons,
30 g Butter, 1 Schuß Rotwein,
Pfeffer und Salz, Thymian, 2 Eier

Wirsing putzen, dann den Strunk ausschneiden. Den ganzen Kopf in einen großen Topf mit sprudelnd kochendem Salzwasser geben, jeweils nach einer Minute die dann weich gewordenen Außenblätter ablösen und herausheben. In reichlich kaltes Wasser legen, damit sie ihre schöne Farbe behalten. Den Kern ebenfalls herausheben, etwas abkühlen lassen. Zwiebeln grob würfeln. Möhren in kleine Würfel oder Streifen schneiden. Champignons putzen, kleine Pilze nur halbieren, größere vierteln, achteln oder blättrig aufschneiden. Die Butter bei milder Hitze zerlassen und die Zwiebeln darin ganz langsam glasig dünsten – unbedeckt. Möhren hinzufügen. Kurz mitdünsten, aber nicht weich werden lassen! Auch die vorbereiteten Champignons eine Weile mitdünsten. Dann Hackfleisch und den inzwischen feingeschnittenen Wirsingkern zufügen, mit Rotwein angießen, würzig abschmecken. Eier zumischen. In eine flache Kuchenform eine Lage Wirsingblätter legen, so daß ein breiterer Rand überhängt. Die Farce einfüllen und die Blätter umschlagen, obenauf in die Mitte ein besonders schönes Blatt legen. Bei 180 Grad im Ofen fest und gar werden lassen.

Man kann dieses Gericht auch sehr gut als Vorspeise anbieten – es reicht dann für sechs bis acht Personen. Ansonsten sind Vorgerichte in der einfachen Landesküche unüblich. Nur in den Herrenhäusern speiste man mit mehreren Gängen.

RIPPCHEN MIT RÜBEN UND SENFSAUCE

(Bild Seite 106, links)

500 g gepökelte Schweinerippen,
1 Bund Suppengrün, ½ l Fleischbrühe,
etwas Essig, 1 kg Steckrüben,
50 g Butter, Salz, Pfeffer, Muskatnuß,
¼ l süße Sahne
Für die Sauce:
40 g Butter, 1 EL Mehl,
2 EL scharfer Senf, 1 Prise Zucker,
1 Bund Petersilie

Rippen mit gehacktem Suppengrün in Fleischbrühe aufsetzen, mit einem Schuß Essig würzen und in 1½ Stunden langsam gar köcheln. Inzwischen die Rüben würfeln und in der Butter bei milder Hitze ebenfalls garen. Mit Salz, Pfeffer und Muskat abschmecken, die Sahne zugießen und unbedeckt dicklich kochen. Für die Sauce Butter und Mehl hell schwitzen, mit Fleischbrühe von den Rippen ablöschen, mit Senf würzen, abschmecken und mit der gehackten Petersilie vermischen. Als Beilage:

MEHLBEUTEL

(Bild Seite 106, rechts)

350 g Mehl, 2 Eier, Salz,
⅛ l Milch, ½ Würfel Hefe,
Gewürze: Pfeffer, gemahlene Nelken,
Zimt, Kardamom, Piment, Muskat,
abgeriebene Zitronen- oder
Orangenschale

Mehl mit Eiern und Salz verrühren, dann erst

Porrenkartoffeln (Rezept rechts) und Rührei mit Kieler Sprotten (Rezept Seite 110)

die in lauwarmer Milch aufgelöste Hefe untermischen. Gut durchschlagen und an warmem Ort zugedeckt (kurz vorgeheizter Backofen, bei geschlossener Tür!) eine halbe Stunde gehen lassen. Mit Gewürzen nach Wahl durchkneten. In ein Leinentuch (Handtuch, Serviette) einbinden, das leicht mit Mehl bestäubt wurde – oben muß freier Raum bleiben. An einem Kochlöffel in einen großen Topf mit ein wenig Salzwasser hängen oder in einen Siebeinsatz legen; der Beutel darf das Wasser nicht berühren! Zudecken und eine Stunde bei starker Hitze gar dämpfen.
Tip: Sehr gut und würzig schmeckt der Mehlbeutel mit Schweineblut an Stelle von Milch. Bei Ihrem Metzger vorbestellen!

★

Schleswig-Holstein ist das Land der Nordseekrabben – die Krabbenkutter fahren hauptsächlich von vier Häfen (Friedrichskoog, Büsum, Tönning und Husum) aus. Am ertragreichsten sind die Monate September, Oktober und November. Noch immer werden diese Krabben, die in der Küche aber Granat oder Porren heißen, mit der Hand gepult – die Maschine, von der immer wieder einmal zu lesen ist, befindet sich noch in der Entwicklung. Man ißt Krabben (die korrekterweise Garnelen heißen) gerne auf deftigem, reich gebuttertem Brot und läßt sich einen Klaren (Korn oder Aquavit) dazu schmecken. Hier ein Hauptgericht:

Bild links: Nordseekrabben, Porren oder Granat genannt, finden sich hier mit Kartoffeln in einem Gericht zusammen, das Rührei bekommt durch Sprotten seinen würzigen Meerescharakter

Unten: Kirschpudding mit gemahlenen Mandeln. Zu dem mächtigen Dessert gibt es nach Belieben Vanille- oder Sauerkirschsauce

PORRENKARTOFFELN

(Bild links)

1 kg mehlige Kartoffeln, 40 g Butter,
¼ l Milch, ¼ l süße Sahne,
Salz, Pfeffer,
reichlich Petersilie oder Dill,
500 g gepulte Nordseekrabben

Kartoffeln kochen und etwas abkühlen lassen. Handwarm schälen und in Scheiben schneiden. Mit Butter, Milch und Sahne vorsichtig mischen, aufkochen, bis die Flüssigkeit sämig wird. Würzen und mit Kräutern und Krabben mischen.

Kirschpudding mit Mandeln (Rezept Seite 110)

RÜHREI MIT KIELER SPROTTEN

(Bild Seite 108)

250 g Kieler Sprotten, 1 Schuß Milch,
6–8 Eier, Pfeffer, Salz, 40 g Butter,
reichlich Schnittlauch

Die möglichst frischen Sprotten von Kopf und Schwanz befreien, die Mittelgräten nach unten abziehen. Eier mit Milch und Gewürzen verquirlen (nicht schlagen!) und in die schäumende Butter gießen. Bei sehr milder Hitze unter öfterem Schaben stocken lassen. Sprotten zugeben, alles neben dem Feuer zugedeckt noch fünf Minuten ziehen lassen. Dazu gibt es Vollkornbrot mit Butter und einen guten »Köm«, einen Kümmelschnaps.

★

Das Dessert Schleswig-Holsteins ist, wer vermutet es nicht, die rote Grütze. Es gibt hierzu so viele Rezepte und Varianten, daß man sie nicht zählen kann. Und wohl jeder hat sein Rezept, so daß wir diesmal darauf verzichten können. Lieber ein Beispiel für die alten, häufig gemachten Puddings, die in der Form gekocht werden:

KIRSCHPUDDING MIT MANDELN

(Bild Seite 109)

100 g zimmerwarme Butter,
50 g Zucker, 4 Eier,
250 g gemahlene Mandeln,
einige Tropfen Bittermandelaroma,
1 gute Prise gemahlener Zimt
und Nelken,
200 g gemahlener Zwieback,
1 Glas Sauerkirschen (Inhalt 680 g),
Butter und Zwiebackbrösel
für die Form

Die Butter mit Zucker langsam schaumig rühren, dann nach und nach Eigelb, Mandeln, Gewürze und Zwieback daruntermischen. Vorsichtig den steif geschlagenen Schnee der vier Eiweiß unterziehen, zum Schluß die abgetropften Kirschen zufügen. Nun in eine mit Butter ausgestrichene, mit Zwiebackbröseln ausgestreute Puddingform (Weißblech, mit Deckel, gibt es in guten Haushaltsläden oder -abteilungen) füllen, diese verschließen und

In einer speziellen Pfanne mit Vertiefungen im Boden werden die »Förtchen« gebacken. Dazu gibt es »Pharisäer« aus Kaffee und Rum mit Sahne, dessen Entstehungsgeschichte durchaus amüsant ist: Der Pfarrer von Nordstrand wetterte über seine Schäfchen, die dem Rum zu kräftig zusprachen. Er empfahl ihnen Kaffee – den sie heimlich mit dem gewohnten Rum verlängerten. Die spontane Liebe zum Kaffee aber schien dem Pastor suspekt, er kostete und sprach: »Pharisäer«!

Förtchen in ihrer speziellen Bratpfanne (oben) und mit Pharisäer (unten; Rezepte rechts)

Oben: Der Schleswiger Apfelkuchen, gebakken mit Zwiebackbröseln, wird in Dänemark nicht viel anders zubereitet. Man nimmt säuerliche, aber aromatische Äpfel, etwa Ingrid Marie. Dazu schmeckt Kaffee, Tee oder ein Punsch mit »Köm«, einem ordentlichen Schuß Kümmelschnaps

Etwas landjunkerhaft und preußisch sieht er auf diesem im Jahre 1904 entstandenen Bild schon aus, ist aber doch ein Städter, ein Bürgersohn: Thomas Mann, drei Jahre nach Erscheinen seines ersten Romans »Die Buddenbrooks«, der ein Riesenerfolg wurde. Der große Dichter erhielt, etwas verspätet, 1929 den Nobelpreis, was ihn den Deutschen offensichtlich wesentlich lieber machte, als es sein viel sozialkritischerer Bruder Heinrich je wurde. Beide aber waren lange Zeit in ihrer Geburtsstadt Lübeck nicht übermäßig angesehen, Heinrich hat bis heute noch nicht »seine Straße bekommen«. Thomas ist wenigstens Ehrenbürger, was er mit Willy Brandt gemeinsam hat. Ansonsten ist Lübeck heute weltbekannt durch sein Marzipan, das bestimmt eine Sünde wider den Kaloriengeist wert ist

in einen passenden Topf stellen. Mit kochendem Wasser bis kurz unter den Rand der Form angießen, Topf zudecken und den Pudding bei milder Hitze, ohne zu kochen, in einer knappen Stunde gar werden lassen.

Dazu essen: eine mit Stärkemehl gebundene Sauce aus dem Saft der Kirschen oder Vanille-Sauce.

SCHLESWIGER APFELKUCHEN

(Bild oben)

Dieser Kuchen ist beinahe ein Dessert und erinnert stark an dänische Kuchen. Kein Wunder, die verschiedenen Landesküchen vermischen sich hier. Auf jeden Fall wird der Apfelkuchen im allgemeinen nicht gestürzt. Will man ihn dennoch nicht in der Form servieren, muß man den Zwiebackanteil ein wenig erhöhen und sollte auch zwei Eier zum Binden untermischen.

300 g Zwieback,
750 g säuerliche Äpfel (geschält, ohne Kernhaus), 150 g Butter,
100 g Zucker, Rum

Zwieback reiben, Äpfel vorbereiten und nach dem Wiegen in dünne Schnitze teilen oder grob raspeln. Eine hübsche Kuchenform mit reichlich Butter ausstreichen und mit Zwiebackbröseln ausstreuen. Die Äpfel mit dem restlichen Zwieback vermischen, zuckern und mit Rum beträufeln. Diese Mischung in die Form füllen, wobei immer wieder Butterflöckchen zugefügt werden müssen – zum Schluß dürfen nur noch einige Flöckchen für die Oberfläche übrig sein. Nach dem Belegen den Kuchen in die sehr heiße Röhre schieben (240 Grad), nach zehn Minuten die Hitze auf 150 Grad zurückschalten und den Kuchen in einer Stunde fertigbacken.

Zu diesem Kuchen, dessen herrlicher Butter-Zucker-Geruch das ganze Haus durchzieht, trinkt man Kaffee, Tee oder einen »Köm«-Punsch. Dazu bereitet man einen nicht zu starken Tee, der mäßig gesüßt wird. Auf gut ⅔ sehr heißen Tee gießt man ⅓ Kümmelschnaps auf!

FÖRTCHEN

(Bilder links)

Sie werden auch Futtjens, Förn, Fortiis, Pförtchen und Ballbäuschen genannt!

¼ l Milch, ⅛ l Schlagsahne, 5 Eier,
65 g Fett, 320 g Mehl, 1 Prise Salz,
1 Prise Kardamom,
1 Prise Muskatnuß, gemahlen,
1 Würfel frische Hefe (42 g),
1 geh. EL Zucker, 1 P. Vanillezucker,
50 g gehackte Mandeln,
125 g Rosinen,
Fett zum Ausbacken,
Zucker und Zimt zum Bestreuen

Aus sämtlichen Zutaten rührt man einen schwer fließenden Hefeteig. Warm stellen und 20 Minuten gehen lassen.

Eine Förtchenpfanne ausfetten, den Teig hineingeben und beiderseits gut bräunen. Mit Zucker und Zimt bestreuen.

Variante: Rosinen und Mandeln weglassen, statt dessen die Förtchen mit Apfelstücken oder mit Apfelmus oder Pflaumenmus füllen. Gut schmeckt es auch, wenn man Apfelmus und Pflaumenmus zu gleichen Teilen mischt und dieses nach dem Backen der ersten Seite auf die Mitte des Teiges gibt. Umdrehen und fertigbacken.

PHARISÄER

(Bild links unten)

Das Rezept ist so einfach wie nur was: In jede Tasse kommen, ganz nach Geschmack, ein bis drei Zuckerwürfel. Nun gießt man heißen, möglichst starken Kaffee bis gut ¾ Höhe auf, gibt einen ordentlichen Schuß hocharomatischen Jamaica-Rum hinzu und krönt das Ganze mit Schlagsahne.

»Herbstsonne« heißt dieses romantische Bild. Man läßt sich's wohl sein, wenn die letzten Sonnenstrahlen den Wein reifen lassen – sehnt sich aber auch nach draußen, nach der Ferne. So sind denn die Pfälzer in alle Welt gezogen, haben Saumagen und Leberwurst in Amerika eingebürgert, bauen Wein in Chile und Australien. Nie aber vergessen sie die Heimat, das Weinland im Osten, die bergigen Wiesen und Wälder im Westen. Alles hat etwas Heimeliges hier, ist überschaubar und ländlich. Wurzelt in langen Traditionen und einer komplizierten, abwechslungsreichen Geschichte. Genauso das Essen …

Pfalz: Die alte Küche der Winzer und Bauern

Was die Natur diesem vielfältigen Land reich und weniger reich gibt, haben die Menschen in ihrer Küche zu schlichter, aber üppiger Vollkommenheit gebracht

Es ist ein Jammer, daß der Dichter des Nibelungenliedes dem Essen nicht die gleiche Aufmerksamkeit und Ausführlichkeit gewidmet hat wie den Kleidern der Könige und dem Geschmeide der Königinnen! Während er diese in aller Genauigkeit beschreibt, begnügt er sich mit dem Hinweis, daß »reich getafelt« wurde. Allerdings, etwas erfahren wir dann doch: Man ging häufig zur Jagd. Und die Strecke wurde natürlich verzehrt, über offenem Feuer gebraten – was wir grillen nennen. Und wir wissen, daß viel Fisch (aus dem nahen Rhein) auf den Tisch kam, wohl auch häufiger auf dem Rost gebraten als gekocht. Weiterhin war schon bekannt das Sauerkraut, wie überhaupt Kohl- und Wurzelgemüse neben den vielerlei Breis und Musen (muos) aus Getreide (Dinkel und Gerste) die Grundlage der Ernährung bildeten. Das Brot war noch äußerst mäßig, glich mehr einem Fladen als unserem lockeren Brot. Eier und Milch gab es, doch waren Produkte aus den heute allgemein gebräuchlichen Nahrungsmitteln wegen ihrer großen Seltenheit den Reichsten vorbehalten. Auf jeden Fall hatten die Nibelungen aus dem Stamme der Burgunder, die ja aus dem Norden, von Bornholm, kamen, eine ausgeprägte Vorliebe für Fleisch. Und das ist in der heutigen Pfalz noch immer so: Das Hauptstück einer guten Mahlzeit sollte schon ein schöner Braten sein!

Die Pfalz – mehr Gefühl als festgefügtes Land

Der Name Pfalz leitet sich ab aus dem lateinischen *palatium*, also dem Besitz der Pfalzgrafen bei Rhein, dem *palatinus*. Pfalzgrafen waren seit dem 6. Jahrhundert Hofbeamte mit verschiedenen Aufgaben, vor allem bei Gericht. Mit den Bayern, Sachsen und den Schwaben gab es die Pfalzgrafen von Lothringen (Sitz Aachen), die sich später die Pfalzgrafen bei (am) Rhein (Sitz Heidelberg) nannten. Heidelberg blieb schließlich bis 1720, als die Residenz von Karl III. Philipp nach Mannheim verlegt wurde, Hauptstadt. Bis dahin aber war viel passiert: Nach den Staufern, die die Pfalz 1156 vom Kaiser zugesprochen bekamen, gelangte sie für kurze Zeit an die Welfen, 1214 dann schließlich an die Bayern. Seitdem ist die Pfalz stets wittelsbachisch geblieben, was sehr viel einfacher klingt, als es war. Denn verschiedene Linien des Hauses, durch Erbteilungen entstanden, stritten sich um den Besitz, starben aus und vererbten in diese und jene Richtung. War eine Tochter nach dem Ausland verheiratet worden – in der Pfalz heiratete man allerdings gerne innerhalb der weitverzweigten Familie –, gab es immer neuen Anlaß für Streitigkeiten: Am gravierendsten waren die Kriege, die Ludwig XIV. anzettelte, um für seine Schwägerin Liselotte Erbansprüche geltend zu machen. Er besetzte die gesamte Pfalz, zerstörte das Land nachhaltig und mußte es auf Druck ganz Europas schließlich wieder herausgeben. Endlich kamen im 17. und 18. Jahrhundert noch Religionskämpfe hinzu, denn nicht alle Mitglieder des Hauses blieben katholischen Glaubens. Im Gegenteil, Johann Casimir, der Jäger aus Kurpfalz, träumte lang von einem reformierten Rheinstaat, der von Basel bis an die Nordsee reichen sollte. Immerhin: Er holte sich, wie Ende des 18. Jahrhunderts Landgraf Ludwig, Glaubensflüchtlinge aus den Niederlanden und Belgien ins Land. Sie brachten den Handel zum Blühen, richteten die ersten Tuchwebereien ein und legten den Grundstock für die heute so bedeutende Schuhindustrie (Pirmasens).

Inzwischen aber war unsere Pfalz endgültig

Die Pfalz, das Herzstück Europas, hat jahrhundertelange Erfahrung in der Bewirtung von Gästen. Schon zu Zeiten der Römer bildete sich eine Tradition, die unverdrossen fortzuleben scheint. Schaut der Reisende allerdings näher hin, wird er bald erkennen, daß sich die Pfälzer selbst nicht minder gerne bewirten beziehungsweise bewirten lassen! Die gemütlichen Wirtshäuser und Weinstuben können nen über mangelnden Besuch wahrhaftig nicht klagen: Die Pfälzer sind ein geselliges Völkchen und treffen sich am liebsten beim Wein. Dann gibt's die uralten Spezialitäten, etwa einen Weiß- oder Spundekäs, Würste, Schinken oder auch etwas Einfaches, aber stets mit Liebe Gekochtes

und gänzlich zu Bayern gekommen – genaugenommen umgekehrt, denn Bayern war dem aus dem Sulzbacher Zweig stammenden Karl Theodor zugefallen, der 1742 das Erbe des erloschenen Hauses Pfalz-Neuburg angetreten hatte. Aber da Bayern rief, zog Karl Theodor äußerst widerwillig nach München. Und mußte prompt den Verlust der linksrheinischen Pfalz hinnehmen, die sich Frankreich im Verlaufe der Revolution einverleibte. Der rechtsrheinische Teil wurde an Baden, Hessen und Leiningen verteilt. Aber 1816 kamen die linksrheinischen Gebiete dann wieder an Deutschland zurück, der größte Teil an Bayern, der Rest an Hessen und Preußen. Der bayerische Teil ist das Gebiet, was wir heute als Pfalz bezeichnen – natürlich nicht identisch mit den Bezirken des Bundeslandes Rheinland-Pfalz!

Wenn Ihnen dies schon reichlich kompliziert vorkommt, dann muß man wohl verzweifeln, wenn man die ältere Geschichte mal genauer studiert: Da gibt es in der Pfalz eine Unzahl von kleinen und größeren Gebieten, die teils der Kurie gehörten (am wichtigsten: Speyer und Worms), teilweise eigenständigen Häusern (Leiningen), Lehensleuten oder auch Familienzweigen, die immer wieder eine eigene Politik verfolgten.
So ist es gar nicht verwunderlich, daß die Pfalz eigentlich viel mehr ein Lebensgefühl, eine Stimmung vermittelt, als das Bewußtsein aufkommen läßt, in einem ganz bestimmten Land zu sein. Das wird freilich verstärkt durch die Vielvölkermischung, die hier entstanden ist: Religionsflüchtlinge, hängengebliebene Soldaten beziehungsweise deren Hinterlassenschaft, Handels- oder Handwerksleute, denen es hier so gefiel, daß sie ihr eigentliches Ziel vergaßen, verschmolzen mit den fränkischen Einwohnern zu einem in Deutschland wohl einzigartigen Konglomerat, dem das Wohlsein auf Erden, die Lust am Leben im Blute zu liegen scheint ...

Das Weinland Pfalz

Als das Reich Karls des Großen im Vertrag von Verdun 843 dreigeteilt wurde, fiel das Land zwischen Elsaß, Nahe und Rhein an das Ostreich, das spätere Deutschland. Wie es ausdrücklich festgehalten wurde: »propter vini copiam«, der Fülle des Weines wegen – weil man auf den Wein, das Sinnbild des sich festigenden Christentums, auch in dem Teil nicht verzichten konnte. Der Wein war also bereits in jener Zeit ein Politikum. Heute ist

Weiß- oder Spundekäs (Rezept Seite 114)

Falscher Schnepfendreck (Rezept Seite 118)

Aus Nieren, vielen gemischten Kräutern und Rotwein haben die Pfälzer Hausfrauen dieses Rezept für falschen Schnepfendreck entwikkelt, das den jagenden Männern den Verlust des echten verwinden läßt

er es nicht minder: Der Pfälzer Wein, in seinen großen Lagen schon immer zu den »Spitzen« Deutschlands gehörig, mußte sich in den letzten Jahren für die einfacheren Gewächse etwas einfallen lassen. Denn aus der südlichen Pfalz kamen die Grundweine für Sekt, und so mancher Tanklastzug aus diesem Bereich fuhr des Nachts an die Mosel. Heute hat der Pfälzer Wein seinen guten Ruf wiedererlangt – voll und ganz berechtigt, und auch die geringeren Lagen überzeugen durch ihre saubere Qualität.

»Wo Wein wächst, gibt es auch eine gute Küche«, behauptet der König der Köche, Paul Bocuse. Zumindest, was die Pfalz betrifft (von Frankreich natürlich zu schweigen), hat er recht: Die Pfälzer Küche zeugt von hoher Qualität. Dabei sind es nicht die spektakulären Kreationen großer Köche, denen man sich hier mit Hingabe widmen kann, sondern den überlieferten, erst in Jahrhunderten gewachsenen Gerichten der Hausfrauen. Durch die soziale Struktur des Landes, in dem nicht große Güter, sondern kleinere Höfe und Winzerbetriebe das Bild bestimmen, hat man den Kontakt zum Grundprodukt hier nicht verloren. Und so sind auch die Einflüsse moderner Gastronomie samt ihren Vorstellungen von internationaler Küche mit Ananas und Curry nur äußerst zaghaft aufgenommen worden.

Im Dorfgasthaus, in der Weinstube, selbst im gehobenen Restaurant für den besonderen Anlaß finden sich auf der Karte hauptsächlich alte Pfälzer Spezialitäten. Und wer nur einmal einen selbstgemachten Saumagen gegessen hat, der wird an diese »Sauerei« noch lange zurückdenken. Obwohl von den Zutaten ganz unscheinbar (Kartoffeln, Schweinefleisch, Speck, Wurstbrät, Zwiebeln und überall übliche Gewürze), ist er ein beispielhaftes Zeugnis von bodenständiger Kochkunst: Wer ihn zum ersten Male macht, dem wird er kaum gelingen – dazu gehört das traditionelle Gefühl. Und eben der Magen einer Sau, den kaum ein Metzger mehr anbietet. Tröstlich: Auch die Pfälzer machen ihn nur noch selten selbst, essen ihn lieber in der Wirtschaft. Andere Spezialitäten, die nirgends auf der Karte fehlen und die so gut zum Wein passen, kann jeder zubereiten:

HANDKÄS MIT MUSIK

(Bild Seite 117)

Pro Person:
1 Handkäs (Mainzer) von 125 g, 20 g Butter, ½ gehackte Zwiebel, 2 EL Öl, 1 EL Essig, Salz, Pfeffer

Den Handkäs, der gut durchgereift sein und fast zerlaufen muß, mit der Butter zerdrükken, die übrigen Zutaten darübergeben und alles »vermantschen«. Wird mit Brot und Butter zum Wein gegessen – manche Leute lieben auch Kümmel dazu und gießen ein Gläschen Korn oder Apfelschnaps daran. Oder lassen den Käse ganz und schneiden ihn erst bei Tisch auf dem Teller!

WEISS- ODER SPUNDEKÄS

(Bild Seite 113)

Man ißt ihn meist mit Roggenbrot (Sauerteigbrot) und Butter. Sein Name kommt von der Form, die man ihm früher gab: Er wurde zu faßspundartigen Rollen gedreht.

250 g Quark (20 oder 40%), ⅛ l saure Sahne, 1 große Zwiebel, Pfeffer, Salz, Delikateßpaprika

Den Quark locker mit der Sahne aufschlagen, die besonders klein geschnittene Zwiebel und

Nirgendwo kommt die Bescheidenheit der Pfälzer Küche so klar zum Ausdruck wie bei den Suppen. Aber Vorsicht: Bescheiden heißt hier alles andere als ärmlich! Nein, man hat sich mit dem beschieden, was in bester Qualität zur Verfügung steht. Läßt den Zutaten ihren natürlichen Geschmack, begnügt sich damit, einfache und klare Nuancen oder Reize genau und deutlich auszuprägen. Eine gebrannte (geröstete) Grießsuppe ist etwas Alltägliches, gut zubereitet aber selten geworden (im Bild links). Und die saure Kartoffelsuppe (im Bild rechts) wäre gar nichts ohne tadellose, leicht mehlige Kartoffeln, wie man sie in der Pfalz liebt und anbaut

Gebrannte Grießsuppe (links im Bild) und saure Kartoffelsuppe (Rezepte Seite 116)

Worms um 1572. Der Kupferstich zeigt eine türmereiche Stadt, die sich ihrer Macht sehr wohl bewußt ist. Dort thronten einst die Nibelungen – sie übernahmen jedoch nur eine Stadt, die unter den Römern schon in Blüte stand. Im Mittelalter fanden hier rund 100 wichtige Reichstage statt, unter anderem der von 1521, auf dem Luther den Widerruf seiner Schriften ablehnte, worauf im Wormser Edikt die Reichsacht über ihn und seine Anhänger ausgesprochen wurde

Rechts: Weinlese im 19. Jh. – was Lieder fröhlich besingen, war durchaus harte Arbeit. Mißernten brachten die Winzer häufig an den Rand des Ruins. Sie litten, wie auch die Bauern, größte Not. Abgaben und Kriegsdienst mußten geleistet werden. Um 1520 empörte sich Franz von Sickingen über das Los der unterdrückten Bauern, die schließlich bei der Nußdorfer Kerwe unter dem Zeichen des Bundschuhs »aufsässig« wurden, wie es so schön heißt, und Klöster und Burgen plünderten. Der Aufstand wurde in den Weinbergen bei Worms brutal und blutig niedergeschlagen

die Gewürze zufügen und zimmerwarm servieren – nicht kalt, wie üblich.

Eine ausgefallenere Zubereitung ist diese Köstlichkeit:

FALSCHER SCHNEPFENDRECK

(Bild Seite 114)

Echter Schnepfendreck ist die Lust der Schlemmer: Der zarte Kräuterinhalt der Gedärme von Schnepfen. Heute müßte man ihn mit Gold aufwiegen, so selten ist er geworden. Sparsamer ist da schon dieses Ersatzrezept:

2 Kalbsnieren, 1 Zwiebel,
1 Bund gemischte Kräuter, 40 g Butter,
1 Glas Rotwein, Salz, Pfeffer, Brotscheiben

Die Nieren putzen, abhäuten und grob zerschneiden, ebenso die Zwiebel. Beides dann durch den Fleischwolf drehen. Die Kräuter waschen und fein hacken. Nieren und Zwiebeln in der Butter etwas dünsten, dann mit Rotwein angießen. Würzen und die Flüssigkeit fast gänzlich verdampfen lassen. Zum Schluß die Kräuter untermischen, gut abschmecken und die Masse auf geröstete Brotscheiben streichen. Kurz überbacken.

SAURE KARTOFFELSUPPE

(Bild Seite 115, rechts)

Diese Suppe paßt wegen ihrer leicht säuerlichen Note besonders gut zu Blut- und Leberwürsten.

1 kg mehlige Kartoffeln, 2 Möhren,
eine Stange Lauch, ½ Sellerieknolle,
2 Zwiebeln,
1 großes Bund Petersilie (möglichst mit
Wurzeln), 1 Knoblauchzehe,
40 g Schweineschmalz (oder anderes Fett),
1 Lorbeerblatt, 2 Nelken, reichlich Majoran,
Salz, Pfeffer, 1¼ l Fleischbrühe,
1 Schuß Weinessig

Kartoffeln schälen und würfeln. Die Gemüse putzen und fein würfeln (Petersilienblättchen zurückbehalten). Im Fett andünsten, dann die Gewürze zufügen und mit Fleischbrühe auffüllen. Die Kartoffeln zufügen und alles eine gute halbe Stunde kochen lassen. Durch ein Sieb treiben, nachwürzen, leicht säuerlich abschmecken und mit Petersilie bestreut servieren.

Tip: Man kann statt des Essigs ganz zum Schluß saure Sahne einrühren und Spinat, Brennesseln oder Sauerampfer mitkochen. So bekommt man die »Grien Grumbeersupp«.

GEBRANNTE GRIESSUPPE

(Bild Seite 115, links)

40 g Butterschmalz, 125 g Grieß,
1¼ l Fleischbrühe, Salz, Pfeffer,
3 Eigelb, 1 Bund Petersilie

Im Butterschmalz den Grieß gelb werden lassen. Fleischbrühe zugießen, glattrühren und eine halbe Stunde kochen lassen. Nachwürzen, mit den Eigelb abrühren und die gehackte Petersilie zufügen.

BAD DÜRKHEIMER SPIESSBRATEN

(Bild Seite 119)

In Bad Dürkheim versteht man unter Spießbraten einen Bratenspieß – im Gegensatz zum »echten«, den großen Braten, der am Spieß über einem Feuer aus Rebenholz gedreht wird. Die »kleinen« Spießbraten kann man gut zu Hause im Elektrogrill oder über Glut bereiten.

1 kg Schweinehals ohne Knochen, Pfeffer
Marinade:
4 Zwiebeln, 4 Knoblauchzehen, Salz,
Pfeffer, 1 Glas trockener Weißwein,
1 TL Kümmel

Das Schweinefleisch in etwa 2½ cm große Würfel schneiden. Mit den kleingewürfelten Zwiebeln, den zerdrückten Knoblauchzehen, Salz und Pfeffer vermischen und über Nacht zugedeckt an kühlem Ort ziehen lassen. Dann das Fleisch herausnehmen, von den Gewürzen säubern, auf Spieße stecken und bei mittlerer Hitze 12 bis 15 Minuten grillen. Währenddessen die Zwiebeln mit Weißwein und Kümmel zu einer Art dicker Sauce kochen. Zum Fleisch reichen. Dazu gibt es Brötchen und Weißwein – und reichlich Pfeffer!

EINGELEGTER SCHWENKBRATEN

(Bild Seite 119)

4 Scheiben Schweinenacken (ca. 4 cm dick),
Salz, Pfeffer
Marinade:
4 Zwiebeln, 2 Knoblauchzehen,
etwas Sellerie (einige Blätter oder eine
Stange), 1 Bund Petersilie, 1 Lorbeerblatt,
5 Wacholderbeeren, 12 Pfefferkörner,
je 1 gute Prise Thymian und Majoran,
je 1 Weinglas Rotwein, Essig und Öl

Zwiebeln und Knoblauch hacken, ebenso Sel-

Handkäs mit Musik (Rezept Seite 114)

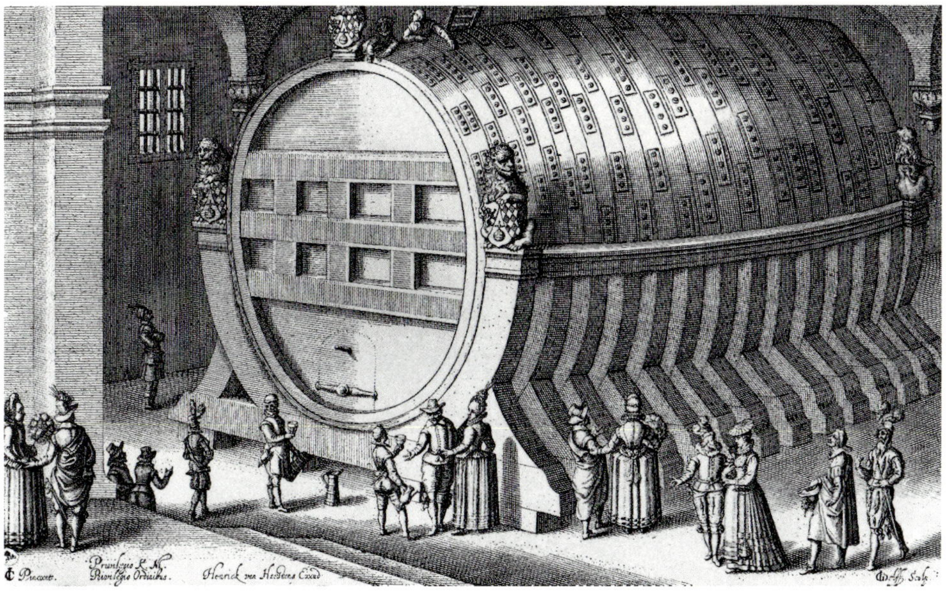

lerie und Petersilie. Mit den übrigen Zutaten mischen und das Fleisch in einer flachen Schüssel darin einlegen. Zudecken und über Nacht ziehen lassen, möglichst einige Male umwenden. Vor dem Grillen das Fleisch säubern, gut abtupfen, salzen und pfeffern. Etwa acht Minuten pro Seite bei sehr mäßiger Hitze grillen. Als Beilage:

GEBRATENE WEINKARTOFFELN

(Bild Seite 119)

1 kg Kartoffeln, 2 Zwiebeln,
50 g fetter Speck,
je 1 Glas Weißwein und Fleischbrühe,
1 Lorbeerblatt, Pfeffer, Salz

Kartoffeln in Scheiben, Zwiebeln und Speck in Würfel schneiden. Letzteren auslassen, dann Zwiebeln und Kartoffeln bei guter Hitze darin unter ständigem Wenden braten, bis sie golden geworden sind. Wein und Brühe angießen und alles zugedeckt in 30 Minuten weich köcheln. Dann zehn Minuten ohne Deckel kräftig kochen und die Flüssigkeit weitgehend verdampfen lassen. Nach Bedarf und Belieben nachwürzen.

★

In den reichen Wäldern der Pfalz gab es ehedem alles an Wild, was sich ein Feinschmekker wünschen kann – wir sprachen bereits davon. Ein heute hier heimischer Vogel kam aber erst Ende des 17. Jahrhunderts in die Pfalz: der Fasan. Im Laufe der Auseinandersetzungen um die Erbfolge machte Ludwig XIV. für seine Schwägerin Liselotte von der Pfalz, deren Briefe das höfische Leben in Versailles und Paris so eindrucksvoll schildern, seine Ansprüche in sehr unangenehmer

Mittleres Bild: Der Mainzer Handkäs und der Harzer Roller sind die berühmtesten Sauermilchkäse Deutschlands. Man läßt sie nach dem Kauf bei Zimmertemperatur in einem Steinguttopf nachreifen, bis sie schön weich sind. Und die Musik? Das sind die Zwiebeln, die sich einige Zeit nach gehabtem Genuß hörbar Luft zu machen pflegen …

Wie wichtig der Wein den Pfälzern war, bezeugt das berühmte Heidelberger Faß. Schon immer lagerten im Schloß riesige »Gebinde«, wie der Fachausdruck lautet. Unübertroffen aber ist bis heute jenes Faß mit 221726 Litern Fassungsvermögen, das der Zwerg Perkeo verwaltete und der Sage nach sogar leerte. Einst Residenz, wurde die Stadt nach der Zerstörung 1693 und nach dem Wegzug der Hofhaltung 1720 im 18. Jahrhundert »vergessen« und erlebte erst in der Zeit der Romantik eine neue Blüte – und zwar auch wirtschaftlich, als es 1803 zu Baden kam

Weise geltend und ließ sein Heer plündernd und brandschatzend durch die Pfälzer Lande ziehen. Aber der königliche Fasan kam bei dieser Gelegenheit ins Land und mit ihm ein Leckerbissen für die Nachwelt. Und die Zubereitungen fürs Wild gewannen in der Folge einen immer stärker französisch geprägten Charakter: Man briet und röstete nicht nur, man begann auch zu schmoren. So entstand ein Pfälzer Nationalgericht:

DIBBEHAS

(Ohne Bild)

Das Gericht hat seinen Namen von dem »Dibbe«, was ganz einfach Topf heißt. Ein Topfgericht also, das eigentlich mit dem Blut eines Hasen gebunden werden muß.

1 Hase, 200 g frischer Schweinebauch,
200 g geräucherter Speck, 4 Zwiebeln,
1 Möhre, 1 Porree, ¼ l Fleischbrühe,
¼ l Rotwein, 1 Lorbeerblatt,
je 1 gute Prise Thymian und Rosmarin,
je 1 Messerspitze Nelken, Piment,
Koriander, Pfeffer, Salz,
Speisestärke nach Belieben

Den Hasen in etwa 16 Stücke hauen. Schweinebauch sowie Speck würfeln und mild anbraten. Die feingewürfelten Gemüse hinzugeben, auch die Hasenstücke. Wenn alles braune Farbe genommen hat, mit Brühe und

Rebhühner auf Sauerkraut waren früher etwas ganz Banales. Seit aber durch die Flurbereinigung viele Hecken und Wäldchen fielen, haben sich die wohlschmeckenden Vögel leider äußerst rar gemacht

Die Geborgenheit der alten Zeit strahlen die Pfälzer Fachwerkhäuser aus. Leider wurde auch hier in der Vergangenheit viel an der alten Bausubstanz gesündigt: Große, sprossenlose Fenster, Eternitfassaden, Aluminiumtüren und Putz statt Fachwerk machen Neu- und Umbauten austauschbar langweilig. Heute renoviert man vorsichtiger

Rechts unten: Den echten Schwenkbraten gibt es eigentlich nur auf den Weinfesten und auf der Kermeß. Er wird erst eingelegt und dann auf einem speziellen Rost an Ketten über der Glut geschwenkt, so daß er nie zu starker Hitze ausgesetzt ist – er bleibt dann schön saftig! Man kann ihn aber auch auf dem normalen Grill zubereiten. Dazu gibt es dann gebratene Weinkartoffeln. Zu Hause wird man eher kleine Spieße (Bild rechts) braten, die keinerlei Mühe bereiten. Das Wichtigste bei diesen kleinen Spießbraten: eine kräftige Würze!

Rebhühner auf Sauerkraut (Rezept Seite 120)

Bad Dürkheimer Spießbraten (Rezept Seite 116)

Eingelegter Schwenkbraten (Rezept Seite 116)

Die alten Burgen von Dahn im Herzen der Pfalz wurden regelrecht in den Felsrücken aus Sandstein gebohrt und erst dann überbaut. Die hier herrschenden Grafen gehörten zu den mächtigsten Geschlechtern links des Rheins. Aber noch bedeutender: der Trifels, die Kaiserburg bei Annweiler. Dort lebte Kaiser Friedrich Barbarossa, hatten die Salier und Staufer ihr Domizil. Richard Löwenherz wurde 1193 hier von Heinrich VI. gefangengehalten, ehe sein Volk ihn für rund 35 Tonnen Silber freikaufte

1819: Die Ermordung des August von Kotzebue durch den Burschenschaftler Sand in Mannheim. In seinem »Literarischen Wochenblatt« hatte Kotzebue die liberalen Ideen und patriotischen Ideale der jungen Burschenschaft lächerlich gemacht. Deren Vorstellungen vom neuen Deutschland, seiner gesellschaftlichen und staatlichen Ordnung, wurden von Metternich energisch bekämpft, wozu allerdings der Mord an Kotzebue dann den entscheidenden Anlaß lieferte. In den Karlsbader Beschlüssen wurde die Burschenschaft als demagogische Bewegung verboten. Erst ab 1848/49 prägte sie das politische Leben wieder

Rotwein angießen. Würzen, zudecken und wenigstens zwei, besser vier Stunden bei 180 Grad im Ofen schmoren. Die Sauce vorzugsweise nur mit dem Stabmixer durchschlagen und durch ein Sieb passieren, es ist dann nicht notwendig, sie anzudicken. Oder doch mit etwas Speisestärke binden und die Gemüse ganz lassen. Auf jeden Fall noch einmal abschmecken.
Beilage: Kartoffeln und Kastanien, die es in der Pfalz ja in unermeßlichen Mengen gibt. Früher bereitete man aus ihnen Mehl, buk Brot und Kuchen, die gerne trocken wurden. Sie waren ein klassisches Armeleuteessen, wurden nur noch geröstet zum Wein und auf dem Jahrmarkt gegeben. Heute entdeckt man sie wieder!

REBHÜHNER AUF SAUERKRAUT

(Bild Seite 118)

Sauerkraut, 2 Äpfel, 1 Zwiebel,
Pfeffer, Salz, Thymian, 20 g Butter,
ein Glas Weißwein, 2 Rebhühner
(landesüblich Feldhinkel genannt),

Das Sauerkraut wie üblich ansetzen und eine halbe Stunde köcheln lassen. Äpfel und Zwiebel schälen und fein würfeln. Mit den Gewürzen in der Butter andünsten, mit Wein ablöschen und trocken werden lassen. Rebhühner innen und außen salzen und pfeffern, mit Apfelmasse nur locker füllen, den Rest aufbewahren. Die Hühner auf das Sauerkraut legen. Die übrige Fülle mit dazugeben. 25 Minuten bei milder Hitze garen.
Tip: Wer die auf diese Weise weiche Haut nicht mag, legt die Rebhühner zum Schluß noch fünf Minuten unter den Grill – das Sauerkraut schmeckt so besonders würzig.
Beilage: Kartoffeln und ein Dürkheimer Rotwein.

★

In der Pfalz findet man fast alles Backwerk, das auch in anderen süddeutschen Landstrichen bekannt ist: Kirschenmichel, Pfitzauf, Dampfnudeln und den pikanten Zwiebelkuchen in vielen Varianten. Einige dieser Rezepte finden Sie an anderer Stelle in diesem Buch. Sehr beliebt jedenfalls sind vornehmlich weniger komplizierte Zubereitungen – kunstvolle Torten waren hier nie gefragt. So gibt es kaum Haushalte, wo nicht am Samstag oder Sonntag rasch noch etwas gebacken wird – sei es ein Apfel- oder schlichter Käsekuchen. Hier ein besonders einfaches Rezept:

SAHNEKUCHEN

(Ohne Bild)

400 g Mehl, ⅛ l lauwarmes Wasser,
2 EL Zucker, 1 Würfel Hefe,
½ TL Salz, ⅛ l Crème fraîche

Aus etwas Mehl, Wasser, Zucker und Hefe einen Vorteig bereiten und etwa eine halbe Stunde gehen lassen. Das restliche Mehl und Wasser sowie das Salz einarbeiten. Gehen lassen. Auf einem eingebutterten Blech ausrollen, erneut gehen lassen. Nun die Crème fraîche darauf verteilen und alles 20 Minuten bei 220 Grad backen.
Tip: Fertigen Hefeteig (tiefgekühlt oder als Backmischung) nehmen, dann ist dies ein Blitzkuchen! Entweder so wie er ist, lauwarm, essen oder nach dem Abkühlen mit einer Mischung aus Zucker und Zimt bestreut. Früher nahm man übrigens nicht Crème fraîche, sondern die dicke, auch leicht säuerliche Sahne, die man von der Milch abschöpfte und in einem Gefäß sammelte!

PRINZENBROT

(Bild Seite 123)

½ l Wasser, 1–2 EL Zucker, 250 g Butter,
300 g Mehl, 6 große oder 7 kleinere Eier,
1 Ei zum Bestreichen, 5 EL Hagelzucker,
5 EL Mandelsplitter,
1 kleines Glas Johannis- oder Himbeergelee

Milch, Zucker und Butter in einem nicht zu

Hobelspäne (Rezept unten)

Fettgebackenes gab es einst nur im Winter: Man hatte dann, nach dem Schlachten, wieder frisches Schweineschmalz. Zu »Hobelspänen« paßt Punsch

kleinen Topf aufkochen lassen. Vom Feuer nehmen, das Mehl in einem Schwung zufügen und unterrühren. Den Topf wieder auf milde Hitze stellen und den Teig mit dem Kochlöffel durchrühren, bis er sich vom Topfboden gelöst hat (abbrennen). Nun etwas abkühlen lassen, dann neben dem Herd nach und nach die Eier einarbeiten. Aus dem Teig mit Eßlöffeln kleine Brötchen formen. Diese nun auf ein mit Backpapier ausgelegtes Blech nicht zu dicht nebeneinandersetzen. Mit verquirltem Ei bestreichen und mit einem Gemisch aus Zucker und Mandeln bestreuen. Bei 180 Grad etwa 20 Minuten backen. Abkühlen lassen, später der Länge nach aufschneiden und ganz dünn mit dem Gelee bestreichen, danach wieder zusammensetzen und nicht lange stehen lassen!

HOBELSPÄNE

(Bild oben)

2 mittelgroße Eier, 100 g Butter,
100 g Zucker, gut 350 g Mehl,
1 Prise Salz,
Schweineschmalz zum Ausbacken,
5 EL Zucker und 1 EL Zimt zum Bestreuen

Die Eier mit der zimmerwarmen Butter und dem Zucker dick und weißschaumig rühren. Dann erst nach und nach das Mehl einarbeiten – und zwar so viel, wie nötig ist, um einen gerade eben ausrollfähigen Teig zu kneten. Auf bemehlter Unterlage dünn ausrollen, mit dem Backrädchen etwa zwei cm breite und fünf cm lange Streifchen ausschneiden. Mit Vorsicht abheben und in heißem Schweineschmalz golden ausbacken. Nur kurz auf Küchenpapier entfetten, sogleich mit der Mischung aus Zucker und Zimt bestreuen und unverzüglich servieren. Dazu passen würziger Glühwein oder Punsch.

Tip: Wer den charakteristischen Geschmack von Schweineschmalz nicht schätzt, kann statt dessen ein geschmacksneutrales Fett oder Öl nehmen, Butterschmalz oder, ganz altpfälzisch, Walnußöl. Nußbäume gab's ja früher in rauhen Mengen, ehe man sie in den beiden Kriegen abholzte, weil man ihr Holz für Gewehrschäfte brauchte. Das Nußöl schmeckt gar köstlich, ist aber sündhaft teuer, leider! Es wird auch für Salat und Rührkuchen genommen.

WEINCREME

(Ohne Bild)

Natürlich gibt's im Weinland Weincreme! Einmal als Sauce und einmal als Dessert. Die Sauce ißt man zu Puddings und Obst, vor allem zu Bratäpfeln und vorsichtig gekochten (pochierten) Birnen oder Pfirsichen, die in der Pfalz ja reichlich und in bester Qualität wachsen. Man kann die Pochierflüssigkeit, die mit dem hierzulande äußerst beliebten Zimt gewürzt wird, zum Ansetzen der Sauce verwenden.

Weincreme-Sauce: ¼ l vollmundiger Wein (eine gute Spätlese) oder die Pochierflüssigkeit vom Obst (aus einem einfachen Trinkwein mit etwas Zucker und Gewürzen) wird mit fünf Eigelb auf kleiner Flamme aufgeschlagen und gesüßt.

Weincreme-Dessert: 100 g Zucker in ½ l Wein aufkochen, sodann sechs mit einem Eßlöffel Speisestärke verquirlte Eigelb unterschlagen – erst neben, dann auf dem milden Feuer. Kalt rühren und die zu ganz steifem Schnee geschlagenen sechs Eiweiß vorsichtig unterziehen. Kalt servieren.

Man reicht diese Creme entweder allein oder auch mit einer milden Sauce aus pürierten Beeren.

EDENKOBENER AUFLAUF

(Bild rechts)

6 Brötchen, ¼ l Milch, ¼ l süße Sahne,
fünf Eier, 125 g Rosinen (Korinthen),
2 EL Zucker, ½ Päckchen Vanillezucker,
1–2 TL Zimt nach Geschmack,
Butter für die Form,
2 EL Aprikosenmarmelade,
eine halbe Tüte Mandelblätter

Die Brötchen in dünne Scheiben schneiden. Milch und Sahne gut verquirlen und über die Brotscheiben gießen. Nach einer Stunde Ziehen die fünf Eigelb, Rosinen, Zucker, Vanillezucker und Zimt zufügen, alles mit der Küchenmaschine zu einem glatten Teig verarbeiten. In eine gebutterte Auflaufform füllen und bei 200 Grad eine knappe Stunde backen. Unterdessen die Eiweiß zu einem steifen Schnee schlagen (zur besseren Bindung ein wenig Zucker zugeben). Den Auflauf mit Aprikosenmarmelade bestreichen und Eischnee darüber verteilen. Mit den Mandelblättern bestreuen und noch einmal für zehn Minuten in den Backofen schieben, damit der Eischnee eine schöne Farbe bekommt.

Tip: Man kann den Auflauf als Dessert reichen (mit einem natursüßen Wein, etwa einer Beerenauslese von Edenkoben oder mit einem Gläschen Likör), er stellt aber auch ein schönes süßes Hauptgericht dar, wenn es vorher eine kräftige Fleischbrühe mit Einlage gegeben hat. Kinder essen ihn gerne abends – mit Kakao oder Limonade!

GEFÜLLTE PFANNEKUCHEN

(Bild unten)

½ l Milch, 300 g Mehl,
3 größere oder 4 kleinere Eier,
2–3 EL süße Sahne, 2 EL Zucker,
1 Prise Salz,
3 eingemachte Pfirsiche,
Butter für Pfanne und Form
Für den Guß:
¼ l süße Sahne, 3 Eigelb,
2 EL Zucker, 1 TL gemahlener Zimt

Milch, Mehl, Eier, Sahne, Zucker und Salz zu einem leichten Teig verrühren und zum Ausquellen etwas stehen lassen. Noch einmal durchschlagen, bei Bedarf etwas Mehl oder auch Milch zufügen. Die Pfirsiche durch ein Sieb streichen. In einer immer wieder dünn gebutterten Pfanne hauchdünne Pfannekuchen backen. Diese jeweils leicht mit dem Pfirsichmus bestreichen und aufrollen. In etwa zwei cm breite Ringe (Rollen) schneiden und diese aufrecht in eine flache, gebutterte Form setzen. Aus den angegebenen Zutaten einen Guß schlagen. Über die Pfannekuchen gießen und die Form in den auf 200 Grad vorgeheizten Ofen schieben. Etwa 20 Minuten backen und sofort mit Pfirsichkompott (oder ähnlichem) servieren.

Oben: Pfannekuchen, oft Eierkraut genannt, essen die Pfälzer am liebsten in dieser sehr mächtigen Form: gefüllt, in einer Eier-Sahne-Sauce gebacken, mit Pfirsichkompott

Rechts: Der Edenkobener Auflauf ist eine ebenso mächtige wie köstliche Mischung aus Brotauflauf und Eierschnee – eine »Weinspeise«!

Rechts: »Haben sie kein Brot, so sollen sie Kuchen essen«, lautet der Spruch, den man gern Frankreichs in der Revolution guillotinierten Königin Marie-Antoinette in den Mund legt. In der armen Pfalz hatten viele nichts zu essen, schon gar keinen Kuchen! Und so ist der Name ›Prinzenbrot‹ für das gefüllte Gebäck wohl keine Übertreibung

Ganz rechts: Max Slevogt, von Geburt Bayer, heiratete eine Pfälzerin und war fortan ein Pfälzer! In seinem wundervoll in den Weinbergen über Leinsweiler gelegenen Besitz Neukastel fand er seine eigentliche Heimat und malte viele seiner schönsten Bilder. So auch das abgebildete Selbstporträt aus dem Jahre 1930. Der große Maler erfuhr zwar seine Prägung in München und Berlin, liebte aber das Pfälzer Land, sein Licht, seine Natur und den Wechsel der Jahreszeiten

Prinzenbrot (Rezept Seite 120)

Edenkobener Auflauf (Rezept links)

Panzerplatten-Walzwerk bei Krupp um 1900. Die Arbeit erscheint hier sehr idealisiert. In Wirklichkeit ging es in den Stahlwerken, Eisengießereien und in den Kohlengruben hart her. Und die Löhne erlaubten keine großen Sprünge. Satt werden, ein Dach über dem Kopf und was zum Anziehen – das waren die wichtigsten Dinge, die auch nur knapp zu erreichen nicht einfach war. Schwere Arbeit, oft kaum mehr erträgliche Arbeitsbedingungen und überlange Arbeitszeiten machten das Leben beschwerlich und ließen wenig Platz für kulinarische Vergnügungen. Das beste Essen gab's daheim, an Mutterns Herd

Im »Ruhrpott« darf's gern handfest sein

Wo viel Arbeit ist, da wird ordentlich zugelangt. Und so ist das Essen der Kumpel nicht raffiniert, sondern einfach und nahrhaft. Gut und modern zubereitet aber ein Gedicht!

Auf den ersten Blick muß es wohl seltsam erscheinen, daß in der deutschen Landschaftsküche der »Kohlenpott« eine Rolle spielt. Einem Gebiet, das erst durch seine von der Kohle abhängigen Industrie im 19. Jahrhundert als ein zusammengehöriger Raum begriffen wurde. Geographisch umfaßt das Ruhrgebiet so verschiedene Regionen wie Teile des Rheinischen Schiefergebirges, des Niederrheinischen Tieflandes und sogar der Münsterschen Bucht. Die ja doch stark voneinander abweichenden Bedingungen in diesen Bereichen haben natürlich unterschiedliche Landschaftsküchen geprägt:
In dem tal- und gewässerreichen, waldbedeckten Mittelgebirge des südlichen Teils gleicht die bodenständige Küche weitgehend der des Bergischen Landes und des kargeren Sauerlandes.
In der grünlandorientierten Auenlandschaft des Rheins finden wir dieselben Gegebenheiten wie in dem gesamten Bereich des Niederrheins und also ganz genau die gleichen Gerichte wie dort.
Und im Norden und im Osten des Ruhrgebietes kochen die Bauersfrauen ganz genau dasselbe wie im reichen Münsterland und in Westfalen.
Gibt es also gar keine Ruhrgebietsküche? Doch: Sie hat nur nicht, wie wir es zu sehen gewohnt sind, ihre charakteristische Prägung durch die Landwirtschaft bekommen, sondern durch die Industriegesellschaft des 19. Jahrhunderts. Wobei, wie wir noch im einzelnen sehen werden, ganz verschiedene Faktoren zu einer spezifischen Küche geführt haben. Um die Küche der Kumpel, also der Bergleute, aber auch die Küche der Arbeiter in den Eisenhütten und Stahlwerken in ihrer typischen Ausprägung zu erkennen und richtig zu verstehen, ist ein kleiner Rückblick in die bewegte, eigenwillige Geschichte des Ruhrgebiets nötig.

Das erste schwarze Gold

Schon seit dem Mittelalter wurde an der Ruhr Kohle gefördert – zunächst im Tage-, später im Stollenbau. Aber erst die Dampfpumpen ermöglichten es um die Mitte des 19. Jahrhunderts, auch die tiefer gelegenen Flöze, wie die Kohlenschichten heißen, zu erschließen. Stark wasserführende Schichten mußten mit viel Mühe durchstoßen und dabei das Wasser abgepumpt werden, ehe man an die reichen Fett- und Steinkohlelager gelangte. Heute ist das kaum mehr ein Problem, und Kohle wird bis in 1200 m Tiefe abgebaut. Allerdings macht in dieser Tiefe die Hitze des Erdinnern bereits mächtig zu schaffen. Im 19. Jahrhundert aber war es eine Pionier-Arbeit, in größere Tiefen vorzudringen. Die Iren hatten bei diesem Geschäft des Abteufens die größte Erfahrung, und so mancher Zechenname erinnert an die Hilfestellung der erfahrenen Techniker von der Grünen Insel.
Während heute riesige Hobel die Kohle abschürfen und die Brocken auf den sausenden Förderbändern abtransportiert werden, arbeiteten früher geradezu Menschenmassen »vor Ort« – wie es in der Bergmannssprache heißt. Die Arbeit war schwer, gesundheitsschädlich und lebensgefährlich. Der Kohlenstaub setzte sich in den Atemwegen fest und verursachte dann die berühmt-berüchtigte Staublunge, die häufig zu Frühinvalidität führte und die Männer selten alt werden ließ. Und Wassereinbrüche, einstürzende Strebe, Gasexplosionen wie auch andere Unglücke führten dazu, daß der Bergmann den gefährlichsten Beruf ausübte (nur Seeleute lebten

In der Kohlengrube gibt es keine Kantine. Der Bergmann nahm sich ein »Freßpaket« mit an seinen Arbeitsplatz, vor Ort wurde dann gegessen. Fast immer waren im Grubentuch »Dubbels« verpackt: Das sind doppelte, reich belegte Brote. Eine typische Zusammenstellung sehen Sie links, wo Kotelett und Ei für Kraft sorgen, die saure Gurke den Appetit lockt und den Kohlenstaub ein wenig neutralisiert. Dazu: kalter oder lauwarmer Kaffee oder Tee. Bier gab's erst abends, etwa zu den hier abgebildeten Heringskartoffeln. Im blechernen »Henkelmann« eines Stahlkochers konnten sie dagegen schon mittags zu finden sein

dem Tode näher). Niemals wußte man, wann man zum letztenmal einfuhr ...

Für die Arbeit unter schwierigen Bedingungen (Hitze; flache Strecken, in denen man nicht aufrecht stehen konnte; 12 bis 14 Arbeitsstunden; durstig machender Staub und Sauerstoffmangel) benötigten die Kumpel ganz erhebliche Kraft. Und also auch ein sättigendes, kalorienreiches Essen. Der Großteil der Kalorien wurde in Form von Kohlenhydraten zugeführt. Brot, Kartoffeln, Graupen, Mehlsuppen und vielerlei Hülsenfrüchte waren die Hauptlieferanten. Fleisch, vor allem fettes Schwein, war begehrt, aber teuer. Für die Vitamine sorgten weiterhin Kohl (als Sauerkraut und in sämtlichen Gemüsevariationen), Möhren und Zwiebeln. Einen Großteil des Gemüses zog man in seinem eigenen Garten, der zwar klein war, aber doch die Möglichkeit bot, Frischgemüse zu haben. Dies gilt für die Bergleute, nicht aber für die Industriearbeiter, die darauf verzichten mußten, es sei denn, sie hatten das Glück einer Werkswohnung.

Heringskartoffeln (Rezept Seite 133)

Bergmann – ein wirklich besonderer Beruf

Überhaupt hatten es ja Bergleute (in dieser Beziehung wenigstens) immer etwas besser: Sie waren bereits seit dem 13. Jahrhundert (vor allem in den sächsischen Erzminen) als Knappschaft organisiert, verdingten sich anfänglich als freie Arbeitskräfte und waren später sozialpolitisch und arbeitsrechtlich immer ein eigenständiger Berufszweig mit verschiedenen Privilegien. So bekamen sie wegen der Schwere der Arbeit nicht einfach

Dubbels – Kotelett mit Ei (Rezept Seite 129)

einen Lohn, der ihnen von oben vorgeschrieben wurde (wie die Arbeiter und Angestellten in anderen Wirtschaftszweigen), sondern sie handelten sich ihr Gedinge (einen Leistungslohn) selbst aus – nach Konkurrenzangeboten und Erfahrungssätzen bildete sich so eine Löhnung heraus, für die zumindest eine gewisse eigene Verantwortlichkeit bestand. Der Bergknappe oder Hauer hatte und hat weiterhin die Aufstiegsmöglichkeit, die über Fortbildungskurse dann zum Steiger, zum Betriebsführer und sogar zum Bergwerksdirektor hinführen kann – in anderen Bereichen sind die Aussichten, sich zu verbessern, längst nicht so groß.

Zum Teil handeln sich auch heute die Bergmänner ihre Löhnung, ihr Gedinge selbst aus. Es gibt jedoch auch Schichtlohn (Zeitlohn) oder Gehalt, wobei zusätzliche Prämien einen guten Verdienst garantieren. Hinzu kommen ein besonders geförderter Wohnungsbau und verstärkte Sozialleistungen. Alles dies hatte in den letzten Jahrzehnten des vorigen Jahrhunderts bis in die fünfziger Jahre hinein eine gute Stellung des Bergmannes mit sich gebracht. Man konnte sich schon sein Fleisch leisten, trank Bier (am liebsten das etwas schwerere Export) und Schnaps, so viel man wollte (und es waren ganz schöne Mengen!), kurz, man brauchte beim Essen längst nicht so zu sparen wie die Industriearbeiter.

Wenn man den Lohn bekam, so war es besonders wichtig, einen Teil davon sofort in Fleisch umzusetzen. Fleisch war der höchste Genuß, aber auch Statussymbol: Wer regelmäßig Fleisch aß, konnte sich was leisten. Auch heute ist diese Grundstimmung noch vorhanden. Andererseits wurde der Lohn »ordentlich« verflüssigt. Das begann schon an der Bude, wo man sich den Salzhering kaufte, der sozusagen als Medizin zur Arbeit gehörte: Er reinigte den Schlund vom Kohlenstaub und frischte den äußerst erschöpften Salzhaushalt wieder auf. Aus diesem Grunde nahmen ihn die Arbeiter der Hütten- und Walzwerke gerne an, denn auch an ihren Arbeitsplätzen herrschte oft eine infernalische Hitze, die den Schweiß in Strömen ausbrechen ließ. Und mit dem salzigen Hering trank man natürlich ein erstes Bier. So ging es weiter, bis man, nicht zu selten, den unterdrückten, aufgestauten Zorn an Weib und Kindern ausließ. In den wenigen Schilderungen aus der Arbeiterwelt des 19. Jh. spielt diese böse Hausgewalt eine unglaubliche Rolle. Heute, wo die politischen und sozialen Verhältnisse freier sind, wo man jeglicher Enge mit dem Auto entrinnen kann, wo das Fußballspiel Aggressionen freien Platz gibt und man vor allen Dingen nicht mehr so eng zusammenleben muß, gibt es dieses Problem in derartig krasser Form gottlob seltener.

Das zweite schwarze Gold

Als es dem Stahl schlechter ging, das Erdöl als billiger Energieträger die weniger leicht zu handhabende, teure Kohle ablöste, gab es 1957/58 die Kohlenkrise. Die Halden wuchsen ins unermeßliche, Bergleute mußten entlassen werden. Umschulungen und Beihilfen mannigfachster Art konnten die Krise zwar bewältigen, jedoch hat sich der Kohlebergbau bis heute noch nicht vollkommen erholt. Es bleibt abzuwarten, ob die Kohle durch die Ablehnung der Atomkraft nicht wieder zu neuer Blüte kommt...

Eine Grundlage der Entwicklung des Bergbaus im Revier der Ruhr war der bäuerliche Nebenerwerb. So gründen die Eßgewohnheiten all der einheimischen Bergleute direkt auf der alten, bäuerlichen Ernährung, sind also eindeutig landschaftsgebunden. Erst als die Bergleute vollberuflich unter Tage arbeiteten, keinen Hof mehr bewirtschafteten, änderte sich das Essen. Alle einstmals selbstverständlichen Nahrungsmittel mußten nun gekauft werden, für teures Geld. Man wurde knapper, vor allem was die tierischen Produkte und das Fleisch betraf. Gerichte, die einstmals mit großen Fleischstücken geschmort wurden, bereitete man nun mit einem kleinen Stück Speck als Aromaträger. So kann man bei einer Vielzahl von Rezepten des Ruhrgebietes eine Verwandtschaft zu bäuerlichen Rezepten des Münsterlandes feststellen – aber der Fleischanteil ist eben zugunsten der »füllenden« Gemüse (Kartoffeln und Bohnen) zurückgedrängt worden.

Salzkuchen mit Mett (Rezept Seite 132)

Eine Dortmunder Spezialität: handgezogene Salzkuchen. Mit Kümmel und Salz bestreute Brötchen, in deren Mitte ein Loch, in das man Mett und Zwiebel gibt

Ein Land im Umbruch: Noch fließt die Ruhr (auf dieser anonymen Lithographie von 1866 bei Spillenburg) ruhig dahin. Wiesen und Felder gehören den ansässigen Bauern. Aber im Hintergrund steigen schon die dunklen Wolken der beginnenden Industrialisierung bedrohlich gen Himmel: Das Elend der Arbeiterschaft kündigt sich an! Denn vom Land und seinen Erträgen hatten die kinderreichen Familien der Arbeiter wenig – bestenfalls einen handtuchgroßen Fleck hinter dem Haus

Kohle und Eisen

Ganz anders jedoch erging es den Arbeitern der eisenschaffenden Industrie und der verarbeitenden Betriebe im Laufe der Geschichte. Sie wurden gnadenlos ausgenutzt, denn sie waren schließlich leichter ersetzbar. Wer nicht mittat, der wurde kurzerhand auf die Straße geworfen – aus allen Gegenden Deutschlands konnten ja während der nun einsetzenden Landflucht Arbeitskräfte rekrutiert werden. Und heute, Beispiel Rheinhausen, ist ein Job als Stahlarbeiter auch nicht viel mehr wert!

Durch den Einsatz von Maschinen im bäuerlichen Bereich, durch zunehmende Importe von Grundnahrungsmitteln, durch rationellere Anbaumethoden konnten auf den Höfen längst nicht mehr so viele Menschen Arbeit finden wie in der Industrie und in den Dienstleistungsbereichen der Städte. Aus allen Gegenden kamen die Menschen damals ins Ruhrgebiet und brachten ihre eigene Küche mit. Nicht nur aus den umliegenden Gebieten holte man die Leute, sondern vor allem aus Schlesien und aus Polen. Von der Gründerzeit bis zum Ersten Weltkrieg dauerte dieser Zustrom, so daß, wie man sie nannte, eine Million Fremdarbeiter im Ruhrgebiet tätig waren, die sich zum größten Teil fest niederließen. Außer in Polen selbst gibt es wohl nirgendwo so viele Familien mit polnischen Namen wie zwischen Duisburg und Dortmund... Sie brachten natürlich Spezialitäten mit, und so finden wir heute das polnische Nationalgericht *Bigos* ganz selbstverständlich

Eingelegte Bratheringe – eines der köstlichsten Dinge der Welt, wenn sie aus frischen Heringen perfekt gebraten werden und dann in erstklassigen Essig kommen (Bild oben). Wer kennt sie heute noch auf diese Weise hausgemacht? Dazu gibt es natürlich Bratkartoffeln mit Speck

Eingelegte Bratheringe (Rezept Seite 134)

Schon eine kleine Menge Speck in der Sauce zu hartgekochten Eiern genügt, um den so begehrten Fleischgeschmack zu liefern – mußte genügen, denn für mehr reichte das Geld selten

auch im Ruhrgebiet als typisches Gericht. Freilich vermischten sich hier die verschiedenen Einflüsse, wie auch die Produkte des Landes die in dieser Gegend nicht erhältlichen Zutaten teilweise ersetzen mußten. So entstanden ganz eigene, nur hier anzutreffende Abwandlungen von Rezepten, die in anderen Teilen Deutschlands heimisch waren.

Kochkunst aus Armut

Nicht weniger bedeutend wirkten sich die Not und Bedrängtheit der Menschen auf die Küche aus. Die Löhne waren knapp, jeder mußte mitarbeiten. Auch Frauen und Kinder. Das führte so weit, daß es als Kapital angesehen wurde, wenn man viele Kinder hatte. Die Frauen mußten sich in Heimarbeit etwas hinzuverdienen. Und trotzdem war das Einkommen kärglich. Kartoffeln gab's und Mehlsuppe, nur manchmal etwas Fleisch dazu – aber wenig. Trockenfrüchte und Kohl, Rübstiel und vom Metzger die Wurstbrühe, in die das alte Brot gebrockt wurde und Knoblauch geschnitten. So blieb man wenigstens einigermaßen bei Kräften. Aber dennoch geriet wohl jedes fünfte Kind viel zu schwach, zu unterernährt und klein, um eine Lehrstelle antreten zu können ... Goldene Zeiten waren es keineswegs; die »gute alte Zeit« verliert beim näheren Hinschauen ihren Glanz, wenn man sich nicht am behäbig und geruhsam lebenden Bürgertum, sondern einmal an der Arbeiterschicht orientiert.
Doch gerade diese Not machte erfinderisch! Was eine Arbeiterfrau mit den geringsten Mitteln an Essen auf den Tisch brachte, bewegte sich in engstem Rahmen, war aber reich in Nuancen und schöpfte die wenigen Zutaten so voll aus, wie wir es uns heute kaum mehr vorstellen können. Es lohnt sich, die simplen Dinge wie Stampfkartoffeln mit Salat wiederzuentdecken, denn sie sind eine optimale Zusammenstellung, eine auch den Feinschmecker begeisternde Lösung – wenn man gute Zutaten zur Hand hat.
In dieser Beziehung aber sollten wir wähle-

In den ärmeren Gegenden war es der Buchweizen, das anspruchsloseste Getreide, der das Mehl lieferte – die Pfannekuchen haben eine dunkle Farbe, weil sie mit Kaffee angerührt werden

Eier in Specksauce (Rezept Seite 136)

Buchweizenpfannekuchen (Rezept Seite 136)

Die Arbeit unter Tage gehört zu den schwersten überhaupt. Vor 100 Jahren brauchte ein Kumpel etwa 7000 kcal (fast 30 000 Joule) für seinen langen Arbeitstag. Die doppelte Menge also, die ein normal beschäftigter Mensch heute benötigt. Der Bergmann arbeitet aber auch jetzt noch – trotz aller technischen Hilfen – schwer, und so sind die Kniften, welche er mit zu seinem Arbeitsplatz nimmt, nicht zu dünn belegt!

risch sein, wenn wir die einfache, fast immer sehr preiswerte Küche des Ruhrgebietes wieder beleben: Die Zutaten waren damals zwar nur in unvergleichlich geringerer Auswahl vorhanden, dafür besser als das heutige allgemeine Angebot! Die Produktion war individueller und sorgfältiger, denn wesentlich kleinere Betriebe versorgten meistens nur die nahe Umgebung. Und die Ergänzung aus dem eigenen Garten war natürlich konkurrenzlos frisch. Achten Sie also auf beste Qualität aller Zutaten und auf absolute Frische. Denn je einfacher und klarer eine Küche ist, mit je weniger Zutaten sie auskommt, desto eher merkt man deren Mängel heraus.

Brote und Kniften

Brot und Brotbeläge waren in fast keiner Gegend Deutschlands so wichtig wie im Ruhrgebiet. Klar, weil man die Kniften mit zur Arbeit nahm! Und was auf das Brot kam, mußte auch satt machen.

Dazu gab es als Getränk kalten Tee oder kalten Kaffee aus der Pulle, einer speziellen Anfertigung, die meist aus Aluminium war, manchmal noch mit Filz bezogen. Thermosflaschen gab es ja einst noch nicht, und außerdem löschen die abgekühlten Getränke den Durst besser als heiße.

Aber auch zum Frühstück, mittags zum Eintopf oder abends zum Milchkaffee wurden belegte Brote mit Vorliebe verspeist. Und immer gehörte ein ordentlicher Fettaufstrich darauf, das ist heutzutage noch so. Auf keinen Fall darf an Margarine oder Butter gespart werden! Dabei ist das Wort Margarine weitgehend unbekannt: Margarine heißt »Butter«, und wenn man wirklich einmal Butter will, dann geht man los und kauft »gute Butter«. Sogar die in den niederrheinischen Margarinewerken beschäftigten Arbeiter »geh'n in die Botter«. Hier also einige Beispiele:

DUBBELS

(Bild Seite 125)

»Dubbels« waren (und sind) jene doppelten Kniften, die der Bergmann mit in die Grube nahm. In Zeitungs- oder Butterbrotpapier verpackt und in das Grubentuch gewickelt, in das man beim Hinausgehen aus der Grube Stücke Holz für den eigenen Ofen daheim mit hinausschmuggelte – das sogenannte Mutterklötzchen.

Die Dubbels waren natürlich nicht nur dick mit »Botter« bestrichen, sondern stets ordentlich belegt: mit einem Kotelett, mit Spiegelei, mit hartgekochten Eiern, Buletten, Sauerfleisch (Sülze vom Schweinebauch), Aufschnitt oder Käse. Wer sich gar nichts leisten

Schnibbelbohnen mit Kartoffeln (Rezept Seite 132)

Schnibbelbohnen mit Kartoffeln. Man findet dieses leicht säuerliche Gemüse am Niederrhein, von wo aus es sich über das Ruhrgebiet bis Westfalen ausgebreitet hat. Typisch dagegen für Kumpel: Speck, saure Gurken und Hering dazu

konnte, der hatte nur Marmelade oder Rübenkraut darauf, letzteres schlicht und ergreifend »Bergmannswurst« genannt.

KNIFTEN

(Bilder auf dieser Seite)

Knifte mit Sauerfleisch: Zuerst eine Scheibe Brot dick mit Margarine oder Butter bestreichen. Darauf nicht zu dünn geschnittene Scheiben von Sauerfleisch ausbreiten, ordentlich etwas von dem Gelee dazupacken, mit Gurkenscheiben und Zwiebelringen belegen und mit Pfeffer grob übermahlen.

Knifte mit Kartoffelsalat: Das klingt auf Anhieb nach gar nichts. Aber es gab sie oft am Freitagabend, wenn man mittags Bratfisch mit Kartoffelsalat hatte und etwas übriggeblieben war. Versuchen Sie's mal: Am besten schmeckt das einfache Gericht, zu dem man nicht selten früher Kakao oder Muckefuck, den falschen Kaffee aus Zichorienwurzel,

Knifte mit Kartoffelsalat (Rezept oben)

Oben: Merkwürdig, aber gut, die Zusammenstellung von Kartoffelsalat auf Butterbrot

trank, wenn man den Kartoffelsalat vorher noch brät! Sie können natürlich wählen, welchen Kartoffelsalat Sie machen: ob mit Essig, Öl, Salz, Pfeffer und Zwiebeln oder ob mit Mayonnaise. Zum Braten den Kartoffelsalat in eine Pfanne mit reichlich Fett geben, so daß er beinahe ausbackt.

Frühstücksknifte: Das war meist ein Marmeladenbrot (das ist vorzugsweise Erdbeermarmelade von den Früchten des eigenen Gärtchens), das natürlich besonders dick gebuttert wurde und das man zu – Bratkartoffeln aß! Diese wurden für das Frühstück meist nur mit Speck gebraten, ohne die sonst unvermeidlichen Zwiebeln.

Frühstücksknifte konnten jedoch auch mit Schmalz, mit Streichrahm – dem »Schmant«, der sich auf der Sahne absetzte –, mit Rüben- oder Apfelkraut, mit Quark oder mit vielen verschiedenen Dingen belegt sein. Etwa: gebuttert, darauf eine Schicht Tomatenschei-

Unten: Schon zum Frühstück gab's früher oft Bratkartoffeln, dazu ein Marmeladenbrot

Frühstücksknifte (Rezept links unten)

Rechts: »Erbsensuppe« nennt sich schlicht und untertreibend dieser Eintopf. Getrocknete Erbsen, Frischgemüse, Kartoffeln und rohes Sauerkraut bilden die Gemüsegrundlage. Wichtiger freilich ist das Dickbein, das der Suppe erst die Gunst der Männer einbringt

Unten: Der »Blaue Heinrich« zeigt deutlich, welchen Wert hier die Arbeiter (von deren Arbeitsanzügen sich der Name ableitet) auf das Fleisch legten: Er ist eine »fleischliche« Abwandlung der süßen Graupensuppe

Graupensuppe »Blauer Heinrich« (Rezept Seite 138)

ben, darauf eine Lage Schinken, darauf noch einmal Tomaten, schließlich Käsescheiben, bestrichen mit Senf oder Marmelade (!)... Wahrhaft eine »Spezialknifte«.

Erbsensuppe (Rezept Seite 137)

Das Bild des Ruhrgebiets wurde lange Zeit hauptsächlich von den Fördertürmen geprägt. Neben den Hochöfen und Schloten der eisen- und stahlverarbeitenden Betriebe waren sie die markantesten Bauwerke. Es sind weniger geworden: Die Zechen haben sich ja verringert, betreuen einen nun größeren Bereich und sind vor allem weiter nach Norden gezogen. Die schönsten Fördertürme aus dem 19. Jahrhundert konnten gerade noch rechtzeitig vor dem Abbruch unter Denkmalschutz gestellt werden, so daß auch unsere Kinder noch die zartgliedrigen Gitterkonstruktionen der Pionierzeit betrachten können

Tauben züchten, Kaninchen füttern und Fische angeln – das sind die liebsten »tierischen« Freizeitgestaltungen der Kumpel. Vielleicht ist die Beschäftigung mit den Brieftauben als eine Art Ausgleich zur Arbeit in der Enge der Grube zu sehen: Die Vögel versinnbildlichen die Freiheit der Bewegung im unendlich groß erscheinenden Raum der Lüfte. Aber sie kehren auch immer wieder zurück! Die gemästeten Kaninchen und die geangelten Fische dagegen dienten wohl eher einer Bereicherung des Küchenzettels

DORTMUNDER SALZKUCHEN

(Bild Seite 126)

Eine Dortmunder Spezialität, die es in echten Kneipen gibt. Durch das Salz sind sie besonders geeignet als Begleiter von Bier und Schnaps – und Partys!

500 g Mehl, ⅛ l Wasser, ⅛ l Milch,
25 g frische Bierhefe (½ Würfel),
1 TL Zucker, 1 EL Salz
Zum Bestreuen:
2 EL grobes Salz, gut 4 EL Kümmel
Belag:
750 g Mett, Pfeffer, Salz, 3 Zwiebeln

Mehl in eine Schüssel geben. In der Mitte eine Vertiefung machen. Die in lauwarmem Wasser gelöste Hefe mit dem Zucker ansetzen und etwa zehn Minuten zugedeckt gehen lassen. Danach Milch und Salz zufügen, den Teig kräftig kneten. Zudecken, an warmem Ort bis zum doppelten Umfang aufgehen lassen. Erneut kneten. Auf dem mit Mehl bestäubten Backbrett eine Rolle daraus formen. Mit dem Messer in etwa 2½ cm dicke Scheiben schneiden und diese so ausziehen, daß sie kaum größer werden, in der Mitte aber ein Loch entsteht. Nicht zu dicht nebeneinander auf ein gefettetes Backblech setzen, ungefähr eine halbe Stunde, zugedeckt mit einem Tuch, an warmem Ort gehen lassen. Dann mit Milch bestreichen und mit der Mischung aus Salz und Kümmel reichlich bestreuen. Bei 250 Grad im vorgeheizten Ofen auf der mittleren Schiene in 20 bis 25 Minuten hellbraun backen.

Am besten zehn Minuten nach dem Backen bereits verspeisen – notfalls noch einmal aufwärmen.

Die Brötchen aufschneiden, dick mit Mett belegen beziehungsweise bestreichen. Salzen, pfeffern und mit mittelfein gehackter Zwiebel bestreuen. Die Oberseite darauflegen und in die Mitte die übrigen Zwiebeln streuen.

Keineswegs weniger wichtig als belegte Brote waren natürlich solche Gerichte, die zu Brot paßten, womit man sich teilweise sogar das Brot belegte: Brathering, Pfannekuchen und auch das Fleisch von Suppen und Eintöpfen. Auf den nächsten Seiten hierzu eine Menge Spezialitäten, die sich leicht durch alltägliche Dinge wie Reibekuchen, Rührei, Stielmussuppe ergänzen lassen.

SCHNIBBELBOHNEN

(Bild Seite 129)

500 g durchwachsener Speck,
Wasser zum Überbrühen,
gut ½ l Wasser zum Kochen,
3 EL Obstessig, 2 Wacholderbeeren,
3 Pimentkörner, 1 Lorbeerblatt,
750 g mehlige Kartoffeln,
500 g grüne Bohnen, weißer Pfeffer,
eine gute Prise getrocknetes oder
½ Bund frisches Bohnenkraut,
eventuell etwas Salz

Den Speck von seiner Schwarte schneiden, diese aber keineswegs wegwerfen, sondern mitsamt dem Speckstück in reichlich kochendes Wasser werfen. Nach zwei Minuten abgießen – Speck und Schwarte unter kaltem Wasser abschrecken. Beides nun mit gut einem halben Liter kaltem Wasser aufsetzen, Essig, Wacholder, Piment und Lorbeerblatt zufügen. Zum Kochen bringen, dann 20 Minuten leise sieden lassen. In der Zwischenzeit die Kartoffeln schälen, größere Exemplare halbieren oder vierteln. Die Bohnen fädeln, falls nötig, und schnibbeln – es gibt hierzu spezielle Maschinen, die sich allerdings nur lohnen, wenn man öfter die Schnibbelbohnen zubereitet; sonst auf der Hobelscheibe der Küchenmaschine oder (aber das geht nur, wenn die Bohnen ganz frisch und knackig, noch nicht lasch und biegsam sind) auf einem Gurkenhobel (schräg) zu schmalen Scheiben schneiden – notfalls müssen Sie mit einem großen Küchenmesser arbeiten.

Nach der für den Speck angegebenen Kochzeit die Gewürze aus der Brühe fischen, die vorbereiteten Kartoffeln zufügen und alles Weitere 15 Minuten kochen. Nun erst die Bohnen mit den angegebenen Gewürzen zufügen – Pfeffer aus der Mühle, getrocknetes Bohnenkraut zerrieben, frisches gehackt. Die Brühe probieren und eventuell nachsalzen – es kommt hier ganz auf den Salzgehalt des Specks an. Weitere zehn Minuten kochen.

Die Kartoffeln ein wenig zerdrücken (siehe Seiten 133 und 140), nachwürzen und – falls vorhanden – mit etwas frischem Bohnenkraut bestreut zu Tisch bringen.

Dazu gibt es im Ruhrgebiet eingelegten Hering und in irgendeiner Form auch Gurke: Entweder als Gewürzgurke oder frisch als Salat. Aber auch ein Töpfchen Senf und Schwarzbrot sollten nicht fehlen. Schnibbelbohnen gibt's natürlich überall auch als billige Konserve!

Gebratene Täubchen (Rezept Seite 140)

Junges, gefülltes und knusprig gebratenes Täubchen. Vom Sommer bis in den Winter hinein gibt es das delikate Geflügel, als erwünschtes Nebenprodukt der Brieftaubenzüchterei, die so besonders beliebt ist

HERINGSKARTOFFELN

(Bild Seite 125)

100 g fetter Bauchspeck, 2 Zwiebeln,
2 EL Mehl, ½ l Wasser,
2 Lorbeerblätter, Pfeffer, Salz,
2–3 EL Essig, 6 grüne Heringe,
750 g Kartoffeln, 1 Tasse Milch

Den Speck würfeln und bei guter Hitze auslassen. Auch die Zwiebeln fein hacken, im Fett schön golden rösten. Dann das Mehl zurühren und, wenn es eine hellgelbe Farbe bekommen hat, mit dem Wasser aufgießen – entweder langsam mit kaltem Wasser oder auf einen Schwung mit kochendem. Diese Sauce glattrühren und alle Gewürze zufügen. 20 Minuten leise vor sich hin köcheln lassen.
Inzwischen die Heringe waschen, entgräten und in Stücke schneiden. Auch die Kartoffeln waschen und zum Garen aufsetzen.
Die Heringsstücke in die Sauce legen und neben dem Feuer einige Minuten ziehen lassen. Die fertigen Kartoffeln schälen, in Scheibchen schneiden und in die Sauce geben. Milch zufügen, alles noch einmal aufwallen lassen, dabei umrühren, ohne die Kartoffeln zu zerbrechen.
Beilage: Kopf- oder Gurkensalat und ein frisches, kühles Bier.
Tip: Die Sauce mit Milch bereiten und gegen Schluß einen guten Schuß Sahne zufügen!

EINGELEGTE BRATHERINGE

(Bild Seite 127)

Früher bereitete man seine Bratheringe selbst. Heute ist man es dagegen gewöhnt, sie fertig von großen Firmen oder gleich in der Dose zu kaufen. »Hausgemachte« Bratheringe sind jedoch unvergleichlich besser, auch wenn sie etwas Mühe machen und sich ein wenig Geruchsentwicklung nicht vermeiden läßt. Allerdings kann man dies in Grenzen halten, wenn man wirklich frische Heringe

Stampfkartoffeln (Rezept Seite 140)

Stampfkartoffeln, gemischt mit Salat – das klingt einfach und nach gar nichts Besonderem. Aber tatsächlich schmeckt die Mischung von kaltem, säuerlichem Salat mit frischer Zwiebel und den warmen Kartoffeln ausgezeichnet. Links mit Feldsalat und Speck, rechts mit Endiviensalat und Frikadellen

kauft. Glänzende Augen sind ein untrügliches Zeichen für nötige Frische!

12 grüne Heringe, Mehl zum Wenden,
6 EL geschmacksneutrales Pflanzenöl,
1 kg Zwiebeln,
½ l feiner Weißweinessig, ½ l Wasser,
Salz, 2 bis 3 Lorbeerblätter,
1 Päckchen oder Tütchen Fischgewürz,
eine Knoblauchzehe und
Zucker nach Belieben

Die Heringe waschen, dabei die noch vorhandenen Schuppen abstreifen. Wenn nötig ausnehmen, auf jeden Fall die Kiemen mit dem umgebogenen Stiel eines Schöpflöffels herausziehen (sie ergeben leicht einen zu »intensiven« Geschmack!). Danach die Fische mit Küchenpapier abtrocknen. In Mehl wenden, das überflüssige Mehl leicht abklopfen. In einer großen Pfanne, die alle Fische auf einmal aufnehmen kann, das Öl erhitzen und die Fische hineinlegen – das Öl muß so heiß werden, daß es aufrauscht. Haben Sie nur kleinere Pfannen, so arbeiten Sie mit der Hälfte Fett in zwei Arbeitsgängen. Die Fische jedenfalls auf beiden Seiten je drei Minuten kräftig braten, dann noch einmal je drei Minuten pro Seite neben dem Feuer in der Pfanne nachziehen lassen. Herausnehmen und in eine passende Schüssel legen – früher gab es spezielle Töpfe, deren Deckel ein Hering zierte. Unterdessen die Zwiebeln schälen und in Scheiben bzw. Ringe schneiden. Essig und Wasser mischen, aufkochen und kräftig salzen (je nach Geschmack 15–20 g), Lorbeerblätter und das Fischgewürz zutun. Aufkochen, dann die Zwiebeln hineingeben und, ganz nach Ihrem Gusto, die halbierte Knoblauchzehe. Zuckern nach Belieben – eine kleine Prise ist wichtig, weil sie dafür sorgt, daß der Fisch fest bleibt; man muß den Sud jedoch nicht süß lieben. Noch zwei Minuten kräftig wallen lassen, dann über die vorbereiteten Fische gießen. Zudecken und abkühlen lassen. Nach 24 Stunden sind die Bratheringe fertig.
Dazu gibt es Bratkartoffeln mit Zwiebeln und Speckwürfelchen, eventuell Stampfkartoffeln (siehe Seite 140) oder einfach Brot. Man kann die Heringe im Kühlschrank etwa eine Woche aufbewahren. Haben Sie keinen guten Weinessig zur Hand, nehmen Sie normalen Essig und trockenen Weißwein.

Auf dem Bild sehen Sie rechts einen Kanincheneintopf, links einen Bigos. Beide Rezepte stammen in ihrer charakteristischen Art aus Polen oder Schlesien, wurden natürlich den in Westfalen und am Niederrhein üblichen Produkten angepaßt. Sie kamen um die Jahrhundertwende ins Ruhrgebiet

Bigos (links, Rezept Seite 143) und Kanincheneintopf (rechts, Rezept Seite 142)

BUCHWEIZENPFANNEKUCHEN

(Bild Seite 128)

Dies ist eines der merkwürdigsten Gerichte der Ruhrgebietsküche, deren Ursprung völlig im dunkeln liegt. Mag die Idee etwas befremden, so beweist doch das Ergebnis ihre Berechtigung: Die Pfannekuchen schmecken so köstlich, wie sie dunkel sind!

250 g Buchweizenmehl (fast nur noch im Reformhaus zu bekommen),
5 Eier, 1 TL Salz,
¼ bis ⅓ l starker kalter Kaffee,
100 g fetter Rückenspeck (geräuchert),
Pfeffer, 500–800 g Zwiebeln

Aus Mehl, Eiern, Salz und Kaffee einen nicht zu dünnen Teig rühren und wenigstens eine, besser zwei Stunden gut durchquellen lassen. Den Speck in Würfel schneiden und auslassen. Das meiste davon in eine heiße Tasse abgießen, im Rest den ersten Pfannekuchen backen und auf beiden Seiten etwas hell und schön knusprig braten. Warm stellen. Wiederum ein wenig Fett samt einigen Speckwürfeln in die Pfanne geben und den nächsten Pfannekuchen backen. Auf diese Weise fortfahren, bis aller Teig verbraucht ist. Unterdessen die Zwiebeln in Ringe oder in Halbringe schneiden und allesamt im restlichen Speckfett unter beständigem Wenden hellbraun braten. Auf den gepfefferten Pfannekuchen servieren.

Ein wahrhaft höchst bescheidenes Gericht: Rübstiel essen wir heute als feinen Mangold – früher mußte man tatsächlich mit den Stielen der Futter- und Zuckerrüben vorliebnehmen!

Man kann dazu auch Mettwurstscheiben essen. Früher wurden die Pfannekuchen häufig mit mildem »Muckefuck« zubereitet.

EIER IN SPECKSAUCE

(Bild Seite 128)

125 g fetter Bauchspeck (am besten in etwa 2 mm dicken Scheiben aufgeschnitten), 2 Zwiebeln,
1 EL Mehl (gut gehäuft),
¼ l Fleischbrühe, 1 Lorbeerblatt, Salz,
Pfeffer, 1 guter Schuß Essig,
nach Belieben etwas Kümmel, 8 Eier

Speck in feine Würfel schneiden, ebenso die geschälten Zwiebeln. Beides zusammen in eine Pfanne geben und den Speck unter Rühren auslassen, wobei die Zwiebeln bräunen. Mehl darübersieben und ebenfalls braun

Rübstiel mit Kartoffeln (Rezept Seite 141)

werden lassen. Mit der Fleischbrühe ablöschen und alles gut zugedeckt mit den nötigen Gewürzen 20 Minuten leise köcheln. Noch mal abschmecken. Inzwischen die Eier nicht zu hart kochen (etwa fünf bis sieben Minuten, je nach Geschmack), abschrecken, dann schälen und in der Sauce erneut aufkochen lassen.
Dazu gibt es Salzkartoffeln und Kopf- oder Gurkensalat.
Sehr gut schmeckt das Gericht, wenn Sie nicht Mehl zum Dicken der Sauce hernehmen, sondern Kartoffelpüree (Rest oder in Form von Flocken).

Äpfel für den Himmel, Kartoffeln für die Erde, Blutwurst für das Leben – ein sehr symbolträchtiges Essen, das im gesamten westfälisch-niedersächsischen Raum geliebt wird

ERBSENSUPPE (EINTOPF)

(Bild Seite 131)

350 g grüne, getrocknete Erbsen,
1 Dickbein (hintere Schweinshaxe),
2 l Wasser, 1 große Möhre,
1 Stange Porree (Lauch),
1 Stück Selleriewurzel,
1 Bund Petersilie, 2 Zwiebeln,
40 g Schweineschmalz,
500 g mehlige Kartoffeln, Salz,
Pfeffer, 125 g roher Speck,
125 g rohes Sauerkraut

Die Erbsen über Nacht einweichen oder im Schnellkochtopf in ausreichend Wasser eine halbe Stunde vorkochen. Zusammen mit dem Fleisch eine weitere gute Stunde kochen lassen, nur bedeckt, ohne Druck – das Fleisch bleibt dann zarter.
Inzwischen Möhre, Porree, Sellerie und Petersilie waschen, das Wurzelwerk in kleine Stücke schneiden. Von der Petersilie die Stiele fein hacken, die Blätter aufbewahren. Zwiebeln schälen und diese auch fein würfeln. Das kleingeschnittene Gemüse in einer Pfanne in dem Schmalz andünsten und, wenn alle Flüssigkeit verdampft ist, hellgolden werden lassen – auf keinen Fall jedoch rösten. Dieses Gemüse an die Suppe geben.
Die Kartoffeln schälen und in grobe Stücke zerschneiden, auch in die Suppe geben. Salzen und aus der Mühle pfeffern. Dann eine weitere Stunde leise köcheln, bis sich die Kartoffeln ein wenig aufzulösen beginnen und die Suppe binden. Jetzt das Dickbein herausheben, das Fleisch vom Knochen lösen und in kleinere, mit dem Löffel bequem zu essende Stücke schneiden – die Schwarte daranlassen! In die Suppe zurückgeben.

Himmel und Erde mit Blutwurst (Rezept Seite 140)

In den nur locker besiedelten Stadtlandschaften des Ruhrgebiets haben die kleinen Häuser der Bergleute und der Stahlarbeiter seit jeher stets einen kleinen Garten. Hier werden Zwiebeln, Kohl, Möhren gezogen. Heute haben ausgedehnte Kleingartenkolonien für die in Wohnblöcken zusammengepferchten Einwohner diese Funktion weitgehend übernommen. Allerdings wird nicht mehr jedes Fleckchen für Eßbares genutzt: Bunte Blumen und grüne Rasenflächen geben den Gärten ein freundliches Gesicht

Den Speck fein würfeln und in einer Pfanne völlig auslassen. Mit dem Schaumlöffel die Würfel herausfischen und samt Sauerkraut in die Suppe mischen. Nicht mehr aufkochen, damit der feinsäuerliche Geschmack des frischen Krautes nicht verlorengeht. Mit Petersilie bestreut servieren.

Dazu gibt's Brot und Bier, auch ein Klarer kann nicht schaden.

Dieser Eintopf stellt, wie alle folgenden Hauptgerichte, eine recht ordentliche Portion dar. Man darf eben nie vergessen, daß die Mengen für schwer arbeitende Menschen berechnet sind! Haben Sie aber keine Bange: Gehen Sie und Ihre Familie leichterer Beschäftigung nach, heben Sie sich das, was übrig bleibt, für eine andere Mahlzeit auf. Frieren Sie vor allem Reste ein. Eintopfgerichte dagegen können Sie ohne Bedenken aufwärmen. Ansonsten eignen sie sich prächtig, wenn Sie Gäste haben und sechs starke Esser am Tisch sitzen!

Graupensuppe

In vielen Variationen kennt man diese sättigende Suppe seit dem Mittelalter. Man aß sie mit frischem oder getrocknetem Obst, nur mit Wasser gekocht oder auch mit Milch angereichert, mit Brühe und Butter und schließlich auch mit Fleisch. Dann aber war sie nicht mehr das Allerbilligste, was einen bei Kräften hielt, sondern schon eine Suppe für den »Zahltag«. Hier eine solch kräftige Suppe, die man sich auch im Henkelmann mitnahm oder sich von einem Kind an den Arbeitsplatz bringen ließ:

»BLAUER HEINRICH«

(Bild Seite 130)

750 g Rindfleisch
(Brust oder auch Schulternaht),
2–2¼ l Wasser, 350 g Graupen,
1 Zwiebel, 1 Stange Lauch,
3 große, mehlige Kartoffeln,
Salz, Pfeffer

Das Rindfleisch kalt aufsetzen und rasch erhitzen. Dann zugedeckt 1 Stunde köcheln lassen. Jetzt die Graupen zugeben, die Suppe erneut aufkochen und durchrühren. Den Dekkel auflegen und wieder 1 Stunde leise köchelnd die Graupen garen. Währenddessen die Zwiebel schälen und den Lauch waschen. Beides in kleine Würfel schneiden. Die Kartoffeln schälen und grob würfeln. Von der Suppe mit einem Löffel etwas Fett abschöpfen und in einer kleinen Pfanne erhitzen. Zwiebeln und Lauch darin golden dünsten.

Weiße Bohnen mit Sauerkraut gehören zu den Gerichten des Ruhrgebietes, die an einem ganz normalen Arbeitstag auf den Tisch kommen können, aber auch einen festlichen Hochzeitsbraten begleiten müssen. Hier ist es ein mit Zwiebeln gefüllter Schinken

Hochzeitsschinken mit Sauerkraut und weißen Bohnen (Rezepte Seite 142)

Mit den Kartoffeln in die Suppe geben und alles noch einmal 20 Minuten kochen. Mit Salz und Pfeffer abschmecken.

Das Fleisch herausnehmen und in mundgerechte Stücke schneiden. Mit Salz bestreuen und ein wenig durchziehen lassen, damit sich das Fleisch sozusagen selbst salzt. In die Brühe zurückgeben und heiß werden lassen.

Noch besser schmeckt die Suppe, wenn man sie mit Fleischbrühe an Stelle von Wasser aufsetzt.

Man kann auch Schweine- oder Hammelfleisch nehmen.

Dieses Gericht soll man mit Brot essen. Es stellt aber schon in sich eine volle Mahlzeit dar, wenn man es in den angegebenen Mengen zubereitet.

HIMMEL UND ERDE MIT BLUTWURST

(Bild Seite 137)

1 kg mehlige Kartoffeln (Bintje),
1 kg säuerliche Äpfel (Boskoop),
Wasser, Salz, Pfeffer,
125 g stark durchwachsener
Brustspeck, 750 g Blutwurst,
40 g Bratfett, Margarine oder Butter

Kartoffeln und Äpfel schälen und in große Würfel schneiden, bei den Äpfeln natürlich das Kerngehäuse entfernen. In einen größeren Topf zunächst die Kartoffeln schichten, danach die Äpfel daraufgeben. Mit etwas Salzwasser angießen, so daß die Kartoffeln bis zur Hälfte bedeckt sind. Die Äpfel aus der Mühle pfeffern. Den Topf zudecken und alles bei nicht zu starker Hitze etwa 25 Minuten köcheln.

Inzwischen den Speck fein würfeln und auslassen. Die Blutwurst in Scheiben schneiden und diese im gewünschten Fett braten.

Die fertiggekochten Kartoffeln und Äpfel nur ganz sacht zerstampfen, damit eine gewisse Verbindung entsteht, jedoch nicht zu Mus quetschen. Dabei den Speck mit dem ausgelassenen Fett einarbeiten. Gegebenenfalls nachwürzen. Auf eine Platte oder in eine weite Schüssel geben und die Blutwurstscheiben darauf verteilen. Himmel für Äpfel und Erde für Kartoffeln ist in weiten Teilen Westfalens und Niedersachsens heimisch.

GEBRATENE TÄUBCHEN

(Bild Seite 133)

Während die alten Tiere meist zu einer Suppe ausgekocht werden, zieht man die jungen gefüllt und gebraten vor. Als Beilage gibt es Stampfkartoffeln und Rotkohl.

4 junge Täubchen,
150 g gemischtes Hackfleisch,
20 g Butter, 1 Zwiebel,
1 Bund Petersilie, Salz, Pfeffer,
Thymian,
100 g grüner Rückenspeck
in dünnen Scheiben, ¼ l süße Sahne

Die Tauben ausnehmen, Herzen, Leber, Lungen und Mägen putzen und waschen. Das Hackfleisch in der Butter nur ganz leicht anbraten, die halbe gehackte Zwiebel, die kleingeschnittenen Stiele der Petersilie und eine gute Prise der angegebenen Gewürze zufügen. Dann vom Feuer ziehen und die durch den Wolf gedrehten Innereien (notfalls nur fein gehackt) zufügen. Diese Füllung in die Tauben stopfen. Die Vögel außen würzen, mit den Speckscheiben belegen und mit Garn umwickeln.

Feierabend und Sonntagsruhe haben hier, wo die Schlote qualmen, eine besondere Bedeutung: Die Ruhe wird in aller Gemütlichkeit ausgekostet. Man fährt an die Talsperren, ins Bergische Land, nach Westfalen oder Holland. Wer sich dieses nicht leisten kann oder die abendlichen Autoschlangen fürchtet, macht sich's zu Hause bequem: im Garten, auf dem Balkon oder auf einer Wiese. Die Ruhe braucht ja nicht von außen zu kommen – man muß sie in sich selber haben! Das ist die Erfahrung von Generationen, die niemals die Möglichkeit hatten, dem Arbeitsgetriebe rasch zu entfliehen

Mit der übrigen gehackten Zwiebel in eine feuerfeste Form legen und in den auf 250 Grad vorgeheizten Ofen schieben. Nach 15 Minuten herausnehmen, Speck entfernen. Kleinschneiden, in die Form legen und die Sahne angießen. Täubchen in Alufolie wikkeln und in den nun abgeschalteten Ofen legen. Nach 15 Minuten auspacken, in die inzwischen eingekochte Sauce legen – noch einmal kurz überbräunen. Zum Schluß die Sauce nochmals abschmecken und gegebenenfalls nachwürzen; die zurückbehaltene, gehackte Petersilie einrühren.

Ganz nach Belieben kann man die Sauce mit halb Weißwein, halb Crème fraîche zubereiten und mit den Tauben eine weitere Zwiebel sowie Suppengemüse anbraten.

STAMPFKARTOFFELN

(Bilder Seite 133)

Oft hat man Stampfkartoffeln mit Kartoffelbrei verwechselt. Nichts ist falscher! Denn während Kartoffelbrei ein gleichförmiges Mus ist, muß man bei den Stampfkartoffeln noch einzelne Stückchen erkennen und erschmecken können. Nur wird eben ein Teil der Kartoffelmenge mit dem schlangenförmigen Stampfer zu einem bindenden Brei zerquetscht.

1 kg ausgereifte, mehlige Kartoffeln
(Bintje), Salz,
20 bis 50 g Butter nach Geschmack
und Geldbeutel
(diesmal echte Butter),
1 Tasse Milch oder Sahne,
Pfeffer nach Belieben

Die Kartoffeln schälen, in Stücke schneiden und in Salzwasser gar kochen. Mit Butter und Milch grob stampfen, abschmecken.

So zubereitet sind sie eine Beilage. Sie werden jedoch zu einem veritablen Hauptgericht, wenn man sie mit Salat vermischt und – aber das ist keineswegs ein Muß und war früher nicht üblich – mit einer Frikadelle (Bulette, Fleischpflanzerl), einer Bratwurst oder Rippchen serviert. Die Art, auf einem Teller Salat und Kartoffeln zu servieren und dann zu vermischen, stammt übrigens aus dem niederrheinischen Teil des Ruhrgebietes, hat sich aber bald überall eingeführt. Stampfkartoffeln mit Endiviensalat heißen hier »Spieß«.

Stampfkartoffeln mit Endiviensalat: Je nach Größe einen oder zwei Köpfe Endiviensalat von den harten oder verfaulten Blättern befreien und gründlich waschen. Auf einem Brett in feine Streifen schneiden und diese in einen Durchschlag (Abtropfsieb) geben. Noch einmal waschen, nur, ohne zu schütteln, abtropfen lassen. Aus drei EL Essig, drei EL Öl, reichlich Salz und Pfeffer sowie sehr vielen feingehackten Zwiebeln eine Marinade bereiten und den noch mit viel Wasser behafteten Salat darin umwenden. Die milde, recht üppige Salatsauce ist nötig, um die Kartoffeln noch saftiger zu machen – sie wird über die heißen Kartoffeln gegeben, dann werden auch die Salatstreifen mit den Kartoffeln vermischt.

Stampfkartoffeln mit Korn- oder Feldsalat mit Specksauce: Hierzu macht man eine gute Portion Feldsalat mit Essig, Öl, Salz und Pfeffer und Zwiebeln an, gibt den Salat aber gut abgetropft oder trocken geschleudert hinzu. Dann bereitet man eine Specksauce wie auf Seite 136 und vermischt das Ganze auf seinem Teller mit den Stampfkartoffeln. Dazu paßt, will man es ganz üppig, Speck, aber auch Würste, Schnitzel oder einfach ein Glas Milch schmecken natürlich sehr gut mit diesen Kartoffeln.

Es ist merkwürdig, doch solche Entwicklungen kann man in allen Gegenden Deutschlands beobachten: Ganz einfache, aber gerade deswegen so gut schmeckende Dinge gerieten in Vergessenheit. Vielleicht liegt das daran, daß sie besonders auf das Geschick, die handwerkliche Fertigkeit der Hausfrau angewiesen sind, um gut zu gelingen. Immer wieder trifft dies auf Hefegebäck zu: Im Ruhrgebiet vergaß man die sonntäglichen »Micken«, die mit Butter und Marmelade einst überall üblich waren. Es lohnt sich, sie wenigstens einmal im Monat zu backen!

Stampfkartoffeln kommen ebenso in Verbindung mit Gemüse vor, so etwa bei folgender Köstlichkeit:

RÜBSTIEL MIT KARTOFFELN (STIELMUS)

(Bild Seite 136)

Hierzu kann man entweder den feineren Mangold nehmen oder die derberen Stiele von Zuckerrüben. Eine aus Polen stammende Variante verwendet die Stiele und Blätter von roten Beten (Rüben).

1 kg Rübstiel, Salz, Wasser,
40 g Margarine oder Butter,
1 bis 2 Zwiebeln, Salz, Pfeffer,
Muskatnuß,
nach Belieben ein wenig Knoblauch
und eine Spur Honig,
Stampfkartoffeln wie Grundrezept

Die Stiele mit den zarteren Blättern waschen, in Streifchen schneiden, in sprudelnd kochendem Salzwasser eine halbe Minute blanchieren. Abgießen, in kaltem Wasser abschrecken – falls es sich um ältere Blätter handelt, eine halbe Stunde lang wässern, damit sich die Bitterkeit verliert; abtropfen. In einem Topf das Fett zerlassen, die Zwiebeln darin golden dünsten. Rübstiel zufügen, würzen, gut

Micken (Rezept Seite 145)

durchmengen und alles zugedeckt ungefähr fünf Minuten dünsten.
Mit den inzwischen zubereiteten Kartoffeln und den nötigen Zutaten in einer Schüssel zerstampfen – schmeckt ganz hervorragend zu gekochtem Fleisch.

HOCHZEITSSCHINKEN

(Bild Seite 139)

»Der gebratene Schinken bildete früher hierzulande mit Sauerkraut und weißen Bohnen das Kernstück des Festmahls bei Hochzeiten. Während an den Werktagen sehr schlicht, oft sogar sparsam gegessen wurde, tafelte man gern bei Festen wie Hochzeiten, Taufen und dergleichen möglichst ausgiebig und gut. Da gab es – wenn man hatte – fette Brühen, Geflügel, Kalbsbraten, Gemüseplatten, Salate und wenigstens drei Puddings.« So schreiben Gisela und Hedi Allkemper im »Kochbuch aus dem Ruhrgebiet«, erschienen im Verlag von Wolfgang Hölker, Münster. Tatsächlich war es ja überall in Deutschland üblich, an Festtagen im Grunde genommen nichts anderes als ganz einfach erheblich mehr als an normalen Tagen auch zu essen, also zwei Hauptgerichte, zwei oder drei Beilagen, mehrere Desserts. Und eben fetter mußte das Ganze sein. Denn man wußte sehr gut, daß Fett der wichtigste Aromaträger ist und daß nur fettes Fleisch zart und saftig bleibt. Auch, daß etwa die getrockneten Hülsenfrüchte ein gutes Fettpölsterchen brauchen, wenn sie geschmeidig und zart werden sollen. Heute gehen die Bestrebungen in andere Richtung: Alles soll stets so mager wie möglich sein. Dabei bleibt aber der Geschmack auf der Strecke! Wenigstens zu diesem Hochzeitsschinken halten Sie sich besser an das überlieferte Rezept:

1 ganzer Schinken, gepökelt und
gewässert, 2½ kg Zwiebeln,
etwas Wasser,
frisch gemahlener Pfeffer

Der Schinken wird im Ganzen im Backofen gebraten. Man löst die Schwarte ab, klappt sie hoch und belegt das Fleisch dick mit Zwiebelscheiben. Diese pfeffert man, und darüber deckt man wieder die Schwarte. Mit Wurstdörnern (früher) oder Rouladennadeln (heute) hält man Schwarte und Fleisch zusammen. In eine Fettpfanne gibt man etwas Wasser, legt den Schinken hinein und brät ihn etwa 4–5 Stunden lang je nach Größe. Das Wasser muß einige Male nachgefüllt werden. Der Zwiebelsaft gibt dem Braten das richtige Aroma. Sollten nicht alle Zwiebeln auf den Schinken passen, dann legt man den Rest etwa eine halbe Stunde vor Beendigung der Bratzeit mit in die Pfanne hinein.
Früher servierte man den Braten ohne Soße. Aber man kann zum Schluß das eingekochte Wasser durch Sahne ersetzen und dadurch eine köstliche Soße bereiten.
Dazu gibt es dann Sauerkraut mit weißen Bohnen, die zusammen mit Schweinespeck oder Dickbein gekocht werden, also ein rechter Eintopf, welcher ohne weiteres an normalen Tagen eine Mahlzeit für eine ganze hungrige Familie bestreiten kann!

SAUERKRAUT MIT WEISSEN BOHNEN

(Bild Seite 139)

250 g große weiße Bohnen,
1 Dickbein (Schweinehaxe) oder
1 kg Bauchfleisch, Salz, Pfeffer,
2–4 Wacholderbeeren, 1 Lorbeerblatt,
500 g Sauerkraut,
500 g mehlige Kartoffeln,
125 g durchwachsener Brustspeck
(nach Belieben)

Die Bohnen bereits am Vortag einweichen und über Nacht quellen lassen. Jetzt im Einweichwasser aufsetzen und das Fleisch zugeben. Zudecken und ganz langsam 1½ Stunden köcheln lassen. Dann erst würzen und Sauerkraut zufügen. Erneut zudecken und noch eine halbe Stunde garen.
Inzwischen die Kartoffeln in ganz wenig Wasser aufsetzen und in 40 Minuten übergar kochen, damit sie aufplatzen und fast zerfallen. Nach Belieben auch Speck auslassen.
Das Fleisch aus dem Topf heben und den Knochen herauslösen. Fleisch in mundgerechte Stücke schneiden. Kartoffeln schälen und mit dem Eintopf vorsichtig vermischen, ohne die Bohnen zu zerdrücken – mit der Kartoffelmasse entsteht eine angenehme Bindung, doch sollen einzelne Stücke erhalten bleiben. Auch Fleisch und Speckwürfel zugeben, noch einmal abschmecken.

★

Das Fleisch spielt, es wurde bereits gesagt, im Ruhrgebiet eine überragende Rolle. Sowie der Lohn da war, ging man sofort zum Metzger. Die Mehrzahl der Fleischgerichte zeichnet sich allerdings weniger durch eine spezifische Qualität aus: Sauerbraten, Schmorbraten, Hackbraten, Rouladen, Schnitzel, Gulasch und gebratenes oder gegrilltes Geflügel werden zubereitet wie in den anderen Gegenden Deutschlands auch, wobei ja die Urrezepte mit den Arbeitern ins Revier einwanderten oder eben aus dem ländlichen Umfeld stammen.
Als Beilage hat sich vor allem für das kurzgebratene Fleisch etwas Französisches durchgesetzt: die Pommes frites. Als »Pommes« und »Fritten« findet man sie an allen Straßenekken, in Buden und Stehkneipen. Eine Tüte voll Pommes, darauf einen Schlag Ketchup oder Mayonnaise, dazu vielleicht eine Frikadelle oder eine Gewürzgurke – das ist schon ein Mittagessen für Schüler oder die Angestellten in den Städten, die keine Kantine haben oder nicht schnell nach Hause gehen können.
Wichtiger in der häuslichen Küche – und auch in den Kneipen – sind die Eintöpfe, die manchmal fast Suppen (wie die auf Seite 137 und 138), manchmal aber schon sehr »dick« sein können. Dabei hat die Phantasie kaum Grenzen:
Gulasch zum Beispiel kann man mit in wenig Flüssigkeit gegarten Hülsenfrüchten (Erbsen, Bohnen), mit gerade eben gar gekochten frischen (oder auch tiefgekühlten) Pferdebohnen (Dicke Bohnen), mit Möhrengemüse oder Kartoffeln vermischen und hat schon einen sättigenden, deftigen Eintopf.
Gekochtes Schweine- oder Rindfleisch wird in Würfel geschnitten und mit geschmortem Gemüse (Rübstiel, Spinat oder Melde, Möhren, Porree, Weißkohl oder Wirsing) gemischt. Dabei kann man die Sauce klar lassen, mit Mehl oder Speisestärke andicken oder, das war das beliebteste Mittel im Ruhrgebiet, einige mehlige Kartoffeln mitkochen, die sich auflösen und eine leichte Bindung schaffen.
Hier nun noch zwei ganz spezielle Eintöpfe:

BIGOS

(Bild Seiten 134/135, links)

In der Einleitung war bereits die Rede von dieser polnischen und niederschlesischen Spezialität, in der die Waldpilze eine wichtige Rolle spielen können, denn gerade sie liebte man im wälderreichen Polen besonders.

300 g Schweineschulter,
200 g gut durchwachsener Speck,
300 g Polnische (Krakauer) Wurst
oder auch geräucherte
Mettwürstchen, 250 g Zwiebeln,
250 g Weißkohl, 250 g Sauerkraut,
Salz, Pfeffer, 1 Lorbeerblatt,
1 EL Kümmel,
nach Belieben etwas Koriander,
reichlich Majoran,
1–2 Knoblauchzehen, 30 g Butter,
250 g gemischte, geputzte Waldpilze
oder Pfifferlinge (eventuell aus der
Dose), Wasser

Schulter und Speck in Würfel, die Würste in

Scheibchen schneiden. Den Speck in einem großen Topf anbraten. In dieses Fett dann das Schweinefleisch geben und bei starker Hitze rasch rundum bräunen. Nötigenfalls in zwei Arbeitsgängen, damit das Fleisch kein Wasser zieht und kocht, sondern richtig kroß brät. Die Zwiebeln grob hacken und goldgelb dünsten. Das Fleisch, das hierzu aus dem Topf genommen wurde, wieder hinzugeben, bedecken, den Topf in den auf 200 Grad vorgeheizten Ofen schieben. Den Weißkohl hobeln oder in Streifchen schneiden. Das Sauerkraut, wenn es nicht sehr mild ist, gründlich waschen. Mit den Gewürzen – Knoblauchzehen zu Mus gedrückt oder durchgepreßt – bereitstellen. In einer Pfanne Butter erwärmen, die Pilze (Dosenpilze abgetropft) darin bei milder Hitze andünsten, bis sie vollkommen trocken sind. Niemals die Pilze roh in den Topf geben, weil sie sonst hart werden. Den Topf aus dem Ofen holen, die Wurstscheiben und die inzwischen vorbereiteten Zutaten mit den Gewürzen zufügen, alles vermischen. Bis zur halben Höhe mit heißem Wasser angießen, zudecken und wieder in den Ofen schieben. Den Thermostat auf 180 Grad zurückstellen und den Bigos nun 1½ Stunden langsam gar schmoren.

Dazu gibt es Salzkartoffeln oder Brot, Bier und einen gut gekühlten Korn oder Kümmel.

Tip: Sonntags anstelle von Wasser mit guter, frisch mit ganz viel Wurzelwerk und Gewürzen gekochter Fleischbrühe, am besten vom Kalb, aufgießen!

In Semmelbröseln gewendete und gebackene Grießklößchen schwimmen in kräftig gewürztem Sauerkirschkompott

KANINCHENEINTOPF

(Bild Seiten 134/135, rechts)

50 g Schweineschmalz,
1 kg gehobelter Weißkohl,
½ l gute Fleischbrühe, etwas Pfeffer,
nach Belieben etwas Kümmel,
1 Kaninchen (Stallhase),
150 g durchwachsener Speck,
2 Zwiebeln, Salz, Pfeffer, Majoran,
1 Knoblauchzehe,
250 g Polnische (Krakauer) Wurst
oder geräucherte Mett-Endchen,
je ½ Bund Schnittlauch oder Petersilie

Das Schmalz erhitzen und den Weißkohl darin anbraten, bis die Streifen teilweise braune Ränder zeigen. Dann mit Fleischbrühe angießen, pfeffern und nach Belieben mit Kümmel würzen. Sollte diese Brühe nicht ausreichend salzig sein, auch noch Salz zufügen. Zudecken

Grießklößchen in Sauerkirschkompott (Rezept Seite 144)

Bettelmann (Rezept rechts)

Der »Bettelmann«, ein Gemisch aus Schwarz- und Weißbrot, das mit Gewürzen, Wein und Äpfeln zu einem Auflauf gebacken wird

und je nach Zartheit des Kohls 5 bis 20 Minuten köcheln.

Das Kaninchen in beliebig große Stücke teilen – am besten in Keulen und geviertelten Rücken – und diese in einem großen Topf in dem gewürfelten und ausgelassenen Speck anbraten. Die Speckwürfel (sog. »Schriewen«) herausfischen, wenn sie kroß geworden sind. Sobald die Kaninchenstücke rundum golden geworden sind, heben Sie auch diese heraus und braten im Fett die gewürfelten Zwiebeln an. Hierzu den inzwischen fertig vorgekochten Weißkohl geben, alles gründlich vermischen und auch die Speckwürfel, die Gewürze und die in Scheibchen geschnittenen Würste gleichmäßig zumengen. Die Hälfte der Mischung wieder aus dem Topf nehmen, auf die untere Schicht die Kaninchenstücke legen und mit dem herausgeholten Weißkrautgemisch bedecken. Zudecken und in den auf 180 Grad vorgeheizten Ofen schieben. Etwa 45 Minuten schmoren lassen.

Im Topf servieren, bestreut mit den frisch gehackten Kräutern. Dazu gibt es Salzkartoffeln oder Brot.

Tip: Besonders gut schmeckt dieser Eintopf, wenn man zum Schluß ein Gemisch aus saurer Sahne und Crème fraîche darübergießt, angerührt mit ein wenig Zitronensaft, Pfeffer, Salz und reichlich frisch gehacktem Dill. Dann passen am besten eingelegte rote Bete dazu.

Anmerkung: Früher gab es im Ruhrgebiet noch viel mehr wilde Kaninchen als heute. Gewiß schmeckt ein Eintopf mit wilden Kaninchen keineswegs schlechter.

★

Süßes war vor hundert Jahren noch ein kaum erschwinglicher Luxus. Die schwer arbeitenden und doch fast nichts verdienenden Menschen sehnten sich nach »dem süßen Leben«. Und so war es gut, wenn man mit wenig Zukker auskam und doch ein Dessert oder einen Kuchen auftischen konnte. Wie zum Beispiel

GRIESSKLÖSSE MIT SAUERKIRSCHEN

(Bild Seite 145)

½ l Milch, 100 g Grieß, 80 g Butter,
3 Eigelb, eine Prise Salz, 50 g Zucker,
4 Scheiben Zwieback
Sauerkirschen:
500 g frische Kirschen oder 1 Glas,
½ Zitrone, 1 Stange Zimt, 2 Nelken,
nach Belieben 1 Lorbeerblatt und
5 schwarze Pfefferkörner,
bei frischen Kirschen Zucker
nach Geschmack

Die Milch aufkochen und unter ständigem Rühren den Grieß einrieseln lassen. Nach einigen Minuten, wenn der Brei dick geworden ist, die Masse in eine Schüssel zum Abkühlen und Ausquellen geben. In den noch lauwarmen Brei die Butter (20–30 g) in kleinen Flocken, die Eigelb eines nach dem anderen, eine Prise Salz und den Zucker fest einarbeiten. Danach längliche Klößchen daraus formen und in dem zerstoßenen Zwieback wälzen. In einer Pfanne die restliche Butter hellbraun werden lassen und die Klößchen darin bei jetzt milderer Hitze goldbraun backen. Frische Kirschen entstielen und entkernen, dann mit den übrigen Zutaten erhitzen (Zitronenschale dünn abreiben, Saft auspressen) und, ohne zu kochen, 15 Minuten ziehen lassen. Bei Dosenkirschen den Saft abgießen, aufkochen und die Gewürze darin eine Viertelstunde ziehen lassen. Dann erst die Kirschen einlegen, nur einmal kräftig aufwallen lassen.

Man kann die heißen Grießklöße mit kaltem oder heißem Kompott servieren.

Beliebtestes Dessert im Ruhrgebiet: Puddings. Es gibt ja heute so viele Fertigprodukte, daß kaum einer sich noch die Mühe machen wird, seinen Pudding selbst zu kochen. Und tatsächlich hatten die Puddinghersteller schon vor rund hundert Jahren hier ihr größtes Absatzgebiet, ja, wegen des Bedarfs an schnell zuzubereitenden Puddings wurden die ersten industriellen Produkte »erfunden«.

Die Pudding-Produkte sind heute von so hoher Qualität, daß es sich kaum lohnt, umständlich Milch mit Speisestärke, den verschiedenen Aromen und Eigelb anzurühren.

Am liebsten aber ißt man im Ruhrgebiet Süßes in Form von Teilchen. Das kann alles sein: vom Bienenstich bis zum Tortenstück. Meist aber sind es kleine Gebäcksorten mit Creme, die man entweder im Café mit einer guten Tasse jenes schwarzen Gebräus zu sich nimmt, das hier geradezu lebensnotwendig scheint, oder man läßt es sich in Papier einschlagen und nimmt es sich mit nach Hause oder ins Büro. Wenn man nicht bereits auf der Straße zu naschen beginnt – ein Bild, das die Mittagspausen an Rhein und Ruhr bestimmt, sind die kichernden, halb vom Kuchenpapier anmutig verhüllten Gesichter der Schülerinnen und Büroangestellten …

Der Raum ist eng im Ruhrgebiet, und so muß verschiedenes am gleichen Platz stattfinden. Auf einen Quadratkilometer kommen hier rund 1500 Menschen, gegenüber etwa 250 im Bundesdurchschnitt. So hat man zusammenzurücken gelernt. Einst war das noch schlimmer, als eine zwölfköpfige Familie schon glücklich war, wenn sie über zwei Zimmer mit Wohnküche verfügen konnte. Aber die Enge braucht Ventile: So machen sich Aggressionen bei den Fußballspielen und in den Stehkneipen frei, wenn Schnaps und Bier in Strömen fließen. Doch kehren die Menschen hier gern in die häusliche Ruhe zurück – sie lieben die Geborgenheit

Teilchen aber kann man auch zu Hause machen. Hier noch einmal ein Rezept aus Gisela und Hedi Allkempers »Kochbuch aus dem Ruhrgebiet«:

MICKEN

(Bild Seite 141)

Früher waren sie überall im Ruhrgebiet bekannt. Sie waren ein Sonntags- und Feiertagsgebäck und sind auch heute noch vielerorts als eine preiswerte Leckerei begehrt. So werden sie hergestellt:

1 kg Mehl, ⅜ l Milch, 60 g Hefe,
125 g Zucker, 100 g Butter, 2 Eier,
1 TL Salz

Das Mehl wird in eine Schüssel gegeben und in die Mitte eine Vertiefung gedrückt. Die mit etwas lauwarmer Milch und ½ Teelöffel Zukker verrührte Hefe kommt in diese Vertiefung und wird mit Mehl zum Vorteig verrührt. Mit Mehl bestäubt muß er 20 Minuten an einem Ort »gehen« (d.h. doppelt so hoch werden). Danach werden Zucker, Eier, Salz, die flüssige, noch warme Butter und der Rest der warmen Milch hinzugegeben und mit dem Vorteig und dem Mehl zu einem glatten Teig verarbeitet. Er wird so lange mit einem Löffel »geschlagen«, bis er geschmeidig ist und sich vom Rand der Schüssel löst. Man knetet ihn danach noch gut durch und läßt ihn wieder 30–40 Minuten »gehen«. Der so vorbereitete Teig wird dann zu länglichen Brötchen geformt und nun dicht nebeneinander in Reihen auf ein Backblech (oder auch in eine Kastenform) gesetzt. Die Brötchen müssen noch einmal »gehen« und dabei fest aneinanderstoßen, damit sie recht hoch werden. Diese Brötchen, die wie ein Brot zusammenbacken, nennt man Micken. Man backt sie nach dem »Gehen« etwa 20 Minuten bei mittlerer Hitze. Ausgekühlt bricht man ein Teilstück, Micke genannt, ab und bestreicht sie mit Butter und Marmelade oder ißt sie ohne Aufstrich. Es empfiehlt sich übrigens, die Micken nach knapp 20 Minuten Backzeit mit etwas flüssiger Butter zu bestreichen.

Bleibt etwas von den Micken übrig, dann nimmt man sie für einen Brotpudding, der dadurch noch viel besser wird:

BETTELMANN

(Bild links)

150 g Pumpernickel oder altes Schwarzbrot,
150 g gutes Weißbrot oder auch Micken-Reste, 100 g Zucker,
1 Tütchen gemahlener Zimt,
¼ Zitrone
(nur fein abgeriebene Schale),
1–2 Glas Weißwein (vorzugsweise von der Mosel!),
je 50 g gewaschene Korinthen und Sultaninen, 500 g Äpfel,
70 g Butter

Das Brot reiben, mit 80 g Zucker, Zimt und Zitronenschale mischen und mit etwas Wein anfeuchten – die Masse darf auf keinen Fall zu naß werden, denn sonst kann sie später den Saft der Äpfel nicht mehr aufnehmen! Schließlich die gut abgetropften Korinthen und Sultaninen untermengen.
Die Äpfel schälen, Kerngehäuse ausstechen, die Früchte in Scheiben aufschneiden. Eine Pudding- oder eine andere passende Form reichlich mit 20 g Butter ausstreichen und die

Die Eisenverhüttung begann im 18. Jahrhundert eine rasante Entwicklung zu nehmen, als der Koks zum Schmelzen entdeckt wurde. Eisen und Stahl konnten dank immer neuer Erfindungen jetzt in großen Mengen hergestellt werden, bildeten die Grundlage der Technisierung. Das Ruhrgebiet wurde das Zentrum der kontinentalen Schwerindustrie und gewann überragende wirtschaftliche Bedeutung. Heute hat sich dies, was die Bearbeitung der Rohstoffe betrifft, geändert. Und außerdem sehen die modernen Anlagen weniger romantisch aus als diese Bessemer Birne aus dem Ende des 19. Jahrhunderts

Hälfte der Brotmasse hineinfüllen. Scheiben von Äpfeln darauflegen und mit dem restlichen Zucker bestreuen. Die zweite Hälfte der Brotmasse darauf verteilen und mit der übrigen Butter in kleinen Flöckchen belegen. Dann abdecken und bei milder Hitze im Ofen (175 Grad) in etwa 1½ Stunden langsam gar backen.
Dies ist die einfachste, billigste Form des Bettelmanns. Man kann ein übriges tun und ihn mit mehr Butter, Eiern, gehackten Nüssen und Mandeln anreichern. Er wird entweder heiß mit Zucker und Zimt, fertiger Vanille- oder Rumsauce, nach Belieben auch mit kalten Fruchtsaucen serviert; oder man läßt ihn abkühlen und gibt ihn mit heißer Vanillesauce oder einem Eierschaum mit Marsala (Sabayon) zu Tisch. Hierzu vier Eigelb, vier EL Zucker und vier EL Marsala im Wasserbad dick und weißschaumig schlagen. Im Herbst und Winter reicht man schließlich sogar Apfelmuß dazu.

»Stuttgart von der Morgenseite« lautet – in dem Bilde entsprechender Gemütlichkeit – der Titel dieses kolorierten Stahlstiches von J. Niederbuehl aus dem Jahre 1840. Blickt man heute von Osten her auf die Stadt, bietet sich freilich ein anderes Bild: Die Hügel sind überzogen von Villen und dokumentieren stolz der Schwaben unaufhörliches Streben nach dem eigenen »Häusle« und dem eigenen Herd, der nicht nur Goldes wert ist, sondern auch gutes Essen liefern muß. Danach hat man in der immer noch dörflich wirkenden Landeshauptstadt stets Verlangen

Schwäbische Küche – solide, aber pfiffig!

Die altbekannte Charakteristik des Schwaben lautet: fleißig, zuverlässig, sparsam und schlau. Entsprechend ist die Küche: einfach, preiswert und ländlich. Gut!

»Oft werden die Schwaben mit den Einwohnern des ehemaligen Königreichs und späteren Freistaats Württemberg identifiziert. Das ist falsch. Nach unserer Definition: *Ein Schwabe ist, wer schwäbisch spricht,* leben die Schwaben zwischen Lech, Bodensee, Schwarzwald, Enz und dem Schwäbischen Wald. Man kann sie nach ihren Siedlungsgebieten unterteilen in Augsburger Schwaben, Allgäuer Schwaben und in Oberschwaben, Donauschwaben, Albschwaben, in Neckarschwaben und Auslandsschwaben. Ihre Nachbarn sind die Franken, die Bayern und die Alemannen.«
Dies schreibt der Schwabe und Schwabenkenner Thaddäus Troll in seinem Buch »Deutschland, deine Schwaben« (erschienen bei Hoffmann und Campe).
Tatsächlich ist eine Abgrenzung nicht überall einfach: Im Hohenlohischen beispielsweise verwischt sich die Grenze. Hier ist eigentlich fränkisches Siedlungsgebiet. Und dennoch gibt es auch Schwaben. Der Hohenloher Pfarrer Rudolf Schlauch: »Hält's der Schwabe mit dem Brechen, ist der weichere Franke für das Biegen.« Thaddäus Troll meint: »Wo der genügsame Schwabe feststellt: ›Besser a Laus em Kraut als gar koi Fleisch‹, so meint der anspruchsvolle Franke: ›Do san d'Lait gere, wou mr vor lauter Flaasch 's Kraut net siecht!‹«

Alemannen und Schwaben

Für alle Außenstehenden muß es vollkommen unbegreiflich sein, warum die einen die anderen stets beschimpfen. »Sauschwob« heißt es hier, »Gelbfüßler« dort. Dabei handelt es sich eigentlich um ein und denselben Volksstamm, die Semnonen aus der Mark Brandenburg. Im dritten Jahrhundert zogen sie nach Süden und besiedelten die Gebiete um Neckar, Donau und Bodensee, drangen bis in die Alpen und Vogesen vor. Erst unter dem Einfluß der zweiten Lautverschiebung trennte sich der schwäbische vom alemannischen Dialekt. Die Gebiete, welche sie jedoch nicht erreichte (jenseits des Bodensees und des Schwarzwalds, also die deutschsprachige Schweiz, Baden und das Elsaß), waren zudem anderen, und zwar von Westen kommenden Strömungen ausgesetzt, etwa der strengen Reformation Zwinglis, aber auch dem weltoffenen Einfluß Frankreichs. Brüder also sind Alemannen und Schwaben: wohl deshalb so aggressiv einander gegenüberstehend ...
Überhaupt keine Schwierigkeiten dagegen haben die Schwaben mit den Bayern. In ihrer krachledernen Gaudi und lauten Wesensart kommen sie ihnen wie Exoten vor. Sie leben ja schließlich jenseits des Lechs! Umgekehrt haben es die Bayern den Schwaben nie schwergemacht und ihnen immer ihre Eigenständigkeit gelassen.
Nun noch ein Wort zum Kernland: Württemberg heißt es in merkwürdiger Schreibweise. Herzog Friedrich, 1806 von Napoleons Gnaden zum König geworden, führte das zweite t und das vornehme ü ein, weil er sich ärgerte, daß man seinen Namen fälschlicherweise von *Wirt am Berg* ableitete – sagt man doch im Schwäbischen: »Wer nichts wird, wird Wirt.«

Bäuerlich-ländliche Küche

Womit nichts gegen die Wirte gesagt sein soll! Denn sie führen ihre Wirtschaften, Restaurationen oder Weinstüble im allgemeinen ausgezeichnet. Es gibt hier oft dieselbe bodenständige Küche wie überall zu Haus' im Schwabenländle. Das heißt, sofern sie nicht die sogenannte »Internationale Küche« mit Ananas und Cocktailkirsche, Curry und Pommes frites in ihrem Hause »pflegen«. So manches dörfliche oder kleinstädtische Wirtshaus ist dabei für die gute Küche verlorengegangen. Und diese äußert sich in Schwaben eben

Die süddeutsche Vorliebe für Suppen aller Art ist sprichwörtlich: »Suppenschwabe«, heißt es lapidar! Am liebsten ißt man heute eine klare Fleischbrühe mit Einlage, wobei die »Flädle«, in schmale Streifen geschnittene Eierkuchen, absolute Favoriten sind. Aber auch Nudeln in allen möglichen Formen, Eier und verschiedene Klößchen sind alltäglich, ebenso geröstete Weißbrotwürfel, wie auf der Hasensuppe (auf dem Foto links). Etwas in Vergessenheit geraten sind dagegen die gebundenen Suppen, wie die Gebrannte Mehlsuppe (auf dem Foto rechts). Sie waren einst Hauptgericht, wie auch vielerlei Süßspeisen in Form von vortrefflicher Hausmannskost, die im bäuerlichen Bereich wurzelt. Gutbürgerlich ist die allerorts praktizierte schwäbische Kochkunst erst seit kurzer Zeit: Die berühmten Spätzle beispielsweise sind eigentlich ein Essen für arme Bauern. Auf den bescheidenen, durch Erbteilung (außer im Allgäu) immer kleiner gewordenen Höfen standen keine üppigen Lebensmittel zur Verfügung: etwas Mehl (früher vor allem der fast vergessene Feesen oder Dinkel), Eier von den paar herumlaufenden Hühnern, Butter und Käse von der Kuh, die auch den Wagen aufs Feld zog, denn Pferde konnte man sich nicht leisten. Und so erfand denn die sparsame schwäbische Hausfrau die Spätzle und schuf damit cinen Prototyp schwäbischer Qualität: eine unnachahmlich einfache Mischung aus Mehl, Eiern, Wasser und Salz, die man entweder zu Fleischsauce aß oder als Hauptgericht, dann »aufgewertet« durch Butter oder Käse und die hier unvermeidliche Zwiebel (eigentlich heißt es im Schwäbischen »der Zwiebel«), die im kleinen Gärtle neben dem Haus (Häusle) oder am Feldrand beziehungsweise auf der Allmend (dem Gemeindegrund für den Schrebergärtner) gezogen wurde. Hierin nämlich liegt das Geheimnis des Erfolgs so vieler schwäbischer Gerichte: eine klare, einfache, im guten Sinn sparsame, genau festgelegte Verwendung von wenigen Zutaten. Sie finden das in den Rezepten bestätigt.

HASENSUPPE

(Bild unten)

Dieses Rezept soll gleich zu Anfang die vernünftige Sparsamkeit der schwäbischen Küche illustrieren: Hat man einen Hasen, kann man entweder die Filets aus- und die Schenkel ablösen und erhält so schöne Kurzbratstücke; das verbleibende Gerippe nimmt man dann für die Suppe. Oder man bereitet den Hasen im Ganzen zu und behält die nur oberflächlich vom Fleisch befreiten, nicht abgenagten Knochen für die Suppe.

Das Gerippe eines Hasen,
2 Bund Suppengrün (Möhre, Lauch, Sellerie, Petersilie), 2 große Zwiebeln, 60 g Butter,
1½ l Wasser, 1 Lorbeerblatt,
3 Wacholderbeeren, 6 Pfefferkörner,
1 EL Salz,
etwas Thymian und Rosmarin,
in Butter geröstete Weißbrotwürfel

Das Gerippe kleinhacken und mit den ge-

Hasensuppe (links, Rezept oben) und Gebrannte Mehlsuppe (rechts, Rezept Seite 148)

würfelten Gemüsen in der Butter rundum sehr schön braun braten. Mit Wasser aufgießen, würzen und zwei Stunden leise köcheln lassen. Das Gemüse im Mixer mit der durchpassierten Brühe pürieren, damit die Suppe eine feste Bindung erhält. Abschmecken und mit den heißen Brotwürfeln bestreut servieren.

GEBRANNTE MEHLSUPPE

(Bild Seite 147)

So merkwürdig es klingt: Diese einfache Suppe schmeckt gut, wenn man sie selten ißt. Früher, als sie für die ganz armen Leute Hauptnahrung bedeutete, galt sie natürlich nichts. Rösten Sie übrigens das Mehl niemals zu stark, sonst wird die Suppe bitter und ungesund!

50 g Butter, 60 g Mehl, 1¼ l Wasser, Pfeffer, Salz, 2 EL süße Sahne, 2 Eigelb, geröstete Brotschnitten, etwas geriebener Schabzieger

Die Butter erhitzen, das Mehl darin unter ständigem Wenden richtig goldbraun rösten. Mit kochendem Wasser aufgießen und unter sehr häufigem Umrühren wenigstens ¾ Stunden leise köcheln lassen. Würzen, mit in Sahne verquirltem Eigelb abziehen, noch mal aufwallen lassen und über den Brotscheiben anrichten. Zum Schluß mit dem Schabzieger (Kräuterkäse) bestreuen.
Anmerkung: Die ärmliche Variante verzichtete natürlich auf Eigelb und Sahne – und das Brot war altbacken! Eine solche Suppe bildete ein Hauptgericht auf der Schwäbischen Alb, ehe die Industrie einen bescheidenen Wohlstand brachte.

★

Der Fischreichtum ist in Schwaben sehr ungleichmäßig verteilt: Auf der Alb gibt es fast gar keine mehr außer Zuchtforellen. Am Bodensee dagegen steht Fisch mit großem Abstand vor dem Fleisch auf dem Küchenzettel. Da gibt es Forellen, den berühmten Felchen (der in den anderen Voralpenseen Renke heißt), den Barsch und die so begehrte Rutte mit der köstlichen Leber (auch Aalquappe oder Trüsche genannt). Die Zubereitung einer ganz normalen Forelle macht wohl niemandem mehr Schwierigkeiten: Im Wurzelsud blau gekocht beziehungsweise eigentlich nur bei milder Hitze gesotten oder in Butter gebraten nach Art der Müllerin. Ebenso bereitet man die **Rutte** zu, doch muß man etwas vorsichtiger mit der Hitze sein, damit das Fleisch (und vor allem die Leber!) nicht hart

Am »Schwäbischen Meer« liegt das malerische Städtchen Meersburg, überragt vom alten Schloß, dessen Grundmauern aus dem 7. Jahrhundert stammen. Meersburg am Bodensee, eine schwäbische Stadt in Baden. Auch Lindau am anderen Ende des Bodensees ist schwäbisch, liegt aber in Bayern, wie das schwäbische Allgäu, wie Augsburg und Nördlingen, die beide zum Regierungsbezirk Schwaben des Freistaats Bayern gehören

Rechts: Das Nationalgericht der Schwaben, das man heute werktags wie sonntags genießt, sind zweifellos die Maultaschen – eine kluge Abwandlung der italienischen Ravioli

Ganz unten: Ausgebackene Teigflecken, die wie Scherben aussehen, heißen denn auch so – Scherba. Fritiertes Gebäck ist als Hauptgericht zu Kaffee beliebt und begleitet das ganze Jahr, von der Fastnacht bis zur Kirchweih

Scherba (Rezept Seite 156)

Maultaschen (Rezept Seite 159) mit Kartoffelsalat (Seite 153)

Nudelauflauf (Rezept Seite 159)

wird. Auch der Felchen wird meist gebraten. Hier deshalb ein etwas selteneres Rezept:

BLAUFELCHEN IN RAHM

(Bild Seite 154)

4 Blaufelchen (ersatzweise Renken oder Maränen), 2 EL Mehl, 100 g Butter, Salz, Pfeffer, ca. ¹⁄₁₀ l trockener Weißwein, 1 Zwiebel, ¼ l süße Sahne, ½ Bund Petersilie, etwas Zitronensaft

Die Felchen waschen, trocknen und in Mehl wenden. In 60 g Butter hellgolden braten. Mit Pfeffer und Salz bestreuen, warm stellen. In der Pfanne die gehackte Zwiebel gelb braten, Wein und Sahne angießen. Auf knapp die Hälfte einkochen, die Sauce abschmecken, die restliche Butter einziehen, Petersilie dazugeben, mit Zitronensaft würzen. Zu den Felchen mit Spätzle und Salat servieren. Dazu paßt ein spritziger, leichter Weißwein vom Bodensee.

Wie man die großen Forellen aus dem See bereitete, verrät das Rezept eines Kochbuchs vom Bodensee aus dem Jahre 1824. Ebenso mit Hecht oder Zander verfahren:

FORELLE IM KALBSNETZ MIT PROVENCER-OEL ZU BRATEN

(Bild Seite 153)

Nachdem eine drei- bis vierpfündige Forelle sauber geputzt, gewaschen und außen und innen gesalzen ist, kann man sie 1 Stunde lang im Salz liegen lassen. Zwei große und frische Kalbsnetze breitet man dann auseinander, legt den Fisch, nachdem er mit Speck gespickt ist, darauf, thut fein verwiegte Chalotten, nebst andern Zwiebeln, die Schale von 1 Zitrone und etwas Petersilkraut, 2 bis 3 Stück gewaschene und ausgegräthete Sardellen, auf der Forelle herum, legt 1 Lorbeerblatt und etliche ganze Nägelein dazu, gießt 6 bis 8 Eßlöffel voll Provencer-Oel darauf herum, bindet die Netze mit einem Bindfaden über die Forelle zusammen, stellt sie in einen nicht gar zu heißen Backofen, und läßt sie langsam braten; bevor man sie aber auf die Tafel gibt, wird das Netz davon genommen, die Platte mit Laubwerk geziert, der Fisch darauf gelegt und Zitronensaft auf dem Fisch herum gegossen.

Anmerkung: Kalbsnetze gibt's in Schwaben noch ab und zu – Sie können ohne weiteres

Die Kunst der schwäbischen Hausfrau, aus Resten etwas Neues und Wohlschmeckendes zu zaubern, scheint unbegrenzt: Aufläufe und Eintöpfe bieten die besten Möglichkeiten

Auf einem Fels der Schwäbischen Alb thront die Burg Lichtenstein. Sie wurde auf der Ruine einer gewiß anders angelegten alten Burg im 19. Jahrhundert in romantischer Manier errichtet. So wie Eduard Mauch sie um 1860 sah, wirkt sie noch heute auf uns: als ein Sinnbild des romantischen Romans von Wilhelm Hauff um die Geschichte Württembergs. Von der historischen Wahrheit hat man sich allerdings in typisch schwäbischem Idealismus weit entfernt

Schweinsnetz nehmen. Unter Provencer-Oel ist gutes provenzalisches Olivenöl zu verstehen, unter den Nägelein Gewürznelken. Diese allerdings sollten wir etwas zurücknehmen und dafür noch ein wenig Zitronensaft zugeben.

Fleisch

Fleisch spielt in der alten Schwabenküche eine untergeordnete Rolle: Für die arme Landbevölkerung war es zu teuer. Lieber hielt man sich eine Kuh und verwertete die Milch zu *Luckeleskäs* (Quark), Butter und Käse. Vom Huhn bekam man Eier – und zum Schluß noch eine Suppe. »Unnütze« Hähnchen wurden an die »Herrschaft« oder die reichen Bürger verkauft – es gibt daher bis heute kein wirkliches Qualitätsbewußtsein für zarte frische Brathähnchen, die nur mit Körnern gefüttert wurden und frei herumlaufen durften bei den Schwaben. Vom Schwein aß man freilich gern den Braten und die Koteletts, noch lieber aber den Speck und vielerlei Arten von Würsten.
Heute hat sich das natürlich sehr geändert: Der schwäbische Rostbraten mit viel abgeschmälzter Zwiebel (also in Schmalz gebraten) und Spätzle fehlt ebensowenig wie der äußerst beliebte Kalbsnierenbraten. Überhaupt ist Kalb hochbegehrt, sei es als eingemachtes Kalbfleisch (eingemacht, weil die Stücke kleingeschnitten und in Sauce zubereitet, hineingemacht, werden!), allseits bekanntes Kalbsfrikassee – oder sei es auf diese allerschönste schwäbische Art:

KALBSVÖGELE

(Bild Seite 155)

4 Scheiben Kalbfleisch für Rouladen,
nur etwa ½ cm dick geschnitten,
125 g durchwachsener Speck, eine Zwiebel,
1 Bund Petersilie, 1 trockene Semmel,
½ Zitrone, Muskatnuß, Pfeffer, Salz,
1 Eigelb, 1 EL süße Sahne, 2 EL Mehl,
80 g Butter, ½ l gute Kalbfleischbrühe

Die Fleischscheiben ausbreiten und vorsichtig ein wenig klopfen. Speck, Zwiebel, Petersilie und die eingeweichte und ausgedrückte Semmel durch den Fleischwolf drehen. Diese Masse mit sehr fein geriebener Zitronenschale, Muskat, Pfeffer und Salz würzen, mit Ei und Sahne streichfähig rühren. Auf das Fleisch streichen. Die Scheiben zusammenrollen und mit Garn umwickeln. In mit Salz vermischtem Mehl wenden und nun in 50 g haselnußfarbener Butter rundum anbraten. Dann die Brühe und den Zitronensaft angießen, zudecken und die Vögele bei 180 Grad etwa 1½ Stunden langsam schmoren. Zum Schluß die Sauce abgießen, auf ein Drittel Liter einkochen, die restliche Butter einmischen.
Anmerkung: Nach Belieben auch Wein an die Sauce geben und zum Schluß mit etwas Sahne abrunden.

FRIKANDELLE

(Bild Seite 157)

Es handelt sich hierbei um eine typisch schwäbische (sparsame!) Zubereitung. Hier ein Rezept aus einem Stuttgarter Kochbuch des Jahres 1894:
Hacke 500 Gramm Kalbfleisch, ebensoviel Schweinefleisch samt dem Speck und, wenn du willst, etwas Ochsenmark ganz fein, nimm Pfeffer, Salz, abgeriebene Zitronenschale und Zitronensaft dazu, auch Majoran, wer diesen liebt, und vermenge es mit frischer Butter und Rahm. Belege ein Aufzugblech mit dünn auf-

Spätzle in Allgäuer Spezialanrichtung: als Kässpätzle, die vom schwäbischen Gourmet mit Salatsauce beträufelt werden!

Allgäuer Kässpätzle (Rezept Seite 152)

Nur ein Teil Schwabens ist Weinland – aber dort »intensiv«! Am Neckar (hier Burg Hornberg) und seinen Nebenflüssen wächst edler Riesling, Sylvaner in kleinen Mengen, Müller-Thurgau und Kerner, die heute immer öfter wieder trocken und nicht mehr blumig-süß ausgebaut werden. Typischer Bodengeschmack läßt nicht jeden gleich Zugang zu diesen Weinen finden. Eher gewöhnt man sich an den weichen, hellroten Trollinger oder den kräftigen Lemberger. Außerhalb Württembergs findet man ihn jedoch gar nicht häufig, denn der Schwabe trinkt seinen Wein am liebsten selbst

geschnittenen Speckscheiben, fülle die Masse ein und ziehe sie auf oder backe sie im Zwischenöfchen fertig. Die Speise braucht 2½ Stunden zum Fertigwerden. Wenn sie gelb ist, wird etwas Mehl mit Fleischbrühe oder Wasser verrührt und daran gegossen, vor dem Anrichten werden zwei Drittel der oben schwimmenden Brühe mit 1–2 Eigelb abgezogen und diese wieder über die Speise gegossen. Man kann auch eine halbe eingeweichte und wieder fest ausgedrückte Semmel nebst 2–3 Eiern an diese Masse nehmen.

Anmerkung: Unter einem Aufzugsblech versteht die Autorin, Marie Susanne Kübler, ein tiefes Backblech. Aufgezogen wird im mäßig heißen Herd (180 Grad) – das Zwischenöfchen war die mittelheiße Backröhre des gutbürgerlichen Riesenofens für eine vollbeschäftigte Köchin.
Dazu gibt es Bohnen und Kraut.

SAURE LUNGE

(Bild Seite 154)

500 g Kalbslunge und -herz,
2 Bund Suppengrün (Wurzelwerk),
4 Zwiebeln, 2 Lorbeerblätter, 2 Nelken,
1 Stück Zitronenschale, Salz, 30 g Butter,
3 EL Essig, ⅓ l Fleischbrühe,
⅓ l dicke Sahne (Crème fraiche), Pfeffer

Lunge und Herz waschen, in zwei Litern kaltem Wasser mit gewürfeltem Grünzeug, zwei Zwiebeln samt den Gewürzen aufsetzen. Salzen und weich kochen (etwa zwei Stunden). Herausheben, abgekühlt häuten und in Streifen schneiden. Die beiden anderen Zwiebeln hacken und in der Butter goldbraun braten. Essig, Brühe sowie Sahne angießen und alles auf die Hälfte zusammenkochen. Mit dem Mixstab pürieren. Innereien zufügen, würzen. Das Ganze sämig kochen.
Dazu gibt es die aus dem Mittelalter stammende *Kratzet* (Rezept Seite 156).

Man kennt noch viele klassische Fleischgerichte in Schwaben: Innereien, gebratene und gekochte Stücke (Siedfleisch als Samstagsessen – so bekam man für Sonntag frische, konzentrierte Brühe, die dann die ganze Woche über mit Wasser neu aufgegossen wurde), Geflügel und auch das reichlich vorhandene Wild. Aber die Zubereitungen sind nicht allzu speziell, die Beilagen weitaus interessanter und wichtiger!

SPÄTZLE

500 g Mehl, 5 Eier, etwa ¼ l Wasser, Salz

Alles verrühren, die Spätzle vom Brett in leise siedendes Salzwasser schaben – mit dem Messer am schräg gehaltenen Brett entlangfahren und den herunterlaufenden Teig abschneiden. Klingt einfach und ist immens schwer. Deshalb erfanden findige Schwaben den »Spätzlesscheißer«, durch den der Teig in drei bis vier Portionen in das Wasser gedrückt wird. Kinderleicht. Es gibt auch Spätzleshobel und im Allgäu den Seiher, denn da bevorzugt man die rundlichen »Knöpfle«. Wenn die Spätzle an die Oberfläche kommen, sind sie gar, werden herausgehoben und in warmem Wasser geschwenkt oder gespült. Kurz ausgedampft bringt man sie zu Tisch, oder sie werden anderweitig verwendet:

KÄSSPÄTZLE

(Bild Seite 151)

Spätzle wie angegeben,
200 bis 300 g nicht zu junger Emmentaler,
80 g Butter, 4–6 Zwiebeln

Die heißen Spätzle abwechselnd mit dem geriebenen Emmentaler in Lagen in eine Form schichten und in den mäßig heißen Ofen stellen, damit der Käse schmilzt. Indessen in der Butter die gehackten oder in Ringe geschnittenen Zwiebeln bräunen, zum Schluß über die Spätzle geben und mischen.
Man ißt die Spätzle mit grünem Salat, der mit Essig, Öl, Zwiebel, Salz und Pfeffer angemacht wurde, und gibt etwas Salatsauce über die Kässpätzle.
Tip: Spätzle werden um so besser, je mehr Eier man verwendet. Absolute Spitze: Die Spätzle von Vincent Klink im »Postillon« zu Schwäbisch Gmünd! Er nimmt auf 250 g Mehl zehn bis zwölf Eigelb ...
Spätzle ißt man aber nicht nur alleine, sondern ganz besonders gern in der kalorienreichen Verbindung mit den beliebten Linsen. Und im Gaisburger Marsch, dem schwäbischen Eintopf, werden sie vermischt mit Kartoffeln, Lauch und Rindfleisch.

Spätzle sind Beilage – aber dazu gibt es in Schwaben Kartoffelsalat: In dieser Form gehört die Kartoffel zu jedem Sonntagsessen. Was beweist, daß die Kartoffel in Schwaben nicht als Grundnahrungsmittel betrachtet wird, sondern dem Genusse dient, wie jedes vernünftige Gemüse. Er ist berühmt geworden, der schwäbische Kartoffelsalat, und immer wieder mißverstanden. Und wer ihn nicht einmal original gegessen hat, darf gar nicht darüber reden. Das wichtigste Merkmal: Er ist stets saftig! Aber wie diese Saftigkeit erzielt wird, ist das wesentliche. Denn schon mit zwei EL Flüssigkeit machen am Vortag gekochte, gut ausgekühlte und völlig »abgebundene« Kartoffeln einen feuchten Eindruck, während ganz frisch gekochte, heiße, eher mehlig kochende Kartoffeln einen ganzen Schöpflöffel voll »saufen« … Und dann kommt es auch darauf an, ob man auf schöne Scheibchen Wert legt oder ob nicht vielmehr eine Art von saurem Brei das Fleisch viel besser begleitet …

WARMER KARTOFFELSALAT

(Bild Seite 149)

Man ißt ihn zu Gerichten mit Sauce als wichtigste Beilage, also nicht als »Begleitung« wie einen normalen Kartoffelsalat.

1 kg halbmehlig kochende Kartoffeln (Grata, Clivia, Lori), etwa ⅛ l warme Fleischbrühe, 4 EL Essig, Salz, Pfeffer, 30–50 g Butter, 1 Zwiebel

Die Kartoffeln kochen, noch heiß schälen, in Scheiben schneiden. Auf jede Schicht eine Mischung aus Fleischbrühe, Essig und Gewürzen gießen, die die Kartoffeln sofort aufsaugen soll. Wenn alles fertig ist, die zerlassene Butter, in der die in Scheiben geschnittene Zwiebel gebräunt wurde, darübergeben und mischen. In dem Buch »D' schwäbisch' Kuche« (Allgäuer Zeitungsverlag Kempten), das den Spezialitäten des bayerischen Teils Schwabens gewidmet ist, bringen Leonhard Lidel und der Ottobeurer Pater Aegidius Kolb ein ähnliches Rezept. In dieser Allgäu-Version kommt auf jede Schicht Kartoffelscheiben eine Lage Emmentaler, ehe der Salat gemischt wird, was man hier *schaichen*

Eine kapitale Seeforelle von zwei Kilogramm ist nicht leicht zu bekommen, doch eine Lachsforelle kann sie ohne weiteres ersetzen. Durch Spicken erhält sie besondere Saftigkeit und ein kerniges Aroma

Seeforelle im Kalbsnetz (Rezept Seite 149)

Blaufelchen in Rahm (Rezept Seite 149)

Im Bodensee gibt's wieder Fisch in Massen, vor allem den begehrten Felchen, den größten der verschiedenen Maränenarten. Gebraten, blau gesotten oder in milder Sahnesauce

nennt. Die Zwiebeln bleiben auf diesen *G'schaichte Bodebire* übrigens unvermischt.

Das ist nur einer der fast zärtlich klingenden Namen, welchen die Schwaben den braunen Erdknollen geben. Meist findet man die Bezeichnung »Kartoffel...« zwar auf Speisekarten aller Gegenden, selten aber im Mund der Einheimischen. Hier heißen sie *Erdäpfel*, *Bodebire* (Bodenbirnen), *Grom-* oder *Krumbiera* (Grundbirnen).

NACKEDE MARIELE

(Bild Seite 157)

Im schon erwähnten Buch »D' schwäbisch' Kuche« von Aegidius Kolb findet sich dieses Rezept, das laut Autor aus Westerheim (bei Memmingen) stammt. Man kennt solcherlei Nudeln in vielfältigen Abwandlungen im gesamten süddeutschen Raum, als einfache *Schupfnudle* nur aus Mehl, Salz und Wasser,

Saure Lunge (Rezept S.152) und Kratzet (S.156)

Rechts: Was anderswo prosaisch »Rouladen« heißt, nennt man hier poetisch »Vögele«, ganz wie in Italien. Diese Kalbsvögele sind denn auch südlich angehaucht, die begleitenden Baunzen dagegen urschwäbischen Ursprungs

als *Springnudeln* mit Quark und als *Fingernudeln* mit größerem Kartoffelanteil in Bayern, wobei letztere Arten jedoch bei starker Hitze schwimmend ausgebacken werden. Und die italienischen *Gnocchi* sind auch nicht weit davon entfernt ...

200 g Mehl, 4 gekochte Kartoffeln,
Salz nach Belieben, 50 g Butter,
100 g Butter zum Dämpfen,
Zucker und Zimt nach Belieben

Aus Mehl, den feingeriebenen Kartoffeln, unter der Zugabe von Salz und Butter, wird ein Teig geknetet. Davon formt man daumengroße Nudeln, welche in der Butterschwenke gedämpft werden.
Man bestreut sie nach Bedarf mit Zucker und Zimt und reicht sie zu Apfelmus.
Anmerkung: Natürlich kann man alle Arten von Schupfnudeln auch gut in salzigen Verbindungen essen, etwa mit Salat, überrieben mit Käse (Emmentaler) und dann überbakken, mit Spinat oder einem Frikassee. »Nakked«, also nackt, sind diese Mariele, weil sie nicht gebräunt werden, weil sie kein Kleid aus Semmelbröseln anhaben.
Deren »männliches« Gegenstück sind die in ganz Schwaben, sogar in Baden bekannten *Bubespitzle*, die ihren Namen der Größe und der Form eben dessen verdanken, was ein Bub hat, ein Mädle aber nicht: 's Spitzle! Hierzu ein Kilogramm mehlige Kartoffeln mit 125 g Mehl und etwas Salz vermischen, wie kleine Spitzle ausrollen und bei 250 Grad im Ofen in Schweineschmalz schwimmend bräunen. Sehr ähnlich sind die:

BAUNZEN

(Bild rechts)

200 g Mehl,
500 g gekochte Kartoffeln vom Vortag,
Salz, Butter

Die Kartoffeln durchpressen oder mit der

Links: Wenn man einen Schwaben fragt, ob er Innereien mag, bekommt man eine zwiespältige Antwort: Als sparsamer Mensch ißt er sie. Und das gar nicht mal ungern. Aber eine Leibspeise wie für den Bayern sind ihm Saure Lunge, Nieren oder Leber selten. Außerdem bilden sie hier ein Hauptgericht und nicht ein Voressen: Mit viel Sauce sind sie genau die richtige Begleitung zur »Kratzet«

Kalbsvögele (Rezept Seite 150) mit Baunzen (Rezept links)

Die schwäbische Elite studierte einst in Tübingen – und war selbstverständlich Mitglied einer farbentragenden Verbindung. Da ging es lustig zu: Der Herr Studiosus war noch wer, und das Bürgertum mußte ihm zu Diensten stehen – auch die Mädchen

Württemberg hat schöne Städte: Ulm (um 1750), Esslingen, Reutlingen, Heilbronn und Rottweil, die große Bedeutung hatten, bevor es die Landeshauptstadt Stuttgart überhaupt gab. Und das schwäbische Augsburg galt während der Renaissance als Finanzmetropole der Welt mit bedeutendem Handel. Aber dennoch: Alle diese Städte haben nie den Kontakt zum umgebenden Land verloren, sind stets eingebettet in ihre kleine Region!

Gabel zerdrücken und mit dem Mehl einen festen, glatten Teig daraus kneten. Etwa fingergroße Nudeln rollen und diese ganz vorsichtig in leise siedendes Salzwasser gleiten lassen. Nach etwa fünf Minuten abgießen, dann die Baunzen in heißer Butter rösten.

BOHNEN UND KRAUT

(Bild rechts)

Das schwäbische Sauerkraut gilt als das allerbeste Deutschlands, wenn es von den hochgelegenen »Fildern« bei Stuttgart kommt. Seit dem 12. Jahrhundert gehört es zu den Hauptnahrungsmitteln der Bevölkerung – durch das Vitamin C und die Milchsäure vor allem im Winter wichtig.

250 g große Bohnen (weiße oder Saubohnen),
100 g durchwachsener Speck, 200 g Sellerie,
1 große Zwiebel, 250 g Sauerkraut (frisch),
Pfeffer, Salz,
Lorbeerblatt und Wacholder nach Belieben

Die Bohnen bereits am Vortag in 1¼ Liter kaltem Wasser einweichen. Speck, Sellerie und Zwiebel fein würfeln und alles anrösten. Die Bohnen mit dem Einweichwasser zugeben und fast gar kochen. Dann das (gewaschene) Kraut zugeben, würzen und fertigkochen.
Nach Belieben zum Schluß mit gebräunten Zwiebeln »schmälzen«.

KRATZET

(Bild Seite 154)

300 g Mehl, 4 Eier, ¼ l Milch,
1 Prise Salz, 50 g Butter

Aus den Zutaten einen dünnen Teig rühren und in etwas Butter bei mäßiger Hitze backen. Dabei immer wieder am Boden entlang kratzen und den Fladen in einzelne Stücke zerteilen. Zum Schluß in der restlichen Butter bräunen.
Kann auch mit Zucker bestreut als Nachtisch gereicht werden.

PFITZAUF

(Bild Seite 158)

Hierzu benötigt man eigentlich eine besondere Form, wie auf dem Foto zu sehen ist, früher immer aus Steinzeug, heute meist aus Weißblech. Notfalls bäckt man die Pfitzauf in Pudding-Portionsförmchen.

250 g Mehl, ½ l Milch, 4 Eier, 1 Prise Salz,
2 EL Zucker, 50 g Butter,
Zucker zum Bestreuen, Zwetschgenkompott

Aus Mehl, Milch, Eiern, Salz und Zucker (letzteren kann man auch weglassen) einen cremigen Teig rühren. Zum Schluß 40 g zerlassene Butter unterschlagen. Mit der restlichen Butter die Vertiefungen der Pfitzaufform ausstreichen, jedes der Pfännchen zur Hälfte mit Teig füllen. In den auf 230 Grad vorgeheizten Ofen schieben und ungefähr 25 Minuten backen, bis die Oberfläche schön hellbraun geworden ist. Auf gar keinen Fall die Ofentüre vorher öffnen, dann würde dieser empfindliche Teig zusammenfallen!

Zum Servieren mit Zucker (nach Belieben Puder- oder Kristallzucker) bestreuen und Zwetschgenkompott dazu essen.

SCHERBA

(Bild Seite 148)

heißen hochdeutsch Scherben – dann klingt's schon viel weniger orientalisch. Auch dies ein Rezept, das die wenigen Zutaten ideal zu einer nicht zu verbessernden Mischung kombiniert!

4 Eier, 4 EL Zucker, ca. 150 g Crème fraîche,
1 Prise Salz, etwa 400 g Mehl,
500 g Fett zum Ausbacken, Zucker

Aus den genannten Zutaten einen Teig bereiten, der sich gut ausrollen läßt – die Mehlmenge richtet sich nach dessen Beschaffenheit und der Größe der Eier. Auf der bemehlten Unterlage etwa drei Millimeter dünn ausrollen. Mit dem Teigrad Rauten, Vierecke oder Quadrate von fünf cm Länge abteilen und schwimmend ausbacken – nachdem man sie mit stumpfer Gabel mehrmals eingestochen hat, damit sie sich nicht aufblähen.
Anmerkung: Für das Ausbacken am besten Butterschmalz verwenden. Allerdings kann

Nackede Mariele mit Apfelmus (Rezept Seite 154)

Im Kernland von Württemberg ist nicht viel Platz: Landwirtschaft und Industrie müssen nebeneinander auskommen!

Rechts oben: »Nackede Mariele« heißen diese gebackenen Nudeln, die vorzugsweise mit Apfelmus gegessen werden. Äpfel sind nicht nur am Bodensee verbreitet: Auch in Oberschwaben, auf der Alb und im Unterland hat jeder seinen Obstgarten. Im 19. Jahrhundert wurden gar die Straßenränder mit Bäumen bepflanzt. Gegen die Hungersnot!

man – neben den heute üblichen Pflanzenfetten – auch Schweineschmalz nehmen, wodurch das Gebäck einen herzhafteren Charakter gewinnt. Mit Zucker bestreut servieren.

★

Wichtiger als alle Desserts und Kompotte (Kompoo gesprochen!) ist dem Schwaben sein Vesper. Nicht etwa seine: Vesper (sprich Feschba) ist nämlich hier ebenso männlich wie der Butter, den man dazu ißt. Wenn man es nicht vorzieht, seinen Schwartenmagen, die frische oder gerauchte Schinkenwurst, den Preßkopf, den Leberkäs (hier mit Leber drin!), die Leberwurst oder den Speck ohne ihn (sie, die Butter) zum »Schwarzbrot« (=helles Mischbrot, im Gegensatz zum »Weißbrot«, das rein aus Weizenmehl gebak-

Nur in Schwaben bekannt ist die Frikandelle, nicht zu verwechseln mit der Frikadelle: zwar auch ein gut gewürzter Hackfleischteig, aber nicht als Bulette geformt, sondern auf ein Backblech aufgezogen und im Ofen knusprig braun gebacken. Weil dabei keine Sauce entsteht, braucht man unbedingt ein »feuchtes« Gemüse dazu, etwa Bohnen mit Kraut

Frikandelle (Rezept Seite 150) mit Bohnen und Kraut (Rezept links)

Pfitzauf (Rezept Seite 156)

Kräftig aufgehen muß dieses luftig-zarte Gebäck aus eierreichem Teig – Pfitzauf heißt es deswegen! Vinzenz Klink vom »Postillon« in Schwäbisch Gmünd hat der fast vergessenen Spezialität in den letzten Jahren wieder neuen Ruhm verschafft. Man kann sie als salzige Beilage zu Braten oder süß zubereiten. Hier die zuckrige Variante zu Zwetschgenkompott

ken wird) zu essen. Auf dem Brett, mit dem Messer direkt abgesäbelt und in den Mund geschoben. Wie einst auf dem Feld, als man vormittags um zehn und nachmittags um halb vier vesperte. Dazu gab's einen Wein oder Most (Mooscht ausgesprochen), je nach Gegend: Am Neckar und seinen unteren Nebenflüssen war ja der Wein billiger, am oberen Neckar, auf der Alb und im Oberland der Moscht. Er wurde gewonnen aus speziellem Mostobst, meist Äpfeln und Birnen zusammen, die man nicht essen konnte, weil sie so herb, säurereich und hart waren. Heute findet man dieses Obst nur noch in wenigen Bauerngärten, verwildert, und erst in den letzten Jahren wieder öfters für den echten Most genutzt, den man im Faß unkontrolliert vergären läßt. Weil er oft zu sauer wird, gibt man Zucker und früher noch häufiger geschwefelte Rosinen (Zibeben) daran, was ihn nicht eben verträglicher machte. Böse Räusche und Kopfweh waren häufig die Folge. Und wer nicht ganz »bache« war (gebacken, also nicht alle Tassen im Schrank hatte), dem sagte man einen Mostkopf nach. Nur zu häufig waren die »Dubbel« jedoch die Folge von Inzucht, denn die Erbteilung verhinderte jedes freie Heiraten – so sehr mußte man »sei Sach« zusammenhalten!

Heute gewinnt, nach dem starken Rückgang, der saubere, mit Reinzuchthefe vergorene Most wieder seine Anhänger und verdrängt das in den Vordergrund getretene Bier und sogar den Wein.

Doch zurück zum Vesper: Es kann auch aus einem Gsälzbrot bestehen, worunter eine lang und dick eingekochte Marmelade auf einem starken Ranken Brot zu verstehen ist. Und heute vespert so manches Mädle nicht mehr die althergebrachte und nur hier im Ländle wirklich gute Laugenbrezel, sondern ein Stück Kuchen.

Im Herbst haben die Hefekuchen »Hoch-Zeit«. Da findet man sie mit Zwetschgen (Pflaumen gibt es nur im Badischen!) dick belegt. Oder mit Zwiebeln – dann schmecken sie köstlich zu dem Sauser, dem jungen Wein. Und schließlich gibt es die Apfel- und Birnen-

Die Schwäbische Alb war eine der ärmsten Regionen Deutschlands, ehe ab 1850 seitens der Könige mit Macht Kleinindustrie angesiedelt wurde, welche sich ja inzwischen stark entwickelt hat. Nur mit ihrer Hilfe gelang es, das Elend zu bezwingen, das viele Schwaben zum Auswandern gezwungen hatte: früher ins Banat, im 19. Jahrhundert nach Amerika. Kaum ein Schwabe, der nicht Verwandte in den USA hat! Charakteristisch für die Alb: Die Industrie verbirgt sich malerisch in den Tälern

In Rottweil, wo es schon aufs Alemannische zugeht, ist die heidnisch-mittelalterliche Fasnet in reinster Form bewahrt. Alle Masken und Kostüme müssen originalgetreu sein, was genauestens kontrolliert wird.

Die alte Hammerschmiede von Blaubeuren, malerisch am Blautopf gelegen, kündet von dem beginnenden Industriezeitalter. Das Handwerk war in Schwaben schon immer stark vertreten, der in der ganzen Welt begehrte Erfindergeist stets lebendig. So entwickelten sich aus vielen Handwerksbetrieben inzwischen bedeutende Fabriken, die in alle Erdteile liefern. Der Blautopf aber sprudelt mit dem Wasser, das aus dem Bett der Donau versickert, heute wie vor 200 Jahren – eine schwäbische Idylle

kuchen auf Mürbeteigböden, die mit einer Eiersahne begossen werden und schön »fett« schmecken müssen. Wie gesagt: Vespern, das tut der Schwabe immer gern, und so ist heute das Abendessen eigentlich zum Vesper geworden. Es sei denn, man bereitet ein warmes Hauptgericht zu oder wärmt die Reste vom Mittagessen auf.

MAULTASCHEN

(Bild Seite 149)

Die schwäbische Art der »Ravioli« wird vorzugsweise am Gründonnerstag oder Karfreitag gegessen (trotz der Fleischfülle, die unter dem Spinat nicht erkennbar ist!), und zwar mittags. Reste werden entweder aufgeschmälzt oder in Streifen geschnitten in Ei gewälzt und gebraten. In diesem Fall natürlich zum Abendessen!

Teig:
400 g Mehl, 4 Eier, Salz
Füllung:
1 Zwiebel, 20 g Butter, 250 g Wurstbrät,
350 g fertig gekochter Blattspinat
(geschnitten),
30 g gemischte Kräuter nach Belieben,
Pfeffer, Salz, Muskatnuß, 2 l Fleischbrühe

Aus den Zutaten einen festen Nudelteig bereiten und in vier Teilen dünn ausrollen.
Für die Füllung die gehackte Zwiebel in der Butter andünsten und die übrigen Zutaten zugeben. Würzig abschmecken. Kleine Portionen auf zwei der Teigplatten verteilen, darauf die beiden anderen Platten breiten und jeweils zwischen der Füllung festdrücken. Mit dem Teigrädchen auseinanderschneiden. In Fleischbrühe gar sieden, dann weiterverarbeiten: Entweder in Brühe mit in Butter geschmälzten (gebratenen) Zwiebeln. Oder mit in Butter gebräunten Semmelbröseln und Zwiebeln. Dazu: Kartoffelsalat.

NUDELAUFLAUF

(Bild Seite 149)

250 g Bandnudeln, Salz,
Bratenreste (wenigstens 100 g), 125 g Butter,
5 Eier, 2 EL Semmelbrösel, Muskatnuß,
Pfeffer, Butter und Brösel für die Form

Nudeln in Salzwasser nicht zu gar kochen. Bratenreste zerschneiden. Inzwischen aus der zerlassenen Butter, Eiern und Semmelbröseln einen Schaum schlagen, Bratenreste und fertig gekochte Nudeln untermischen, würzen und in die gefettete und ausgestreute Form füllen. Im Wasserbad zugedeckt eine Stunde sieden. Mit einer weißen Sauce (Béchamel) servieren, am besten noch Morcheln und Kalbsbries daruntermischen. Allein ein gutes Zwischengericht oder ein einfaches Abendessen.

Rezeptregister

Aal grün mit Gurkensalat 38
Aalsuppe 82
Altbürgermeister-Nusch-Pastete 76
Apfelkuchen, Schleswiger 111
Apfelleibchen 100
Apfelpfannkuchen 94
Apfelsinen-Kaltschale 89
Auflauf, Edenkobener 122

Baunzen 154
Beefsteak 86
Berliner Luft 49
Bethmännchen 101
Bettelmann 145
Bierkutscherpfanne 70
Biersuppe 18
Bigos 142
Birnenpudding 90
Blaue Zipfel 62
Blauer Heinrich 138
Blaufelchen in Rahm 149
Bohnen und Kraut 156
Bohnensuppe, Ostfriesische 57
Bollenfleisch 46
Bouillonkartoffeln 43
Bratheringe, eingelegte 133
Bratkartoffeln 24
Brauner Kohl mit Pinkel 56
Brotsuppe 14
Bubespitzle 154
Buchweizenpfannekuchen 136
Buttermilchsuppe mit Rauchwurst 103
Butternocken 24
Buttsuppe, Fehmarner 103

Dibbehas 118
Dippedotz 98
Dubbels 129

Eier in Mostrichsauce 44
– in Specksauce 136
Eisbein, Berliner 44
Elisenlebkuchen 78
Erbsen mit Speck, Graue 52
Erbsenbrei (-püree) 42
Erbsensuppe (Eintopf) 137

Fasan mit grünem Wacholder 21
Fingernudeln 24
Fischpudding mit Krebssauce 18
Forelle im Kalbsnetz 149
Förtchen 111
Französisch Supp quer durch de Garte 94
Frikandelle 150
Frischlingsrücken 22
Frühstücksknifte 130

Gans in Gallerte 86
Gänseklein in Petersiliensauce 48
Gemüsesuppe 94
Gerupfter 67
Graupen mit Backpflaumen 42
Graupensuppe 138
Grießklöße mit Sauerkirschen 144
Grießsuppe, gebrannte 116
Grießtaler, gebackene 24
Grüne Sauce, Frankfurter 95
Grünkernsuppe 96
Gurkengemüse 78
Gurkensuppe 14

Hammelbraten 52
Handkäs mit Musik 114
Hasensuppe 147
Hechtenkraut 18
Heringskartoffeln 133
Himmel und Erde mit Blutwurst 140
Hirnplätzchen mit römisch Kohl 99
Hobelspäne 121
Hochzeitsschinken 142
Höllen-Topf 54
Hoppel-Poppel 44
Hühner-Frikassee 85
Hühnerklößchen 18

Kalbsbrust, gefüllte 31
Kalbsfüße, eingemachte 18
Kalbsherz, geschmortes 18
Kalbsvögele 150
Kaltschalen 89
Kanincheneintopf 143
Karpfen in Bier 68
– in Bierteig 68
– bemooster 19
Kartoffelklöße, halbseidene 74
Kartoffelknödel, Münchner 22
Kartoffeln, Berchtesgadener 24
Kartoffelsalat, warmer 153
Kartoffelsuppe, Berliner 42
– saure 116
Kässpätzle 152
Kirschpudding mit Mandeln 110
Klaben, Bremer 57
Klöße, Fränkische 74
Knifte mit Kartoffelsalat 130
Kniften 130
Kohl mit Pinkel, Brauner 56
Krabben mit Erbsen 85
Krabbenbrot mit Rührei 53
Kratzet 156
Krebse (Krabben) mit Erbsen 85
– in Dillsauce 39

Krebssauce 18
Kronfleisch 13

Labskaus 107
Lachs im Rieslingsud 32
– geschmorter 84
Leber Berliner Art 46
– gespickte 69
Leberknödel 13
Leberkäs 66
Leberspatzen 14
Lebkuchen, Nürnberger 78
Linsensuppe, Frankfurter 94
– Holsteiner 104
Löffelerbsen 41
Lunge, saure 152

Mandel-Kaltschale 89
Maultaschen 159
Meefischli 69
Meerrettich mit Roten Rüben 67
– mit Äpfeln 67
Mehlbeutel 108
Mehlsuppe, gebrannte 148
Micken 145
Mockturtle-Suppe 82
Mohnpielen, Berliner 49

Nackede Mariele 154
Nackenstück (Schwein) 74
Nudelauflauf 159
Nürnberger Gwerch 66

Ochsenfleisch mit Ei 20

Pellkartoffeln und Duckefett 98
Pellkartoffeln, Quark und Leinöl 44
Pfannekuchen, gefüllte 122
Pfifferlinge 30
Pfitzauf 156
Pfüttele, Freiburger 36
Pharisäer 111
Pilze 22
Pinkelwurst 56
Plockfinken 105
Porrenkartoffeln 109
Prinzenbrot 120

Quittenäpfel mit Honig 79

Rebhühner auf Sauerkraut 120
Rehmedaillons mit Pfifferlingen 30
Rhabarbersuppe 58
Rinderhaxe, geschmorte 20
Rippchen mit Rüben und Senfsauce 108

Rübchen, Butfeldsche 88
- Teltower 44
Rübstiel mit Kartoffeln (Stielmus) 141
Rührei mit Kieler Sprotten 110

Sahnekuchen 120
Salzkuchen, Dortmunder 132
Sauerbraten, Münchner 20
Sauerkraut 74
- mit weißen Bohnen 142
- Hessisches 98
Saures Zeug 61
Schäufele 74
- Badisches 32
Schellfisch mit Senfbutter 41
Scherba 156
Schmant-Kuchen 100
Schmorgurken 42
Schneckensuppe 30
Schneeballen, Fränkische 79
Schnepfendreck, falscher 116
Schnibbelbohnen 132
Schnittlauchsalat 86
Schokoladen-Kaltschale 89
Schokoladenmuscheln, Lörracher 35
Schuchsen 24
Schulter (Schwein) 74
Schwärtelbraten 74
Schwarzwälder Kirschtorte 37
Schweine-Herzschlag 86
Schweinebraten 73
Schweinerippchen in Kümmel 48
Schwemmklößchen 104
Schwenkbraten, eingelegter 116
Semmelknödel 22
Senfsauce 108
Spätzle 152
Speckeierkuchen mit Salat 44
Speckendicken 51
Speckwurstsalat, Wäldler 29
Spießbraten, Bad Dürkheimer 116
Springnudeln 24
Spundekäs 114
Stampfkartoffeln 140
Steinbutt mit Sauerampfersauce 84
Stielmus 141

Täubchen, Fränkische 70
- gebratene 140
Teltower Rübchen 44

Vesper 157

Weinäpfel, Rheingauer 99
Weincreme 122
- Dessert 122
- Sauce 122
Weinkartoffeln, gebratene 117
Weiß- oder Spundekäs 114
Weißkrautsalat 24
Wickelkuchen, Bremer 56
Wildente mit Speckstreifen und Sauerkraut 74
Wirsingtorte 107
Wuchteln 25
Wurzel-Pudding 86
Wutschhebes 98

Zipfel, Blaue 62
Zitronentorte 91
Zwiebelkuchen 28

Register

Adam, Hans Karl 76, 78
Ahrensburg, Schloß 104
Allkemper, Gisela und Hedi 145
Alpen 146
Alster 80, 83, 90
Amrum 102
Ansbach 73
– Markgraf Wilhelm Friedrich von 73
Äppelwoi 96
Aschinger 41
Augsburg 148

Baden 26 ff., 146
Baden-Baden 26
Bamberg 60 f.
Barbarossa, Friedrich 120
Bauernkrieg 60
Bayern 8, 113, 146
Bayreuth 61, 72
Bergbau 124 ff.
Bergisches Land 124
Bergstraße, Hessische 99
Berlin 38 ff.
Bernus, Alexander von 94
Bessemer Birne 145
Bier 12, 61
Biergarten 8, 12
Blaubeuren 159
Bocuse, Paul 114
Bodensee 26, 37, 146, 148
Bogenhausen 12
Borkum 50, 58
Breisgau 26
Bremen 50 ff.
Bremerhaven 54
Brentano, Clemens 101
Brieftauben 132
Brotzeit 12
Büchner, Georg 93
Büsum 88
Butter 129

Coburg 60

Dahn 120
Devrient, Ludwig 42
Documenta 100
Dollart 50
Donau 146
Donaueschingen 26
Dortmund 126, 132
Duisburg 126
Dürer, Albrecht 66
Durlach 26

Elbe 80, 90
Elsaß 26, 146
Emden 50
Evers, H. 8

Fehn 51
Fichtelgebirge 60
Fontane, Theodor 38, 41, 44
Föhr 102
Fördertürme 132
Forellen 8
Franken 60 ff.
Frankenwald 60
Fränkische Schweiz 64
Frankfurt 94, 96, 98
Freiburg 30
Friedrich der Große 51
Friedrich, Herzog 146
Friesland 50 ff.
Fränkische Schweiz 64
Fürth 78

Gaisburger Marsch 152
Gelnhausen 101
Goethe, Johann Wolfgang von 66, 94, 98
Grimm, Gebrüder 101
– Wilhelm 92

Hallig 102
Hamburg 80 ff.
Hanau 101
HAPAG 88
Haubarg 107
Hauff, Wilhelm 54, 150
Havel 38
Hebel, Johann Peter 26, 30
Heeringen, Gustav von 60 f., 64
Heidelberg 26, 112, 117
Heine, Heinrich 12, 38, 50, 80, 83
Heinrich VI. 120
Hellermann, Dorothee von 54
Hessen 92 ff.
Hessen-Darmstadt 92
Hessen-Kassel 92
Hessische Bergstraße 99
Hoffmann, E.T.A. 42, 66
Hollsand-Düne 51
Hommer, Sophie Charlotte 80, 82, 86
Horn, Erna 10
Hornberg, Burg 152
Husum 88

Jadebusen 50
Jever 51
Joedecke, Rainer 50

Karl der Große 113
– III. Philipp 112
– Theodor 113
Karlsruhe 31, 95
Kassel 99 f.
Kerner 152
Kleingarten 138
Klink, Vincent 152
Kloß, Marita 54
Kohle 124
Kolb, Aegidius 154
Konstanz 26, 37
Koschnick, Hans 52
Kotzebue, August von 120
Krabbenfischer 56
Krebse 38
Krupp 124
Kübler, Marie Susanne 152
Kulmbach 60
Kumpel 124 ff.

Lech 146
Leinsweiler 122
Lemberger 152
Lichtenstein, Burg 150
Lindau 148
Liszt, Franz 72
Löwenherz, Richard 120
Lübeck 102, 107, 111
Ludwig II. 10
– XIV. 112
Luther 116
Lutter & Wegner 42

Main 60
Mann, Thomas 111
Mannheim 26
Märchenstraße 101
Margarine 129
Mauch, Eduard 150
Maximilian I. 12
Meersburg 148
Montaigne, Michel de 8
Montez, Lola 12
Most 158
Müller-Thurgau 152
München 12, 15, 22
Münchner Kindl 18
Münsterland 124

Napoleon 26, 31, 146
Neckar 146
Neumann, Balthasar 66
New York 44
Nibelungen 116

Niederbuehl, J. 146
Niederrhein 124
Norddeutscher Lloyd 88
Norderney 50
Nördlingen 148
Nürnberg 60, 62, 64, 66, 76, 78

Odenwald 60
Oldenburg 53
Ortenau 26
Ostfriesland 50f., 53

Paul, Jean 61
Paulskirche, Frankfurter 98
Pegnitz 70
Pfalz 112ff.
Pflaum, Hermann 70
Philipp der Großmütige, Landgraf 92
Pirkheimer 66
Polen 126, 134, 142
Pommern 46

Reformation 60
Rheiderland 52
Rhein 27
Rheingau 99
Rheinhausen 126
Richter, Louise 80, 82
Riemenschneider, Tilman 74
Riesling 152
Rothenburg 63, 74, 76
Rottenhöfer, Johann 24
Rottweil 159
Ruhrgebiet 124ff.

Sachs, Hans 66, 74
Säkularisation 60
Sauerland 124
Schaffermahlzeit 52
Scheffel, Viktor von 26, 28
Schiller, Friedrich 92
Schlauch, Rudolf 146
Schlesien 46, 126, 134
Schleswig-Holstein 102ff.
Schlosser, Rath 94
Schmankerl 10
Scholl, Geschwister 12
Schwaben 146
Schwabing 8
Schwäbische Alb 150, 159
Schwäbisch Gmünd 152
Schwarzwald 26, 34, 146
Schweiz 146
– (Nord) 26
Schwetzingen 28
Semnonen 146
Slevogt, Max 122
Spalt 78
Spessart 60
Spree 38
Spreewald 44
St. Blasien 26
St. Pauli 88
Staffelstein 60
Stahl 126, 145
Stieler, Josef 12
Störtebecker 107
Stuttgart 146
Sylt 102
Sylvaner 152

Teltow 44
Tiepolo, Giovanni Battista 68
Tönning 88
Trifels, Burg 120
Troll, Thaddäus 146
Trollinger 152
Tübingen 156
Tüchersfeld 64

Unruh, Ilse 94

Valentin, Karl 18
Vischer 66
Vogesen 146

Wagner, Cosima 72
– Richard 72
Waldburg, Georg Truchseß von 60
Walterspiel, Alfred 19, 22
Wattenmeer 58
Wein 60f.
Weißwurst 10
Werder 38
Wertheim/Main 26
Westfalen 124, 134
Wilhelmshöhe, Schloß 100
Wilstermarsch 104
Wolzogen, Hans von 72
Worms 116
Württemberg 146
Würzburg 60, 63, 66, 68

Zähringer 26
Zille, Heinrich 41
Zwingli, Huldrych 146

Bildnachweis

Gesamte Food-Photographie:
»Meine Familie & ich«/Maria Harder
ARCHIV FÜR KUNST UND GESCHICHTE, BERLIN 8, 10, 12, 15, 18, 30, 31, 37o, 38, 40, 42, 45, 52, 56, 59lo, 60, 63, 64o, 66, 72, 75lo, 76, 79, 80, 82, 83, 85, 88, 98l, 100, 101, 107l, 111, 112, 116, 117, 120r, 124, 127, 129, 145, 146, 148, 156
BAVARIA/Merten 98r
IFA-BILDERTEAM 64u, 70, 78, 90, 94, 107r, 120l, 132l, 140, 145l, 157, 159l+r
Ulrich Kerth 26, 34, 37u, 50, 59ro
Markgrafenmuseum Ansbach 72
Franz Mehling 75ro
Wolf-Christian von der Mülbe 68
Städt. Kunsthalle, Mannheim/
© VG Bild-Kunst, Bonn 1988, 123
ZEFA 92, 104, 132r, 138, 152, 159m